단어의 사생활

THE SECRET LIFE OF PRONOUNS: What Our Words Say About Us
by James W. Pennebaker

Copyright © 2011 James W. Pennebaker
All rights reserved.

This Korean edition was published by Sa-i Book Publishing in 2016
by arrangement with James W. Pennebaker c/o Mullane Literary Associates through
KCC(Korea Copyright Center Inc.), Seoul.

이 책은 (주)한국저작권센터(KCC)를 통한 저작권자와의 독점계약으로 사이에서 출간되었습니다.
저작권법에 의해 한국 내에서 보호를 받는 저작물이므로 무단전재와 복제를 금합니다.

단어의 사생활

What Our Words Say About Us

우리는 모두
단어 속에
자신의 흔적을 남긴다

제임스 W. 페니베이커
김아영 옮김

사이

목 차

들어가는 글 | 우리는 하루에 1만 6천 개의 단어를 사용한다 — 8

1 무심코 내뱉는 하찮은 단어들이 ──── 21
   내가 어떤 사람인지 알려준다

   심리학과 단어가 만났을 때
   글쓰기의 시작은 〈단어 선택〉에 있다
   우리가 쓰는 단어와 우리의 심리 상태는 어떤 연관성이 있을까
   글의 내용이 아닌, 단어 사용 스타일에 주목하다
   단어는 거울이자 도구이다
   흔히 쓰는 대수롭지 않은 짧은 단어들이 나를 드러낸다

2 거의 눈에 띄지 않는 작은 단어들의 ──── 41
   숨겨진 힘!

   툭 던지는 하찮은 단어들
   숨어 있는 단어, 그들은 우리가 인식하지 못할 정도로 많이 사용되고 있다
   거의 눈에 띄지 않는 사소한 단어들의 작동법
   아주 아주 사회적인 기능어
   내가 사용하는 단어는 나도 미처 모르는 나의 모습을 드러낸다

3 지위가 높은 사람들과 대통령들은 ──── 69
   어떻게 단어를 사용할까

   지위를 알려주는 비언어적 요소들
   지위가 높은 사람은 〈나〉라는 단어를 적게 쓴다
   〈우리〉라는 단어의 다섯 가지 의미
   이메일에서 교묘하게 드러나는 나와 상대방 사이의 지위의 높낮음
   "기분 나쁘게 생각하지는 말아요"라는 말은 자신이 주도권을 잡겠다는 뜻이다
   가장 높은 지위에 있는 대통령, 그들은 어떻게 단어를 활용할까?
   〈워터게이트 사건〉 전후, 닉슨 대통령의 단어 사용에 나타난 변화

대통령들이 남긴 단어의 흔적들
다른 사람에게는 관심이 없는 로널드 레이건
버락 오바마는 왜 〈나〉라는 단어를 적게 사용했을까?
조지 W. 부시, 이라크 전쟁 전후로 단어 사용에 변화가 생기다
단어의 힘, 역사를 다시 생각하게 하다
지도자의 언어
지위의 몰락은, 단어마저도 바꿔버린다

4 거짓말하는 사람들이 흘리는 ──── 121
단어의 흔적들

자기기만적 언어의 세 가지 특징
스크루지 영감의 자기기만 언어와 자기인식 단어
"의심의 여지없이"는 지나친 자신감에서 나오는 자기기만적 표현이다
정말로 솔직하게 쓴 〈추천서〉에서 발견되는 단어들의 특징
거짓말하는 사람들이 흘리는, 단어의 흔적
거짓이 아닌, 사실을 이야기하는 사람들의 단어 패턴
스티븐 글래스, 거짓 인터뷰와 가짜 기사를 쓰다
상대가 우리를 속일 때 우리는 어떻게 알아차릴 수 있을까?
무죄로 밝혀진 사람과 유죄로 밝혀진 피고인의 차이는 〈대명사〉에 있었다
인터넷 소개팅 사이트에 올라온 자기 소개글의 진위 여부를 확인하는 법
이라크 전쟁 발발 전, 딕 체니 부통령의 거짓 인터뷰 판별법
정직한 표현에 드러나는 특징들
거짓말임을 알아볼 수 있는 흔한 표현들

5 줄리아니 뉴욕 시장과 리어왕, ──── 171
그들은 왜 갑자기 단어를 바꿔 말했을까

행복할 때는 〈구체적 명사〉를, 슬픔과 분노에 차 있을 때는 〈인지적 단어〉를 많이 쓴다
자살한 시인들이 그렇지 않은 시인들에 비해 훨씬 많이 사용한 단어
줄리아니 뉴욕 시장과 리어왕, 그들이 사용하는 단어는 왜 갑자기 바뀌었을까
개인의 고통이 최고조에 달했을 때 우리가 쓰는 단어에서는 〈낯선 삭막함〉이 느껴진다
집단적 트라우마를 겪을 때, 9/11 테러 이전과 이후 블로그 글 비교하기
공동체의 언어가 이타적이고 따뜻해질 때

트라우마는 단어를 통해 치유되어야 한다
단어는 우리를 보여주는 〈광고판〉이다

6 내가 쓰는 단어로 나의 성격과 욕구를 ─── 203
   알아챌 수 있을까

글을 쓰는 스타일이 다르면 성격도 다를까?
내가 말하는 단어들은 나의 행동과 생각의 〈잔여물〉이다
다른 사람을 통해 자신을 발견하기
내가 쓰는 단어를 통해 나의 〈성취 욕구〉, 〈권력 욕구〉, 〈소속 욕구〉를 알 수 있다
어딜 가든 우리는 단어라는 단서를 남긴다
단어를 바꿔 쓴다고 해서 사람이 변하는 것은 아니다
사람들이 순간 내뱉는 단어를 통해 그들의 속마음 알아내기
내가 사용한 단어를 분석해 나에 대해 새롭게 알아가기

7 성별에 따라, 나이에 따라, 권력에 따라 ─── 243
   단어는 어떻게 달라지는가

남자들의 단어 vs. 여자들의 단어
공식적인 자리에서는 남자처럼, 편안한 분위기에서는 여자처럼 말한다
영화 속 남녀 주인공들의 단어 차이
나이가 들면 사용하는 단어도 변할까?
제인 오스틴의 초기 작품과 마지막 작품 속 단어의 차이
대입 지원 에세이에 나타난 사회적 계층에 따른 단어 사용의 차이
권력에 따라 누가 명사를 더 많이 사용하고, 누가 동사에 더 많이 의존하는가?

8 두 사람의 단어를 보고 〈관계〉의 지속 여부를 ─── 279
   예측할 수 있을까

사람들은 무의식적으로 단어를 모방한다
언어 스타일 일치와 뇌
상대가 거짓말을 하거나 딴짓을 할 때 두 사람의 단어 사용은 비슷해진다
거짓말쟁이와 대화할 때

동시에 여러 가지를 하는 산만한 사람과 대화할 때
두 사람의 단어 사용으로 관계의 지속 여부를 알 수 있다
언어 스타일로 역사 속 인물들의 관계 추적하기
비슷하게 단어를 쓴다는 것은 서로에게 관심을 기울이고 있다는 뜻이다

9 지역마다 언어 사용 스타일이 같은 곳과 ——— 315
    그렇지 않은 곳의 이유

〈우리〉라는 단어
〈나〉에서 〈우리〉로!
시간이 지나면 〈나〉는 감소하고 〈우리〉는 증가한다
〈우리〉의 단합, 위협적인 사건이 만들어 주는 집단 정체성
외부인을 믿지 않는 〈우리〉
구성원들의 언어를 통해 집단역학 포착하기
소규모 집단 구성원들의 단어 사용과 응집력
현실 세계의 더 큰 집단, 위키피디아 참여자들의 언어 스타일
지역마다 언어 사용 스타일이 같은 곳과 그렇지 않은 곳의 이유
우리는 상황에 따라 단어를 어떻게 다르게 사용할까
단어를 통해 집단의 지리적 위치를 추적하다
단어는 공통의 화폐다

10 우리는 모두, 언어의 지문을 남긴다 ——— 349

익명의 이메일 발신자 알아내기
글쓴이의 정체를 알아낼 수 있는 두 개의 단서
우리는 모두 〈언어의 지문〉을 남긴다
문장 부호가 알려주는 단서들
비틀스의 노래 가사가 비틀스에 대해 알려주는 것들
대입 지원 에세이에 쓴 단어로 미래의 대학 성적 예측하기
글에 사용한 단어를 이용하여 출소 이후 더 나은 삶의 여부 예측하기

부록 | 단어 포착을 위한 유용한 안내서 — 373

들어가는 글

우리는 하루에
1만 6천 개의 단어를 사용한다

당신이 가장 최근에 주고받은 대화, 이메일, 문자 메시지 등을 잠시 생각해 보자. 아마 당신은 저녁 약속, 다음 회의에 관해 뭔가 말했다는 생각이 들 것이다. 하지만 한편으로 당신은 그보다 훨씬 많은 이야기를 한 셈이다. 당신의 메시지를 전달하기 위해 당신이 사용한 단어들은 당신에 대해 상상 이상으로 많은 것을 드러냈다.

우리가 단어를 사용할 때는 다른 사람들에게 말하거나 글을 쓰고 있는 것이고 그와 동시에 그들이 우리에게 말하거나 글을 쓰고 있는 것이다. 이때 우리는 모두 자신만의 스타일로 단어를 사용한다. 즉 우리에게는 각자의 〈단어 사용 스타일〉이 있다. 자신만의 스타일로 거의 무의식적으로 사용하는 단어를 통해 우리는 자신이 어떤 사람인지를 드러낸다. 그 단어 속에 자신에 대한 단서, 자신에 대한 흔적을 남기는 것이다. 한마디로 우리는 어딜 가든 어떤 상황에서든 자신만의 〈언어 지문〉을 남긴다. 그 지문을 따라 단서를 추적하여 분석하면 그 단어를 사용한 사람의 개인적 세계를 엿볼 수 있다. 따라서 단어 사용 스타일은 우리의 진짜 모습을 보여주는 일부라고도 할 수 있다.

여기서 나의 단어 스타일을 잠깐 보자면, 나는 지금까지 교수 생활을 하는 동안 내가 썼다고 인정하고 싶은 것 말고도 많은 글들을 써왔다. 아마 10년 전쯤, 한 동기가 자기 연구를 비평해줘서 고맙다고 인사를 해왔다. 물론 듣기는 좋았지만 그 비평은 익명으로 쓴 것이었기 때문에 약간 혼란스러웠다. 나는 불쑥 이렇게 물었다. "내가 썼다는 걸 어떻게 알았어?" 그녀는 그냥 웃더니 한 단어를 말했다. "흥미로운."

아, 흥미로운! 그 말을 듣고 나는 내가 쓴 비평, 논문, 책까지 다시 찾아보았다. 그리고 내가 〈흥미로운〉이라는 단어를 그토록 자주 사용했다는 데 충격을 받았다. 심지어 이 책도 〈흥미로운〉으로 도배되어 있지만 나도 어쩔 수가 없다.

나는 아들과 대화할 때와 아내와 딸에게 말할 때도 달랐다. 아들에게는 어려운 단어를 사용했고 말투는 차갑고 무심할 때가 많았다. 하지만 아내와 딸에게는 훨씬 따뜻하고 이해하기 쉬운 단어를 사용했다. 또 나는 나의 이메일, 강의, 논문, 추천서 등에서 내가 사용한 단어도 몇 년에 걸쳐 분석해 보았다. 그동안 내가 생각해 왔던 나의 모습과 단어 분석을 통해 드러난 실제 나의 모습을 보게 되었을 때 나는 적잖이 당황했다. 내가 객관적으로 생각해 왔던 나의 모습과는 많이 달랐다. 이럴 때마다 나는 나 자신에 대해 무언가를 배우게 된다.

흥미로운 점은 글쓰기나 말하기에서 나타나는 차이, 즉 단어 사용 스타일의 차이는 가장 흔하게 쓰이며 대수롭지 않게 여겨지는 짧은 단어들과 관련 있다는 것이다. 실질적 의미를 담은 단어보다 조용히 문장을 지원해 주는 역할을 하는 단어들이 그 사람에 대해 더 많은 것을 드러낸다. 우리는 이러한 단어들을 〈기능어function words〉라고 한다. 기능어는 전체 어휘 중에서 0.1퍼센트도 안 되지만 실제로 우리가 사용하는 단어의 거의 60퍼센트를 차지한다. 보조적 역할을 하는 이런 기능어에는 인칭 대명사, 지시 대명사, 접속사, 조사 등 우리가 가장 많이 사용하면서도 하찮게 여기고 또 눈에 잘 띄지도 않는 단어들이 포함된다. 모든 언어에서 소수의 기능어는 어지러울 정도로 많이 사용되는 반면, 방대한 내용어는 의외로 매우 낮은 비율로 사용되고 있다. 기능어는 자신이 사용할 때는 통제하기 어렵고 다른 사람이 사용할 때는 감지하기 어렵다. 그래서 우리는 기능어를 놓쳐 상대방이 의도한 감정적 단서를 놓치는 경우도 많다.

　사람들은 각자의 지도력, 지위와 권력, 정직성, 감정, 성격, 성별, 나이, 사회적 계층, 격식을 차리는 정도, 조직 내의 서열관계 등에 따라서 기능어를 다르게 사용한다. 결국 이렇게 사소하고 숨어 있는 단어들이 우리의 정체성, 성격, 사고방식, 심리 상태, 타인과의 관계, 상대적 지위 등을 훨씬 더 많이 드러낸다. 우리 뇌는 이런 단어들을 알아차리지 못하지만 유심히 살펴보면 그 〈미묘한 힘〉이 보이기 시작할 것이다.

　기능어에 초점을 맞추기는 하지만 이 책은 결코 품사에 대한 책이 아니다. 그보다는 우리가 매일 수없이 사용하면서도 잘 인식하지 못하는 짧은 단어들이 어떻게 우리가 어떤 유형의 사람인지를 보여주는 〈창〉의 역할을 하는지 이야기하는 책이다.

　나는 초창기에 사회심리학, 성격심리학, 임상심리학, 건강심리학 등의 분야를 두루 연구했다. 하지만 몇 번의 우연한 발견을 통해서야 이

숨어 있는 단어, 즉 기능어의 존재를 겨우 알아차렸다. 처음에 기능어 연구는 부차적인 시도에 불과했다. 하지만 나는 이 주제를 깊이 파고들어갈수록 지도자의 자질, 정신 건강, 뇌 기능 등 여러 가지 문제들과의 예상치 못한 연관성을 발견하기 시작했다. 이내 제자들과 나는 컴퓨터 공학자, 언어학자, FBI 요원, 법조인, 의사, 마케팅 전문가뿐만 아니라 역사, 정치학, 커뮤니케이션, 심지어 회계 분야의 동료들과도 함께 연구를 진행하게 되었다. 그리고 최근에는 소셜 미디어 열풍에 힘입어 우리의 생각과 방법들을 트위터와 페이스북 등의 SNS, 인터넷 소개팅 사이트, 블로그, 메신저, 이메일 등에도 적용해 보고 있다.

사람들이 평생 사용하는 단어들은 마치 자신의 손가락 〈지문〉과도 같다. 그 단어들은 그것을 사용한 사람들의 정체성뿐 아니라 심지어 지금까지 살아온 그들의 배경을 밝혀내는 데도 점점 더 많이 쓰일 수 있다. 〈단어의 흔적〉만 있다면 컴퓨터를 기반으로 한 여러 가지 새로운 방법들을 이용해 그 단어들을 분석해볼 수 있다. 셰익스피어, 공자, 고대 경전의 저자, 정치가, 소설가들은 어마어마하게 많은 단어들을 남겼고, 오늘날 온갖 분야의 학자들은 전에 없던 도구와 참신한 시각으로 그것들을 연구할 수 있게 되었다.

단어 분석에 초점을 맞추고는 있지만 사실 이 책은 심리학책이다. 언어학자들은 주로 언어 자체에 관심을 보이는 반면, 나는 사람들이 사용하는 단어가 그들의 심리 상태에 대해 무엇을 말해 주는지에 관심이 있다. 이때 단어는 사람들의 생각, 감정, 동기, 사회적 관계 등을 알아내는 강력한 〈도구〉라고 할 수 있다. 컴퓨터 기술이 발달하면서 이러한 관점은 광범위한 분야의 학자들에게 영향을 미치고 있다.

사람들은 언제 〈나〉라는 단어를 사용하고,
언제 〈우리〉라는 단어를 사용할까?

이 책에서는 다양한 단어들이 작동하는 방식을 하나씩 살펴봄으로써 어떻게 이들이 그 단어를 사용하는 사람들의 복잡한 심리 상태를 알려줄 수 있는지 알아볼 것이다. 하지만 언어 분석의 제1원칙은 〈자신의 감을 믿지 말라.〉는 것이다. 기능어는 우리가 생각하는 것과 다르게 작동한다. 예컨대 구어체에서 가장 많이 쓰는 〈나〉라는 단어I-words와 〈우리〉라는 단어we-words[1]부터 잠시 간략히 살펴보자.

〈우리〉라는 단어는 영어뿐 아니라 다른 언어권에서도 가장 불가사의한 단어 중 하나다. 〈우리〉라는 단어는 완전히 상반되는 두 가지 뜻으로 쓰인다. 본문에서 살펴보겠지만, 〈우리〉라는 단어에는 다섯 가지의 의미가 있는데 이 중 〈너와 나〉를 의미하는 단 한 경우만 말하는 사람과 듣는 사람의 유대를 강화하거나 인정하고 나머지는 오히려 그 반대로 거리감이 느껴지게 하는 의미를 담고 있다. 표면적으로 보면 〈우리〉라는 단어는 따뜻하고 보송보송한 느낌을 주고 이론상 집단의 연대감과 연관이 있을 것 같다. 이때는 〈따뜻하고 아늑한 우리〉다. 하지만 또 다른 〈우리〉는 오히려 대화하는 사람들 간에 벽을 세운다. 이때는 냉정하고 거리감이 느껴지며 대체로 〈인간미 없는 우리〉다. 여자들은 〈따뜻한 우리〉를, 남자들은 〈거리감이 느껴지게 하는 우리〉를 사용하는 경향이 있다. 〈우리〉

---

[1] 이 책에서는 1인칭 단수 대명사를 뜻하는 I-words를 〈나라는 단어〉, 1인칭 복수 대명사를 뜻하는 we-words를 〈우리라는 단어〉, 2인칭 단수 대명사를 뜻하는 you-words를 〈너 혹은 당신이라는 단어〉로 옮긴다. 〈나라는 단어〉라고 할 때 이 속에는 나는, 나의, 나를 등의 단어군이 모두 속한다.

가 이렇게 재미있는 단어인 이유는, 이 단어가 다른 사람들에게 가까이 다가가는 수단으로 쓰이는 경우가 절반이고 말하는 사람을 책임에서 벗어나게 해주는 데 쓰이는 경우가 절반이기 때문이다.

특히 〈우리〉는 정치인이 사용할 경우 오히려 차갑고 딱딱하며 감정적으로 멀게 느껴진다. 그래서 존 케리의 참모들이 그에게 연설할 때 〈우리〉라는 단어를 많이 사용하라고 조언한 것은 잘못된 전략이었다. 〈우리〉라는 단어를 많이 사용하고 〈나〉라는 단어를 적게 사용하는 그 순간 케리는 자신이 대통령답게 말하려고 지나치게 애쓰고 있다는 신호를 보낸 셈이고 그것이 사람들에게 거만한 인상을 주었다. 이는 기능어의 작동법을 제대로 알지 못했기 때문에 일어난 판단 착오다.

많은 사람들의 생각과 반대로, 지위가 높은 사람들은 〈우리〉라는 단어를 많이 사용하고 〈나〉라는 단어를 훨씬 적게 사용한다. 〈우리〉라는 단어는 사람들이 거만하고, 감정적으로 거리가 있고, 지위가 높을 때 자주 사용된다. 그래서 〈우리〉는 높은 지위를 나타내는, 〈나〉라는 단어는 낮은 지위를 나타내는 지표라고 할 수 있다. 이는 지위가 높은 닉슨 대통령이 보좌관들에 비해 〈나〉라는 단어를 더 적게 사용한 것만 봐도 알 수 있다. 하지만 워터게이트 사건의 후폭풍이 거세지면서 닉슨은 〈우리〉라는 단어는 적게 쓰고 〈나〉라는 단어를 점점 더 많이 사용했음이 녹음 테이프를 통해 드러났다. 〈나〉, 〈우리〉, 〈당신〉이라는 대명사는 지위, 권력, 자신감, 거만함, 지도자의 자질 등과 공통적으로 관련되어 있다. 여기에 덧붙이자면, 권력과 지위가 높은 사람들은 명사 그룹에 속하는 단어들을 더 많이 사용하고 권력과 지위가 낮은 사람들은 대명사와 동사에 훨씬 더 많이 의존한다. 따라서 우리는 대명사의 사용을 통해 동료들 사이에서 자기가 제일 서열이 높다고 혼자 생각하는 사람이 누구인지 알아낼 수도 있다.

〈나〉라는 단어를 사용할 때

이처럼 말하는 사람의 지위를 가르는 한 가지 척도가 바로 대명사다. 지위가 낮은 사람은 〈나(혹은 저)〉라는 단어를 훨씬 많이 사용하고 〈우리〉라는 단어를 적게 사용한다. 〈나〉는 그 의미상 일종의 신원 확인 역할을 하는데 〈나〉라는 단어가 사회적 사다리의 낮은 곳을 향한다는 견해는 꽤 합리적이다. 나는 〈나〉라는 단어의 사용이 은연중에 복종을 암시하는 행동이라고 생각할 때도 많다. 매우 높은 지위와 자아 존중감을 즐기고 지나치게 자신만만한 경향이 있는 사람들은 일반적으로 〈나〉라는 단어를 매우 적게 사용한다. 〈나〉라는 단어를 적게 사용하는 것은 대학에 입학해 좋은 성적을 낼 수는 있지만 친한 친구를 사귀는 데는 지장이 되기도 한다. 자기성찰적이고 다른 사람들에게 관심이 있는 사람들은 〈나〉, 〈우리〉, 〈너(당신, 너희들, 여러분)〉, 〈그녀〉, 〈그들〉을 포함한 모든 종류의 인칭대명사를 자주 사용한다.

불안하거나, 남의 시선을 의식하거나, 괴로워하거나, 우울한 사람은 〈나〉를 많이 사용한다. 놀라운 사실은, 부정적 감정을 나타내는 단어보다 〈나〉라는 단어의 사용이 우울증을 더욱 정확히 예측한다는 것이다. 따라서 우울증이 심할수록 말이나 글에서 〈나〉라는 단어를 사용할 가능성이 높다. 이는 자살한 시인들이 자살하지 않은 시인들에 비해 시에서 〈나〉라는 단어를 훨씬 많이 사용했음을 통해서도 알 수 있다. 화가 났을 때는 다른 사람에게 집중하고 자기 자신은 보지 않기 때문에 이때는 2인칭과 3인칭 대명사를 주로 사용하고 현재 시제로 생각하고 말한다.

진실과 거짓, 그리고 대통령의 언어
―

진실을 말한 사람은 거짓을 말한 사람에 비해 더 많은 단어, 더 어려운 단어, 더 길고 복잡한 문장을 구사하고 더 적은 감정 단어를 사용한다. 또 〈나〉라는 단어를 더 많이 사용하면서 자기 자신을 많이 언급한다. 특히 무죄로 밝혀진 사람들은 1인칭 단수 대명사를 훨씬 많이 사용했다. 〈나는〉이라는 단어는 결백하다는 신호였다. 진실을 말할 때는 자기가 그 말을 했음을 인정하는 경향이 있다. 하지만 정말 유죄였던 사람들은 법정에서 3인칭 대명사를 많이 사용했다. 이들은 비난을 자신에게서 다른 곳으로 떠넘기려고 하고 있었다. 거짓말을 할 때는 자기 자신과 말하는 내용을 멀리 떨어뜨려 놓는다. 〈그 여자와〉 성관계를 하지 않았다는 빌 클린턴의 주장은 이에 해당되는 예다. 〈그〉 여자라는 말은 확실히 〈내〉 여자라든지 〈모니카〉보다 훨씬 거리감이 느껴진다.

우리는 사람들이 쓰는 단어를 통해 그들의 〈권력 욕구〉, 〈성취 욕구〉, 〈소속 욕구〉도 알 수 있다. 이는 특히 지도자의 경우에 중요하다. 나라의 지도자들의 연설을 분석해 리더십의 유형과 전쟁을 일으킬 가능성 등을 정확히 예측한 연구 결과도 있다. 미시건 대학교 교수인 데이비드 G. 윈터가 존 F. 케네디와 조지 W. 부시의 취임 연설을 분석한 결과 둘 다 권력 욕구와 소속 욕구가 극도로 높았던 것으로 드러났다. 윈터의 관점에서 보면, 강력한 지도자가 주요 결정을 내릴 때 〈유대가 깊은 지인들에게 의존하려는 경향)이 있는 경우 권력 욕구와 소속 욕구의 결합은 치명적으로 위험할 수 있다. 오사마 빈 라덴의 경우는 〈나〉라는 단어는 매우 적게, 〈우리〉라는 단어와 〈당신들〉 혹은 〈당신〉이라는 단어는 많이 사용했다. 또 과거형 동사를 많이 사용하고 서술적 스타일로 이야기하는 것으로 보아 완고하고 적대적이고 날이 선 사람이다. 그가 쓴 단어를 분석해 보면 그는 권력 욕구는 높고 성취 욕구는 보통이며 소속 욕구는 낮은 사람이다. 한편 억제된 권력 동기를 발견하는 한 가지 방법은 그 사람이 부정어를 얼마나 자주 사용하는지 알아보는 것이다.

언어적 관점에서 보면 대통령들은 그 어떤 사람들보다도 단어로 끊임없이 흔적을 남긴다. 오마마는 사람들의 짐작과는 달리 연설할 때 〈나〉라는 단어를 적게 썼으며 조지 W. 부시는 이라크 전쟁 전후로 〈나〉라는 단어를 사용하는 비율이 급변했다. 대통령이 〈나〉라는 단어를 적게 쓴다는 것은 가까운 시일 안에 전쟁을 선포할 계획이 있다는 뜻이기도 하다.

지도자 자리를 얻는 것과 유능한 지도자가 되는 것은 다르다. 게다가 지도자의 역량은 단지 연설에만 국한되지는 않는다. 하지만 지도자가 되려는 사람은 자신이 사용하는 단어를 다른 사람들과의 관계를 보여주는 지표로 삼아 더 나은 지도자가 될 수 있다.

단어는,
자신의 개인 서명과도 같다
―

우리 연구팀은 그동안 레이디 가가와 존 매케인의 트위터를 비롯하여

7만 건이 넘는 블로그 글, 2만 5천 명의 대입 논술, 1만 9천 건 이상의 인터넷 게시물, 인터넷 소개팅 사이트에 올라온 수천 건의 자기 소개글, 100여 쌍의 메신저 대화를 비롯하여 제인 오스틴, 셰익스피어, 실비아 플라스의 문학 작품과 「대부」, 「유브 갓 메일」, 「블루 벨벳」 등의 영화, 비틀스의 노래 가사, 법정에서의 수많은 증언들, 프로이트와 융의 개인적 편지, 줄리아니 뉴욕 시장을 비롯한 정치인들과 대통령의 말과 글 등 수많은 자료를 분석했다. 또한 우리는 몇 년에 걸쳐 수백 명에게 녹음기를 달고 일상생활을 하게 하는 연구도 수행해 왔다. 공공장소에서 무작위로 녹음해 상황에 따라 사람들이 사용하는 단어를 수집해 왔고 다양한 실험을 통해 많은 사람들의 언어 표본 자료도 모아왔다. 점점 더 많은 자료를 분석하면서 우리는 다음과 같은 사실들도 밝혀냈다.

예를 들면 학생들이 대입 논술에 사용하는 기능어로 그들의 대학교 성적을 예측할 수도 있다. 대입 논술에 구상명사와 어려운 단어를 많이 사용하고 현재형 동사와 대명사를 적게 사용하면 이후 대학생이 되어 좋은 성적을 얻을 수 있다. 이는 그렇게 쓰는 사람들이 더 똑똑하다는 것이 아니라, 우리의 교육 체계가 사물과 사건을 범주화하여 생각하는 사람에게 더 유리하기 때문이다.

또 사람들은 나이가 들면 기능어 사용 방식이 달라지고, 남녀 모두 공식적인 자리에서는 대명사를 훨씬 덜 사용하고 사회적 단어도 더 적게 사용한다. 연애소설은 추리물을 비롯한 문학의 다른 장르에 비해 대명사 사용이라는 측면에서 더 개인적이고 현재형 동사를 더 많이 사용한다. 또 9/11 테러 사건 전후로 사람들의 〈나〉라는 단어의 사용은 뚝 떨어졌고 〈우리〉의 사용은 거의 두 배로 증가했다. 사람들은 또 긍정적인 경험에 대해 쓸 때 〈우리〉라는 단어를 특히 많이 사용한다. 행복할 때는 구체적 명사를, 슬픔과 분노에 차 있을 때는 인지적 단어를 많이 쓴다.

사람들이 자신이 다니는 회사에 대해 그냥 〈회사〉 혹은 더 나쁜 경우에는 〈저 회사〉, 〈그 회사〉라고 말하고 동료들을 가리켜 〈그 사람들〉이라고 부르기 시작한다면 이는 매우 우려되는 상황이다. 〈그들 회사〉가 재앙이 될 수 있는 이유는 직원들 스스로 직업적 정체성과 자신은 아무 관련이 없다고 생각하기 때문이다. 〈그들 회사〉 직원들은 불행하게 일하고 이직률도 높다. 누군가 공산주의자, 우익 라디오 진행자나 관료에 대해 걱정하고 있다면 〈그들〉과 같은 단어가 평균 수준보다 더 자주 대화에 등장할 것이다. 또 두 사람이 사용하는 단어 스타일을 분석해 그 관계의 지속 여부도 예측할 수 있다. 주민들이 비슷한 방식으로 단어를 사용하는 도시는 빈부격차가 크지 않다는 것도 알 수 있다.

단어는, 우리가 집중하는 것을 따라간다

우리는 대개 다른 사람들과 대화를 하거나 이메일, 메신저, 문자, 트위터, 편지 등을 읽으면서 상대방이 전달하려고 의도한 〈감정적 단서〉를 놓치는 경우가 종종 있다. 어떤 사람이 사용한 단어를 보고 그가 나중에 좋은 대통령이 될지, 좋은 배우자가 될지, 좋은 직원이나 학생이 될지 알 수 있을까? 우리는 결혼하거나, 투표하거나, 직원을 채용하기 전에 사람들이 사용하는 단어를 듣고 결정하지만 잘못 판단할 때가 얼마나 많은지 모른다. 이럴 때 대명사를 비롯한 숨어 있는 기능어들이 사람들이 인식하지 못하는 〈감정 탐지기〉 역할을 한다. 우리는 그동안 이것을 놓쳐왔다. 이제 이 작은 단어들의 숨겨진 힘을 확실히 인식해야 할 때가 왔다.

일상적인 글에서 사용되는 문장 부호들, 기능어, 내용어는 모두 〈개인 서명〉의 일부와도 같다. 결국 우리는, 우리가 사용하는 단어들의 총합이다.

이 책의 주제나 접근법에 관심이 있는 사람들은 이런 주제를 연구하는 아주 명석한 몇몇 학자나 사상가들의 연구를 쉽게 접할 수 있다. 나의 접근법에 가장 큰 영향을 미친 사람들 중에는 사회학자 어빙 고프먼, 언어학자 조지 레이코프, 인지 과학자 스티븐 핀커, 사회 언어학자 데보라 태넌, 인류학자 애나 비어즈비스카 등이 있다.

이 외에도 단어 사용과 그 단어를 사용하는 사람의 심리 상태에 대한 본질적 관계에 대한 나의 생각에 많은 사람들이 직접적으로 영향을 미쳤다. 말실수에 대한 프로이트의 초기 연구는 의도치 않게 입에서 튀어나오는 단어들이 그 사람의 숨겨진 생각과 감정을 드러낼 수 있다는 심리학적 인식의 시초였다. 이후 루이스 고트샬크와 월터 와인트로브 같은 정신 분석학자들은 별 뜻 없어 보이는 단어들을 환자들이 보이는 두려움이나 깊은 동기와 연관 짓는 법을 알려주는 길잡이를 제공했다. 컴퓨터를 기반으로 한 몇몇 텍스트 분석 시스템들, 특히 1960년대 필립 스톤의 제너럴 인콰이어러General Inquirer와 같은 프로그램의 등장에 힘입어 나 역시 컴퓨터로 단어 분석 작업을 시작하게 되었다. 이후 컴퓨터 프로그램의 혁신적인 발달 덕분에 계속해서 수많은 단어들을 분석해올 수 있었다. 하지만 나에게 가장 큰 영향을 미친 이들은 오랜 세월 나의 제자와 동료였던 사람들이다.

일종의 여행 가이드라고 할 수 있는 이 책은 내가 심리학과 사회과학에서 제일 좋아하는 주제인 성격, 감정, 젠더, 거짓말, 지도력, 사랑, 역사, 정치, 집단 등과 같은 주제들을 중심으로 구성되어 있다. 이 책의 목적은 기능어 분석을 통해 어떻게 이러한 주제를 새롭게 이해할 수 있게 되는지 보여주는 것이다. 그와 동시에 나는 당신이 언어에 대해 생각하고 분석하는 방식을 이해했으면 한다. 각자 개인적 혹은 직업적 관심사가 무엇이든, 나는 독자 여러분들이 이 책을 통해 자신과 다른 사람들을 더 잘 이해할 수 있고 세상을 달리 보게 되기를 바란다. 우리는 자신이 누구인지를 드러내는 단어들을 이제 어렴풋이 알게 될 것이다.

1 　　　무심코 내뱉는
　　　하찮은 단어들이

　　　내가 어떤 사람인지
　　　알려준다

다들 좋은 아침! 멋진 하루 보내길! 사랑을 담아, 패리스 :)

— 패리스 힐튼, 유명인

어제 베이루트보다 북쪽에 있는 산악지대에 가서 드루즈 파(이슬람교의 한 종파) 지도자인 왈리드 줌블라트를 만남. 환상적인 경험이었음.

— 존 매케인, 미국 상원의원

친구들(석류 마티니)과 놀면서 크리스마스 특집 볼 준비 중. 동부 시간으로 10시, 중부 시간으로 9시. 그 다음엔 캐럴을 부르러 가야지!

— 오프라 윈프리, 언론계의 거물이자 TV 쇼 진행자

와인 한 병 마시고 다음 투어를 구상할 시간. 세인트 루이스 공연은 끝내줬다. 나의 무릎엔 아이라이너, 나의 팔꿈치엔 피. 수상해.

— 레이디 가가, 가수 겸 작곡가

10만 년 전, 우리 조상들은 말을 하기 시작했다. 대략 5천 년 전에는 글을 쓰기 시작했다. 지난 150년 동안에는 전보, 라디오, 텔레비전에 이어서 이메일, 문자 메시지, 블로그와 기타 소셜 미디어에 이르기까지 온갖 소통 수단을 도입했다. 방식은 달라졌을지 몰라도 우리는 여전히 서로의 의견과 경험, 감정을 주변 사람들과 나누고 있다.

2006년부터 우리는 트위터를 사용하기 시작했다. 트위터 계정만 있으면 누구나 간단한 소식을 올릴 수 있고 누구나 즉시 그것을 읽을 수 있다. 친구는 물론이고 세계적인 유명인사들이 무슨 생각을 하고 있는지도 분 단위로 알 수 있다. 사람들이 왜 그런 걸 하고 싶어 하는지 의아한 독자들도 있을지 모르지만 트위터 세계에 한 번 빠져보면 그 매력을 알 수 있다.

이 장 첫머리에 소개된 네 개의 트윗으로 돌아가보자. 어찌 보면 이 트윗들은 일상적인 소통과 전혀 다르지 않다. 식당 옆자리에서 우연히 듣게 되는 이야기쯤으로 생각할 수도 있다. 패리스 힐튼은 그냥 인사를 건넨다. 존 매케인은 레바논에서 중요한 인물을 만난 것을 알려준다. 오프라 윈프리는 저녁에 하려는 일을 말해 준다. 레이디 가가는 새로운 투어를 시작하려고 한다는 것을 알려주고 싶어 한다.

하지만 이 트윗들에는 쓴 사람들이 인식하는 것보다 많은 것들이 담겨 있다. 하나하나가 마치 손의 〈지문〉과도 같다. 예컨대 이 트윗들과 그것을 쓴 사람을 서로 짝지어 보라는 객관식 문제가 있다면 대부분 만점을 받을 것이다. 트윗을 올린 사람들에 대해 전혀 모르더라도 〈유명인〉, 〈상원의원〉 정도의 꼬리표만으로도 누가 무엇을 썼는지 경험적으로 추측하는 데 충분할 것이다.

이 트윗들을 보면 그것을 쓴 사람의 생각과 성격도 알 수 있다. 느낌표와 이모티콘을 쓴 패리스 힐튼은 마냥 밝고 명랑하다. 존 매케인은 거창한 단어들로 세상 이야기를 하면서 강한 인상을 남기려고 한다. 영업의 달인 오프라 윈프리는 크리스마스 특집(자기 프로그램)이 몇 시에 방송될지 흘린다. 레이디 가가는 자신이 조금은 자유분방하면서도 생각이 깊다는 메시지를 전달하고 대명사(나의)의 사용을 통해 다소 우울한 경향도 내보인다.

이들 각자의 트윗을 좀 더 분석하기 시작한다면 그들의 동기, 두려움, 감정, 자기 자신이나 다른 사람들과 관계 맺는 방식에 대해 더 많이 알게 될 것이다. 사람들은 저마다 독특한 방식으로 단어를 사용한다. 레이디 가가처럼 매우 개인적인 방식으로 소통하는 편인 사람들도 있다. 이런 사람들은 〈나는〉, 〈나의〉 같은 단어로 자신을 내보인다. 그런가 하면 존 매케인 같은 사람들은 다른 사람과 소통하고 교감하기가 매우 어렵다는 것을 보여준다.

우리가 사용하는 단어들 중에서 우리에 대해 가장 많은 것을 알려주는 단어는 가장 짧고 잊기 쉬운 단어일 때가 많다. 전 세계 언어 공통으로 대명사와 조사 역할을 하는 단어 그리고 그 밖의 숨어 있는 단어들이 우리가 어떤 유형의 사람인지 알려준다. 그리고 이것이 바로 이 책에서 하려는 이야기다.

우리 조상들이 최초의 문장을 말하고 난 후 패리스 힐튼이 트위터에 인사말을 올리기까지는 오랜 세월이 걸렸다. 현대의 기술적 혁명에 크게 힘입어 이제 우리에게는 트윗, 페이스북 게시물, 이메일, 블로그, 전통적 방식의 편지, 책, 정치 지도자들의 기자회견 및 연설, 일상적인 글과 대화에서 사용하는 단어들을 분석할 도구가 생겼다. 우리는 일상에서 사용하는 단어들이 어떻게 그 사람의 사회적, 심리적 상태를 반영할 수 있는지 사상 처음으로 컴퓨터 프로그램을 이용하여 분석하고 판단할 수 있게 되었다.

예를 들면 대학 입학 지원서에 동사를 너무 많이 사용한 학생들은 대학생이 되었을 때 낮은 성적을 받을 가능성이 크다는 사실을 누가 알았겠는가? 아니면 시를 쓸 때 〈나는〉이라는 말을 너무 많이 사용하는 시인은 그렇지 않은 시인에 비해 자살할 위험이 더 높다거나, 어떤 세계적 지도자의 대명사 사용 스타일을 통해 그가 자국을 전쟁으로 이끌 가능성을 상당히 정확하게 예측할 수 있다는 사실은 또 어떠한가? 우리는 사람들이 자신의 생각을 언어로 옮기는 방식을 주의 깊게 살펴봄으로써 그들의 성격, 감정, 타인과의 관계를 파악할 수 있다.

심리학과 단어가 만났을 때
—

이 책의 주제인 〈단어의 비밀〉을 본격적으로 설명하기 전에 이 책의 저자, 즉 내 얘기와 내가 이 연구에 이르게 된 계기와 그 과정에 대해 먼저 조금 들려주고 시작하는 것이 도움이 될 듯하다. 사회심리학자인 나는 우연히 언어에 흥미를 갖게 되었다. 앞으로 알게 되겠지만, 이 책이 진짜 초점을 두는 부분은 언어 그 자체가 아니라 〈사람〉이다. 물론 언어와 단어들도 재미있는 주제이긴 하다. 하지만 사회심리학자의 눈에는 단어들이 사람들 내면의 움직임을 짐작할 수 있는 〈단서〉일 때 훨씬 더 흥미로워 보인다.

내 경력으로 말하자면 초기에는 건강, 감정, 트라우마 경험의 특징 등을 연구했다. 그러다 1980년대 초반, 나는 우연히 발견한 사실에 마음이 끌렸다. 지독한 트라우마 경험을 혼자서만 간직하는 사람들은 그 경험을 드러내 놓고 말하는 사람들에 비해 건강상의 문제가 훨씬 많았던 것이다. 비밀을 간직하는 것이 왜 그리 해로울까? 더 중요한 질문을 하자면, 강렬한 감정을 수반하는 비밀을 터놓는 사람들은 더 건강해지는 것일까? 나와 제자들은 이 질문에 대한 답을 금세 알게 되었다. 답은 〈그렇다〉였다.

우리는 사람들에게 하루 15분에서 20분 정도씩 사나흘 연속으로 자신의 트라우마 경험에 대해 글로 써보라는 실험을 시작했다. 그 결과 자신의 트라우마에 대해 글을 쓴 사람들은 아무런 감정을 일으키지 않는 주제에 대해 글을 써야 했던 사람들에 비해 건강이 호전되었음이 증명되었다. 이후의 연구들에서는 감정을 표출하는 표현적 글쓰기expressive writing가 면역 기능을 높이고, 혈압을 낮추며, 우울한 감정을 줄이는 한편 평소의 기분도 더 나아지게 한다는 사실이 발견되었다. 최초의 글쓰기 실험 이후 25년이 지난 지금까지 세계 전역에서 2백 건 이상의 비슷한 실험이 수행되었다. 연구 결과는 그리 대단치 않을 때도 많지만, 감정의 격변을 〈언어로 변환〉하는 단순한 과정은 신체적 및 정신적 건강과 꾸준히 연관성이 있는 것으로 나타났다.

글쓰기의 시작은 〈단어 선택〉에 있다

글쓰기가 이런 효과를 발휘하는 이유는 무엇일까? 일부 과학자들은 고통스러운 감정을 되풀이해서 접하다 보면 결국 그 충격이 약해진다고 주장한다. 우리의 의견도 이와 같다. 또 다른 과학자들은 완전히 해결되지 않은 일과 되새김이 건강에 미치는 해로운 영향에 주목한다. 트라우마 경험이 있는 사람들은 그 일을 마음속에서 계속 되풀이하면서 자신의 고통을 이해하려는 헛된 시도를 하는 경우가 많다. 격변하는 감정을 동반하는 트라우마 경험에 대해 끝없이 생각하다 보면 지금의 일과 인간관계에 집중할 수 없고 잠을 설칠 수도 있다. 이런 관점에서 볼 때 트라우마에 대한 글쓰기는 사람들로 하여금 그런 사건들을 이해하고 그 속에서 의미를 찾거나 혼란스러운 감정을 해소하도록 도와주는 역할을 한다.

글쓰기가 왜 효과적인지에 대한 답은 간단하지 않다. 나는 사람들이 트라우마 사건에 대해 글을 쓸 때 건강에 다양한 변화가 생기는 동시에 사고방식, 감정 반응, 뇌 활동, 수면 및 건강 관련 행동 등도 변한다고 확신한다. 하지만 어떤 사람에게 글쓰기가 도움이 되는 이유를 발견했다고 해서 다른 사람에게도 같은 이유로 글쓰기가 도움이 된다고 설명할 수 있는 것은 아니다.

글쓰기에 대한 연구자들은 사람들이 각자 겪은 격변을 묘사하는 데 〈단어〉들을 사용한다는 점을 고려하지 못했다. 아마도 표현적 글쓰기의 핵심은 글의 내용에 가려져 눈에 잘 띄지 않았을 것이다. 트라우마 경험에 대한 글의 내용은 대체로 강렬했고 잊기 힘들 정도로 인상적인 경우도 많았다. 거의 모든 연구에서 참가자들은 신체적, 성적, 감정적 학대, 이혼, 약물 문제, 자살, 끔찍한 사고, 패배감, 모욕감, 괴로움에 대해 썼다. 충격적인 이야기도 각양각색이었지만 쓰인 방식도 아주 다양했다. 유머러스하게 글을 쓴 사람도 있었고, 분노에 찬 사람도 있었으며, 냉정하고 초연하게 사실 중심으로 쓴 사람도 있었다.

임상 심리학자 혹은 일반인들이 이런 글을 읽는다면 글쓰기의 어떤 측면이 건강 증진과 관련이 있었는지 알아낼 수 있을까? 우리가 검증해본 결과, 그렇지 않다는 답이 나왔다. 사람들의 사연은 너무나 복잡했고 아무리 세심하게 읽어도 이 가슴 아픈 사연들에서 가장 의미 있는 요소가 무엇인지에 대해 각자 의견이 달랐다. 감정을 드러내는 표현적 글쓰기가 효과적인 이유를 밝혀내기 위해서는 뭔가 다른 접근법이 필요했다.

우리가 쓰는 단어와
우리의 심리 상태는 어떤 연관성이 있을까
—

때는 1991년, 컴퓨터 기술이 한창 발전하던 시기였다. 1960년대와 1970년대에 프린스턴, 하버드, MIT에서 수행된 〈컴퓨터를 기반으로 한 언어 분석computerized analysis of language〉 연구는 몇 번의 획기적인 발전을 거듭했다. 내가 트라우마에 대한 글을 분석할 컴퓨터 프로그램을 구할 수 있었던 것도 분명 이 새로운 기술 덕분이었다. 프로그램은 판단을 내리지도, 마음 아파하지도 않는다. 버튼만 누르면 웬만한 답은 얻을 수 있었다.

하지만 안타깝게도 당시에는 간단히 이용할 수 있는 프로그램이 없었다. 나는 속으로 이렇게 생각했다. "그런 프로그램 하나 만드는 게 얼마나 어렵다고?" 그런데 마침 전직 프로그래머였던 대학원생이 우리 연구팀에 들어왔다. 나는 그 친구에게 별 생각 없이 이렇게 말했다. "마사, 새 프로그램에 대한 아이디어가 있는데 한 3주 정도면 만들 수 있을 거야." 자기가 무슨 일에 휘말리고 있는지는 전혀 몰랐지만 마사 E. 프랜시스는 과연 사회학에 재능이 있는 창조적인 프로그래머였다. 프로그램의 뼈대는 금방 만들어졌지만 〈3주 프로젝트〉는 우리 마음대로 되지만은 않았다. 우리는 3년 만에야 언어 조사와 단어 계산 프로그램Linguistic Inquiry and Word Count, 즉 LIWC라는 프로그램의 첫 번째 버전을 내놓았다.

LIWC에 내포된 의도는 트라우마에 대한 글에서든 일상 대화에서든 사람들이 사용하는 단어에 그들의 감정이 반영되고, 사용된 단어를 분석하는 간단한 과정을 통해 그들의 감정 상태를 파악할 수 있다는 생각이었다. 우리의 가정에 따르면, 화가 난 사람들은 분노와 관련된 단어를 사용하고 슬픔에 잠긴 사람들은 슬픔과 관련된 단어를 사용할 것이다. 우리 실험의 참가자들이 트라우마에 대해 글을 쓸 때는 감정을 나타내는 단어를 〈고르는〉 과정에 그들의 감정 상태가 반영될 것이었다.

그래서 우리는 LIWC 프로그램을 개발하면서 다양한 심리학적 개념을 포착하도록 고안된 여러 개의 단어 사전들을 만들었다. 예컨대 우리는 증오하다, 격분하다, 살해하다, 난도질하다, 복수하다 등 180개 이상의 단어로 구성된 분노 단어 사전을 만들었다. 그리고 〈살해〉와 같은 어간을 사전에 포함하여 살해자, 살해, 살해하다, 살해당한 등 〈살해〉에서 비롯하는 단어들도 모두 계산에 들어가게 했다. 우리는 이어서 슬픔, 불안, 행복, 긍정적 감정 등 다양한 감정에 관한 단어 사전들을 만들어 나갔다.

그런데 트라우마에 대한 글들은 감정적 어조 외에도 여러 측면에서 다양한 양상을 보였다. 그래서 우리는 넓은 범위 안의 글들을 모두 포괄해서 다루기 위해 감정을 나타내는 단어 말고도 다른 유형의 단어 사용을 측정하는 어휘 목록도 개발했다. 이를테면 여러 종류의 대명사, 생각과 관련된 단어로서 인과적 사고를 암시하는 다양한 단어들(왜냐하면, -의 원인이 되다, 이유, 근거 등)의 사용을 측정하기 위한 것이었다. 이 작업 전에 이미 80종류에 육박하는 단어 사전을 만들어 놓았던 우리는 사람들이 일상 언어로 공통적으로 흔히 사용하는 거의 모든 유형의 단어가 여기에 담겼다고 생각했다.

LIWC 프로그램을 실행하기까지 3년 가까이 시간이 걸린 이유는 사전을 하나하나 만드는 고통스러운 과정 때문이었다. 우리는 수많은 학생들에게 어떤 사전에 들어가는 단어든 하나씩 일일이 평가하게 했다. 예를 들면 좌절이라는 단어는 분노 사전에 들어가야 할까? 그러려면 학생 심사 위원단이 만장일치로 분노 사전에 해당한다는 판단을 내려야 했다(실제로 좌절은 만장일치로 분노 사전에 들어갔다).

마사의 프로그래밍 실력과 수천 시간에 달하는 학생 심사 위원단의 노고에 힘입어 LIWC는 드디어 실행될 준비가 되었다. 완성된 프로그램은 컴퓨터로 작성된 글이나 문서 파일을 분석하여 각각의 사전에 해당하는 단어들의 비율을 계산해 냈다. 최신 버전의 LIWC는 몇 초 만에 수천 개의 디지털 파일을 분석할 수 있다. 우리의 초창기 연구는 트라우마에 대한 글에만 주목했지만 나중에는 시, 소설, 블로그, 트위터, 이메일, 메신저, 일상 대화 녹취록, 연설문 등을 비롯하여 여러 단어로 구성된 문서까지 분석 범위를 넓혔다.

글을 분석할 때 LIWC는 문제 많은 우리 인간 전문가들에 비해 많은 이점이 있었다. LIWC 같은 프로그램은 어떤 글을 여러 번 분석해도 항상 똑같은 결과를 얻을 가능성이 100퍼센트다. 그리고 셰익스피어 전집을 20초 안에 분석할 수 있을 정도로 빠른 데다 한 사람이 쓴 글에 대한 분석 결과를 다른 사람의 것과 직접 비교할 수도 있다.

이렇게 경탄할 만한 특징이 있음에도 불구하고 단어 분석 프로그램들은 놀라울 정도로 멍청하기도 하다. 반어법이나 비꼬기를 감지하지 못하고 유머 감각도 형편없다. 특히 별로인 점은 맥락을 잡아내지 못한다는 점이다. 한 단어가 쓰임새에 따라 뜻이 크게 달라질 수 있는 경우에 특히 그렇다.

한 예로 mad라는 단어를 생각해 보자. LIWC 프로그램은 이 단어가 분노 사전과 부정적 감정 사전에 해당된다고 판단한다. 누군가 "네가 내 새 남자친구에게 키스해서 미칠 것 같아."라고 말한다면 LIWC는 mad를 분노와 관련된 단어라고 올바르게 해석할 것이다. 하지만 그 사람이 "난 요즘 새로 사귄 남자친구한테 완전히 미쳤어."라고 말한다면 LIWC는 mad를 단어 그대로 해석해서 잘못 분류하는 실수를 저지를 것이다. 이 경우 mad는 화가 났다는 뜻이 아니라 〈미치도록 행복한〉이라는 뜻이니 말이다.

여느 단어 분석 프로그램과 마찬가지로 LIWC 역시 오류를 많이 저지른다. 단어를 제대로 분류할 때도 있고 아닐 때도 있다. 그렇기는 하지만 LIWC가 확률적으로 대개 정확하다고 판단할 만큼 지금까지 충분히 많은 연구가 진행되었다. 다행스러운 점은 분석할 단어가 많을수록 정확성이 높아진다는 점이다. 다행스러운 사실이 또 하나 있다면 최종적으로 문장 구조, 문법, 전반적인 맥락을 고려할 수 있는 더 똑똑한 단어 분석 프로그램이 개발되고 있다는 것이다.

현재의 기술 수준으로 보면 진지한 언어학자와 문학 연구가들이 단어 분석 프로그램을 그리 탐탁지 않게 여기는 것은 당연하다. 사실 언어학자들은 주로 언어에 관심이 있고 문학 연구가들은 문학에 관심이 있다. 나 역시 투덜거리면서도 그런 것들에 신경을 쓴다. 하지만 내가 진짜로 관심 있는 부분은 사람들의 〈단어 사용〉과 그들의 〈심리 상태〉의 연관성이다. 언어의 어떤 요소가 사람들의 생각과 마음을 알려주는지 밝혀낼 수 있을까? 만약 그렇다면 그 정보를 이용하여 사람들의 생각을 이로운 방향으로 바꿀 수 있을까?

**글의 내용이 아닌,
단어 사용 스타일에 주목하다**

―

LIWC를 개발한 전반적인 목적은 트라우마 경험에 대해 사람들이 글을 쓰는 방식을 통해 이후 그 사람의 건강 상태 개선을 예측할 수 있는지 알아보기 위해서였다.

1990년대에 콜로라도 대학교의 연구자들은 〈잠재적 의미 분석〉(Latent

Semantic Analysis, LSA)이라는 컴퓨터 프로그램을 내놓았다. LSA는 하나의 글 안에서도 단어 사용 패턴을 추적할 수 있었고 여러 편의 글을 동시에 다룰 수도 있었다. 또한 두 편의 글이 얼마나 비슷한지 수학적으로 비교할 수 있다는 것이 LSA의 장점이었다. 얼핏 생각하기에 LSA를 사용하면 날마다 똑같은 주제로 글을 쓰는 것이 다양한 주제로 글을 쓰는 것보다 유익할지 아닐지 알아낼 수 있을 것 같았다. 좋은 생각이기는 했지만 아무리 시도해 보아도 이 견해를 뒷받침할 마땅한 증거를 찾을 수는 없었다.

우리 대학원생이었던 셜록 캠벨은 LSA 프로그램을 제대로 활용하는 데 거의 1년이 걸렸다. 캠벨과 나는 LSA 프로젝트를 알면 알수록 우리가 언어에 대해 잘못 생각하고 있었다는 사실을 더욱 깨닫게 되었다. 글의 내용이 아니라 언어 스타일을 분석하면 어떨까? 이 작업을 위해서는 LSA를 완전히 뒤집어 생각해야 했다. 우리는 글의 내용을 분석하는 대신 LSA로 명사, 동사, 부사에 초점을 맞추어 글을 쓰는 스타일을 보여주는 단어들에 주목했다. 이를 통해 우리는 글쓰기 스타일은 대개 대명사, 조사, 관형사, 짧지만 흔히 쓰이는 소수의 비슷한 단어들을 포함하는 기능어를 통해 드러난다는 사실을 알게 되었다.

연구 결과는 숨이 막힐 정도로 놀라웠다. (컴퓨터 언어학자라면 〈숨이 막힐 정도〉라는 말이 과장되게 들릴 수도 있다. 직접 겪어 봤어야 했는데!) 글을 쓸 때마다 기능어를 사용하는 방식을 많이 바꾼 사람일수록 건강이 더 호전된 것이다. 여러 종류의 기능어에 초점을 맞추어 살펴보는 동안 유독 중요하게 눈에 띄는 단어군이 있었다. 바로 인칭 대명사였다. 더 구체적으로 말하자면 다른 인칭 대명사(우리, 당신, 당신들, 그들)에 비해 1인칭 단수 대명사(나는, 제가, 나의, 저의, 나를, 저를 등)의 사용 빈도가 많이 변할수록 글쓴이의 건강이 더 좋아졌다. 이 효과는 상당히 컸으며 이후 거듭된 연구를 통해 뒷받침되었다. 1년 넘게 LSA 프로그램을 사용해본 셜록은 짜릿함을 느꼈다. 그는 우리가 〈대명사의 비밀〉을 발견했다는 사실을 더없이 자랑스럽게 여겼다.

연구 결과들은 난해해 보일 수도 있지만 실제로는 그렇지 않다. 요컨대 건강이 호전된 사람들의 글들을 살펴보면 한 번은 〈나〉라는 단어를 많이 사용하고 그 다음에는 다른 대명사를 많이 사용하는 등, 여러 번 글을 쓰면서 단어의 사용 양상이 변한다. 다시 말해서 건강한 사람들의 경우 한 번은 자신의 생각과 감정에 대해 글을 쓰고 다음에는 다른 사람들에게 무슨 일이 일어났는지 살펴본 다음 다시 자신에 대해 글을 쓴다.

실제로 관점의 전환은 심리 치료에서 흔히 쓰인다. 의뢰인이 치료사에게 와서 아내의 말과 행동, 냉담한 태도 등에 대해 반복적으로 불평하기 시작하면 치료사는 잠시 후 의뢰인의 말을 멈추고 이렇게 말할 것이다. "아내분에 대해서는 많이 이야기하셨는데 본인 자신에 대해서는 아무 말도 안 하시네요. 당신은 이런 일이 일어날 때 어떤 느낌이 드나요?" 마찬가지로 이번에는 여자 의뢰인이 결혼생활 문제로 치료사를 찾아와 배우자에 대해서는 전혀 언급하지 않고 자기 생각, 감정, 행동에 대해서만 이야기한다면 치료사는 이런 질문을 던져 대화의 방향을 전환할 것이다. "이런 일이 일어날 때 본인이 느끼는 감정에 대해서는 많이 얘기하셨는데, 남편분은 이 일에 대해 어떤 감정을 느낀다고 생각하시나요?" 효과적인 임상 치료와 마찬가지로 건강에 유익한 글쓰기에도 다양한 관점에서 문제를 보는 과정이 포함되어야 할 듯하다.

단어는
거울이자 도구이다

감정을 표출하는 표현적 글쓰기에 관한 우리의 발견들이 어떤 의미인지 잠시 생각해 보길 바란다. 감정의 격변에 대한 글쓰기는 글쓴이의 신체적, 정신적 건강을 보다 좋게 할 수 있다. 하지만 이 방법이 모든 사람에게 유익한 것은 아니다. 글쓰기로 이득을 얻는 사람들은 그렇지 않은 사람들과 글을 쓰는 스타일이 다른 경우가 많다. 건강에 유익한 글쓰기는 긍정적 감정을 나타내는 단어의 사용, 부정적 감정을 나타내는 단어의 적당한 사용, 인지적 단어의 사용 빈도 증가, 대명사 사용 빈도의 변화 등과 관련이 있다. 이런 효과들을 일상 언어로 번역하면 다음과 같다. 글쓰기로 이득을 얻는 사람들은 글을 쓸 때 보다 더 낙관적인 경향을 표출하고, 부정적인 사건을 받아들이며, 자신의 경험으로 의미 있는 이야기를 구성하고, 관점을 전환할 수 있다.

그런데 가장 놀라운 점은 이러한 발견들이 거의 눈에 띄지 않는 몇 가지 〈숨어 있는 단어〉들을 통해 드러났다는 점이다. 숨어 있는 단어들은 여느 때와 같이 평범하게 쓰이면서도 글쓴이가 생각하는 방식에 일어난 중요한 변화를 반영했다.

이러한 언어적 발견들은 분명 흥미롭다. 하지만 우리가 그것을 잘 활용할 수 있을까? 사람들을 연구실로 데려와서 긍정적인 감정을 나타내는 단어를 사용하게 하고, 인지적 단어를 더 많이 사용하게 하고, 인칭대명사를 이렇게 저렇게 바꿔가며 글을 쓰게 하면 건강이 좋아질까? 다시 말해서 단어는 심리 상태를 〈반영〉하는 것일까, 〈유발〉하는 것일까?

이 질문에 답하려는 시도로 수년간 몇 번의 연구가 수행되었다. 서던 메소디스트 대학교 재직 시절 내 제자였던 셰릴 휴즈는 정교한 실험을 하나 수행했다. 그녀는 학생들에게 단어 목록을 나눠주고 그것을 사용하여 감정을 표출하는 글을 써보게 했다. 학생들은 각각 긍정적 감정을 나타내는 단어 목록, 부정적 감정을 나타내는 단어 목록, 인지적 단어 목록을 받은 집단으로 나뉘었고, 아무것도 받지 않은 학생들도 있었다. 셰릴은 학생들이 예상된 방향으로 단어를 사용하도록 하는 데는 성공했으나 글쓰기는 건강에 아무런 영향도 미치지 않았다. 사람들로 하여금 감정적인 주제로 여러 번 글을 쓰게 하면서 글마다 인지적 단어의 사용 빈도를 바꾸게 하거나 대명사의 유형을 바꾸게 하는 기발한 시도도 있었다. 현재 입증된 증거는 설득력이 있다. 즉 단어 사용은 일반적으로 그 단어를 쓰는 사람의 심리 상태에 영향을 미치거나 유발한다기보다 그의 심리 상태를 반영한다는 것이다.

우리가 사용하는 단어들이 우리의 생각과 감정을 거울처럼 반영한다는 사실이 엄청나게 놀라운 것은 아니다. 하지만 이러한 발견은 단어 분석을 이용하여 사람들의 마음을 바꿀 수 있음을 암시한다. 〈왜냐하면〉, 〈결과를 야기하다〉, 〈-의 이유가 되다〉와 같은 단어를 비롯하여 인지적 단어를 많이 사용하는 것이 건강에 유익한 글쓰기의 특징이었음을 상기해 보자. 단순히 글을 쓰는 과정에서 어떤 단어들을 많이 쓰게 하는 것만으로는 의미 있는 효과를 얻을 수 없다. 이렇게 하면 글쓴이는 내재된 목적이 아니라 단어에만 집중할 뿐이다. 하지만 트라우마에 대한 글을 쓰게 하되 의미 있는 이야기를 구성하게 하면 글이 좀 더 역동적인 분위기를 띤다. 이들은 한 발 물러서서 보다 더 넓은 시각으로 트라우마를 바라보기 시작한다. 이들이 이야기에 쏟는 인지적 노력은 더 나은 결과물을 만들어 내고 더불어 트라우마를 극복하게 해줄 가능성이 높아진다.

사람들이 사용하는 단어를 분석하는 것은 사람들이 어떤 생각을 하고 있는지 알려줄 뿐만 아니라 앞으로 그들의 생각을 이끌 방향도 제시한다. 단어들은 거울도 될 수 있고 도구도 될 수 있는 것이다.

흔히 쓰는
대수롭지 않은 짧은 단어들이 나를 드러낸다

표현적 글쓰기에 대한 발견들은 흥미로웠지만 그것들은 LIWC를 여러 가지 방식으로 사용하게 되기까지 도움을 준 부차적 요소에 불과하다. 처음 LIWC를 개발했을 때 마사 E. 프랜시스와 나의 목표는 소박했다. 단어를 살펴봄으로써 건강에 유익한 글쓰기가 어떤 것인지 밝혀내자는 것이었다. 그런데 그 시기가 아주 훌륭했다. 컴퓨터 기술이 없고 방대한 데이터베이스를 이용할 수 없었다면 언어학자들은 단어를 연구하고 심리학자나 의사들은 건강을 연구할 뿐, 자연스럽게 그 둘을 연결할 사람은 없었을 것이다.

지금은 많은 사람들이 사용하는 엄청난 수의 단어들에 누구나 쉽게 접근하여 이용할 수 있다. 숫자나 통계 다루기가 취미인 사람처럼, 나는 LIWC가 나에게 훌륭한 놀이터라는 사실을 발견했다. 나는 그저 누가 어떤 단어를 사용했는지 알기 위해 밤늦게 텍스트 파일을 분석할 때가 많다. 예컨대 감정을 표출하는 글에 대한 연구는 대개 남녀 모두를 대상으로 했는데, 그렇다면 성별에 따라 단어를 사용하는 스타일이 다를까? 그랬다. 그것도 아주 많이 달랐다. 하지만 왜 그런지 도통 알 수가 없었다. 그래서 나는 대개 사람들이 밤늦게 문제를 해결하려고 할 때 흔히 그러듯 그냥 무시해 버렸다. 그런데 다음날 또 한 묶음의 파일들을 분석하다가 이번에도 남녀의 단어 사용법에서 기묘한 차이를 발견했다. 지금 이 이야기를 하면 7장을 읽는 재미를 망쳐놓는 셈이니 여기서는 일단 멈추겠지만, 그 차이는 크고 예상치 못한 것이며 한 번 생각해 보면 완전히 이해할 수 있는 것임을 믿어주기 바란다.

점점 더 많은 자료를 다룰수록 반복되는 단어의 패턴이 계속 튀어나왔다. 단어 사용의 차이는 성별뿐만 아니라 나이에 따라서도 크게 나타났다. 이와 더불어 사회적 계층, 감정 상태, 정직성, 성격 유형, 지위, 격식을 차리는 정도, 서열관계, 지도력, 인간관계의 질 등 수많은 조건의 차이에 따라서도 단어 사용이 달랐다. 단어 사용 스타일은 사회심리학에서 내가 연구해본 거의 모든 영역과 연관성이 있었다. 특히 흥미로운 점은 대개의 차이가 가장 흔히 쓰이고 대수롭지 않게 여겨지는 단어들에서 발생한다는 것이었다.

30년 전쯤 내 경력의 정점이 대명사의 비밀을 발견한 일일 것이라고 말하는 사람이 있었다면 나는 틀림없이 진로를 바꿨을 것이다. 하지만 이제 나는 사람들이 기능어를 언제, 어떻게 사용하는지 이해함으로써 친구나 가족과의 관계뿐만 아니라 더 넓은 세상에 속하는 사람들과 효과적으로 소통하는 능력에 이르기까지, 우리의 모든 행동에 영향을 미치는 사회적 및 심리적 과정을 더 잘 이해하게 되리라고 확신한다.

그러면 우리는 친구가 사용하는 단어가 갑자기 바뀌었을 때 그 친구가 우울한지, 화가 났는지, 거짓말을 하고 있는지 판단할 수 있을 것이다. 자료를 관리하거나 뭔가를 조사하는 사람이라면 기능어를 해독하는 능력은 누가 어떤 글을 썼는지 식별하거나 글을 쓴 행동 이면의 동기를 알아내는 데 도움이 될 수 있다.

하지만 나에게 가장 흥미로운 것은 우리가 말하거나 글을 쓸 때 사용하는 단어를 분석함으로써 우리 자신을 이해하는 데 특히 더 도움을 받을 수 있다는 점이다. 독자 여러분은 이 책을 읽어나가면서 내가 나의 개인적인 이메일, 제자들을 위해 써준 추천서, 나의 친구나 가족들과 나눈 일상 대화를 공개해서 분석한 수많은 예를 보게 될 것이다. 나는 내가 사용한 단어들을 자세히 들여다봄으로써 친구나 가족과의 관계를 개선할 방법, 더 좋은 교육자가 될 방법, 더 나은 지도자가 될 수 있는 방법을 발견했다. 그렇다고 해서 내가 말하거나 글을 쓰는 스타일을 근본적으로 바꾼 것은 아니다. 하지만 나는 내가 주로 쓰는 단어들을 분석해 나의 타고난 결점을 알게 되었고 그것을 개선하기 위해 노력해 왔다.

마지막으로, 이 책은 내가 제자와 동료들과 함께 사람들이 단어를 사용하는 스타일을 연구하면서 지나온 여정을 담은 여행기다. 나는 그 길을 걸어오면서 온갖 분야의 심리학 연구자, 사회학자, 언어학자, 컴퓨터 과학자, 소통 전문가, 법조인, 역사가, FBI 요원과 수사관 등 많은 사람들과 함께 일했다. 이 대부분의 연구를 이끌어온 가치는 호기심과 즐거움이었다. 당신이 진지한 언어학자라면 이 책에 실망하거나 격분할 수도 있다. 또 단어들을 그 자체로 좋아하는 사람이라면 나와는 공감대를 형성할 수 없을지도 모른다. (실제로 나는 자살한 시인들의 대명사 사용이 자살하지 않은 시인들과 다르다는 내용의 논문을 발표한 후 참석한 파티에서 약간 취한 시인에게 버터 바르는 칼로 위협당한 적이 있다. 그것도 바로 내 집에서 말이다!) 내가 궁극적으로 관심 갖는 것은 심리학과 사회적 행동이다. 나의 세계에서 단어들은 사람들의 내면에서 벌어지는 일들을 들여다볼 수 있는 창이자, 모두를 둘러싼 세계와 언어와의 관련성 그리고 언어 그 자체에 대해 생각해볼 수 있는 매혹적이고 적나라한 도구다.

2 거의
눈에 띄지 않는
작은 단어들의

숨겨진 힘!

모든 단어는 동등하지 않다. 어떤 문장에든 기본적인 내용과 의미를 전달하는 단어가 있고 묵묵히 지원하는 기능을 하는 단어가 있다. 역설적이게도, 의미를 담은 말보다 〈묵묵히 지원하는 단어quiet words〉가 그 단어를 말한 사람에 대해 더 많은 것을 말해 주기도 한다. 이 책의 주제는 〈말의 내용〉과 〈표현 스타일〉은 구분될 수 있다는 것이다. 그뿐만 아니라 사람들의 언어 스타일을 반영하는 단어들은 그 사람의 성격, 사회적 관계, 심리 상태를 보여줄 수도 있다.

 이 장에서는 단어 분석에 대한 전반적인 논리를 살펴볼 것이다. 이 부분은 앞으로 알아볼 내용의 토대인 셈이다. 다양한 유형의 단어들이 어떻게 사람들의 성격, 거짓말, 심리 상태, 지위 등을 반영하는지 그 사례들을 먼저 알고 싶다면 거리낌 없이 이 장을 건너뛰어도 좋다.

 다양한 단어들이 작용하는 방식에 대해 대충 감을 잡을 수 있는 간단한 연습부터 해보면 좋을 듯하다. 옆의 그림을 주의 깊게 보자. 이들은

누구일까? 무슨 일이 일어나고 있는 걸까? 이들의 생각, 감정, 관심사는 무엇일까?

당신은 이 그림에 대해 어떻게 쓰거나 말하겠는가? 잠시 이 그림에 대해 마음속으로 묘사해 보자. 이 장을 읽으면서 참조할 수 있도록 종이에 따로 써놓아도 좋다.

실제로 다양한 심리학 실험에 참여한 수많은 사람들이 이 그림에 대해 글을 썼다. 내용은 천차만별이다. 그림에 등장하는 사람들을 두 여인으로 보는 사람도 있고, 그 중 한 명을 남자로 보거나 둘 다 남자로 보는 사람도 있다. 이 그림이 선과 악의 대립, 지혜와 젊음의 대립, 혹은 단순히 여러 세대의 가족에 대한 이야기를 담고 있다고 묘사하는 사람도 있다.

내용과 주제도 다양하지만 사람들이 그것을 글로 쓰는 스타일은 훨씬 더 놀랍다. 한 예로, 세 명의 대학생이 이 그림을 묘사한 각각의 글에서 첫 문장들을 살펴보자.

학생 1: 상기의 그림에서는 나이 지긋한 한 여성이 짐짓 겸손한 체하며 냉담해 보이는 중년 여성에게 뭔가 말하려는 참이다.
학생 2: 내가 보기에는 한 할머니가 젊고 아름답던 시절의 기분을 떠올리며 자신의 과거를 회상하고 있다.
학생 3: 늙은 여자는 마녀나 뭐 그런 사람이다. 그녀는 젊은 여자에게 뭔가 하라고 부추기는 것처럼 보인다

이제 학생들이 쓴 글을 좀 더 자세히 살펴보자. 이 세 사람이 각각 어떤 사람일지 감이 오는가? 이들 중 누구와 함께 커피를 마시고 싶은가? 또 어떤 사람에게 가장 믿음이 가는가? 그렇다면 당신의 대답에 영향을 미친 요소들은 무엇인가? 세 학생 모두 같은 그림을 보았지만 해석은 각각 달랐다. 하지만 더 중요한 점은 각자 자신이 받은 인상을 묘사하면서 단어를 어떻게 사용했느냐는 데 있다. 이 간단한 문장만 보아도 이 학생들이 어떤 사람인지 짐작할 수 있다. 1번 학생은 뻣뻣하고 거리감이 느껴지며 남의 시선을 의식하면서 어려운 단어를 사용하고 있다. 2번 학생은 좀 더 인간적이고 따뜻한 느낌이 있다. 3번 학생은 앞의 두 사람에 비해 가볍고 주어진 과제를 진지하게 받아들이지 않는 듯하다.

세 명 모두 자신의 성격 일부를 글을 쓰는 스타일에 드러냈다. 이들의 거의 〈무의식적인 단어 사용〉을 통해 이들이 어떤 사람이고 타인과 자

기 자신에 대해 어떻게 생각하는지 조금씩 엿볼 수 있다. 1번 학생이 남자고 나머지 둘이 여자라는 사실은 꽤 쉽게 맞힐 수 있다. 1번 학생은 다른 두 사람에 비해 평균 성적이 높은 반면 사회생활에서 애를 먹고 있을 가능성이 높다. 2번 학생은 우울한 성향일 가능성이 가장 높다. 3번 학생은 학교 성적은 그리 좋지 않은 데다 친구들과 어울리고 과음하는 데 너무 많은 시간을 할애하고 있을 것이다.

이것을 단지 경험에서 우러난 추측이라고만 하기는 어렵다. 이러한 추측들은 사람들이 일상에서 사용하는 단어가 그들의 성격, 나이, 성별, 사회 계층, 스트레스 수준, 생물학적 기능, 사회적 관계에 대해 엄청난 정보를 알려줄 수 있다는 근거를 바탕으로 도출되는 것이다. 사람들이 사용하는 단어들은 그 사람에 대한 단서를 남긴다. 우리는 이 단서를 분석함으로써 글쓴이의 개인적 세계를 엿볼 수 있다.

당신이 아까 본 그림을 묘사하는 글을 직접 써보았다면, 당신이 사용한 단어들을 토대로 당신에 대해 뭐라고 말할 수 있을까? 우리는 1번 학생이 사회적으로 고립된 남성이고 2번 학생이 우울한 경향이 있는 여성이라는 사실을 어떻게 아는가? 그 비결은 사람들이 〈무엇을〉 말하는가와 그것을 〈어떻게〉 말하는가, 그 두 가지를 구분하는 데 있다. 다시 세 문장을 떠올려보면 글의 내용도 확연히 다르지만 글쓴이들이 자신을 표현하는 스타일이야말로 더욱 놀랍다. 여기에, 즉 〈언어 내용〉과 〈언어 스타일〉 사이에는 중요한 차이가 있다.

툭 던지는 하찮은 단어들

스타일의 차이를 어떻게 설명할 수 있는가? 현대 성격심리학을 창시한 고든 올포트Gordon Allport는 사람들 사이의 본질적 차이를 밝혀내려는 시도로 이런 질문을 던졌다. 그는 사람들이 거의 모든 행동을 통해 자신을 드러낸다는 데 주목했다. 팔을 움직이지 않고 빨리 걷는 사람도 있고, 발 앞부분으로 튕기듯 걷는 사람도 있고, 느긋하게 걷는 사람, 기울어진 상태로 걷는 사람, 터덜터덜 걷는 사람도 있다. 올포트는 사람마다 다르게 나타나는 스타일 중 하나가 이 걷는 스타일이라고 주장했다. 하지만 옷을 입고, 음식을 먹고, 오렌지를 까는 스타일도 사람마다 다르다. 이 같은 행동의 스타일은 사람들이 어디로 걷는지, 얼마나 배고픈지, 어떤 과일을 좋아하는지에 대해서는 많은 정보를 주지 않을지도 모르지만 그들의 성격, 태도, 사회적 세계를 들여다볼 수 있는 중요한 창의 역할을 한다.

언어 스타일도 예외가 아니다. 말하거나 글을 쓰는 스타일은 사람의 성격을 알 수 있는 중요한 단서를 보여준다. 어려운 부분은 스타일의 차이를 어떻게 설명할지 알아내는 일이다. 흥미롭게도 언어학자, 고등학교 국어 교사, 대자연의 섭리는 글의 스타일과 내용을 반영하는 단어들에 대해 약간의 힌트를 주고 있다.

내용어(content words, 명사 · 동사 · 형용사 · 부사와 같이 의미 표현이 주된 기능인 단어)는 어떤 물체나 행동을 가리킬 때 쓰이며 문화적으로 공유되는 의미가 있는 단어를 말한다. 우리가 알아보려고 하는 내용어는 다음과 같다.

명사: 탁자, 삼촌, 정의, 멍멍이
일반동사와 행위동사: 사랑하다, 걷다, 숨다
거의 모든 수식어: 형용사(파란, 빠른, 군침 도는)와 부사(슬프게, 게걸스럽게)

내용어는 누군가에게 자신의 생각을 전달할 때 반드시 필요하다. 앞서 그림을 보고 세 사람이 쓴 짧은 문장들을 다시 살펴보자.

학생 1: 상기의 **그림**에서는 **나이 지긋한 여성**이 짐짓 **겸손한 체하며 냉담해 보이는 중년 여성**에게 뭔가 **말하려**는 참이다.
학생 2: 내가 **보기**에는 **한 할머니가 젊고 아름답던 시절**의 **기분**을 떠올리며 자신의 **과거**를 **회상**하고 있다.
학생 3: **늙은 여자**는 **마녀**나 뭐 그런 사람이다. 그녀는 **젊은 여자**에게 뭔가 하라고 **부추기는** 것처럼 **보인다.**

영어가 많이 서툰 사람과 이야기한다고 상상해 보자. 그 사람은 그림을 묘사하려고 애쓰고 있다. 이때 당신이 이해할 수 있는 것은 위에 굵은 글씨로 강조된 내용어뿐이다. 사실 내용과 관련된 단어만 들어도 그가 하려는 말이 무엇인지는 꽤 잘 알 수 있다. 좋다. 내용어는 내용을 전달하게 되어 있다. 분명 이것이 매우 만족스러운 소통은 아니겠지만 말하는 사람이 무슨 생각을 하는지는 확실하게 알 수 있다.

반면, 실질적 의미를 전달하기보다는 말과 말 또는 문장과 문장 사이에서 문법적 관계를 나타내는 보조적 단어인 〈기능어〉는 내용어를 연결하고, 형성하고, 조직하는 단어다. 이 정의가 다소 모호하기는 하지만 표현 스타일과 관련된 단어는 대부분 기능어나 숨어 있는 단어, 쓸모없는 단어junk words라는 다양한 이름으로 불리는 일반적 범주에 해당된다. 쉽게 말해서 기능어 그 자체에는 실질적인 의미가 없다고 보면 된다. 예컨대 〈탁자〉 같은 내용어는 모든 사람으로 하여금 머릿속에 일정한 이미지를 떠올리게 한다. 〈걷다〉, 〈파란〉, 〈벌레〉와 같은 단어도 마찬가지다. 이번에는 〈저것〉이나 〈왜냐하면〉, 〈정말로〉, 〈그〉, 〈나의〉 같은 단어에서 어떤 이미지를 떠올려보라. 특별하게 떠오르는 이미지가 없다. 우리는 거의 모든 문장에서 이런 단어를 사용하지만 이것들 자체로는 별로 쓸모가 없다.

대체로 기능어에는 다음과 같은 단어가 포함된다.

범주	예
인칭 대명사	나, 당신, 우리, 그들
지시 대명사	그, 이, 저, 그것
조사	-에게, -는, -을, -의
부정어	-이 아니다, 없다, 결코 -아니다
접속사	그러나, 그리고, 왜냐하면
수사	약간의, 몇몇의, 대부분의
일반적인 부사	매우, 정말로

가치를 인정받지 못할 때가 많은 이런 단어들의 중요성을 알아보기 위해 그림을 묘사한 세 사람의 글을 다시 보자.

학생 1: 상기의 그림**에서는** 나이 지긋한 여성**이** 짐짓 겸손한 체하며 냉담해 보이는 중년 여성**에게** 뭔가 말하려는 참**이다**.

학생 2: 내가 보기**에는** 한 할머니**가** 젊고 아름답던 시절**의** 기분**을** 떠올리며 **자신의** 과거를 회상하고 **있다**.

학생 3: 늙은 여자**는** 마녀**나** 뭐 그런 사람**이다**. **그녀는** 젊은 여자**에게** 뭔가 하라고 부추기는 것**처럼** 보인다.

이번에는 위에서 굵은 글씨로 강조된 기능어만을 사용해서 그림을 묘사해야 했던 사람의 말을 들었다고 상상해 보자. 당신은 그 사람이 무슨 말을 하는지 전혀 알아들을 수 없을 것이다.

기능어가 뭐 그리 대단하다고 이렇게까지 설명하는 걸까? 대명사, 조사를 비롯한 기능어가 핵심으로 가는 열쇠이기 때문이다. 물론 약간 과장일지도 모르지만 내 말을 끝까지 들어보기 바란다. 숨어 있는 단어, 즉 기능어의 특징은 다음과 같다.

- 매우 자주 쓰인다.
- 단어의 길이가 짧고 감지하기 어렵다.
- 뇌에서 내용어와 다르게 처리된다.
- 매우, 몹시 사회적이다.

이 특징들은 기능어가 왜 심리학적으로 중요한지, 그리고 이런 기능어를 자세히 살펴본 사람이 왜 그토록 드문지 설명하는 데 도움이 된다. 사실 숨어 있는 단어인 기능어는 꽤 멋지다. 이제 이 대수롭지 않은 단어, 그냥 툭 던지는 하찮은 단어들이 제자리를 찾을 때가 왔다.

숨어 있는 단어,
그들은 우리가 인식하지 못할 정도로 많이 사용되고 있다

1863년, 치열했던 게티즈버그 전투가 벌어진 지 넉 달 후 에이브러햄 링컨은 미국 역사상 가장 의미 있다고 손꼽히는 연설을 했다. 7천5백 명의 병사가 목숨을 잃은 전장을 내려다보며 링컨이 했던 이 짧은 연설은 남북전쟁을 다른 각도에서 바라보게 하는 데 도움이 되었다. 링컨의 말에서 무언가를 느낄 수 있도록 연설문을 빠르게 읽어보자.

"87년 전, 우리 선조들은 자유 속에 잉태되고 만인이 평등하게 태어났다는 명제에 충실한 새로운 나라를 이 대륙에서 탄생케 했습니다.

지금 우리는 거대한 내전을 치르면서 이 나라가, 그렇게 잉태되고 그토록 충실한 나라가 과연 오래 견뎌낼 수 있는지 시험하고 있습니다. 우리가 모인 이곳은 그 전쟁에서 엄청난 전투가 벌어졌던 전장입니다. 나라를 살리기 위해 여기서 자신의 목숨을 내놓은 이들에게 마지막 휴식처로 이 땅 한 귀퉁이를 바치기 위해 우리는 이곳에 왔습니다. 이는 우리가 마땅히 해야 할 일입니다.

하지만 더 큰 의미에서 우리는 이 땅을 바칠 수 없고 신성하게 할 수 없습니다. 죽은 이든 살아남은 이든, 죽음을 무릅쓰고 싸운 용사들이 이미 우리의 하찮은 힘으로는 더하거나 뺄 수 없을 정도로 이곳을 더없이 신성하게 했기 때문입니다. 세상은 우리가 이곳에서 하는 말을 귀 기울여 듣지도, 오래 기억하지도 않겠지만 그들이 이곳에서 한 일들은 결코 잊지 못할 것입니다.

그들이 지금까지 고귀하게 수행하다 끝맺지 못한 일들에 전념해야 하는 것은 살아 있는 우리입니다. 여기 우리 앞에 남겨진 위대한 과업에 헌신하는 것이 우리의 몫입니다. 우리가 할 일은 명예로운 죽음을 통해 더욱 믿음을 키움으로써 그들이 이곳에서 마지막 힘을 쏟았던 대의에 헌신하는 한편 그들의 죽음을 헛되이 하지 않겠다고 굳게 다짐하고, 이 나라가 새로운 자유의 탄생을 보게 하리라고 굳게 다짐하며 국민의, 국민에 의한, 국민을 위한 이 정부가 이 세상에서 결코 사라지지 않게 하리라고 굳게 다짐하는 것입니다."[2]

---

2 게티즈버그 연설 영어 원문은 다음과 같다.
Four score and seven years ago our fathers brought forth, upon this continent, a new nation, conceived in Liberty, and dedicated to the proposition that all men are created equal.

Now we are engaged in a great civil war, testing whether that nation, or any nation so conceived, and so dedicated, can long endure. We are met here on a great battlefield of that war. We have come to dedicate a portion of it as a final resting place for those who here gave their lives that that nation might live. It is altogether fitting and proper that we should do this.

But in a larger sense we can not dedicate—we can not consecrate—we can not hallow this ground. The brave men, living and dead, who struggled, here, have consecrated it far above our poor power to add or detract. The world will little note, nor long remember, what we say here, but can never forget what they did here.

It is for us, the living, rather to be dedicated here to the unfinished work which they have, thus far, so nobly carried on. It is rather for us to be here dedicated to the great task remaining before us—that from these honored dead we take increased devotion to that cause for which they here gave the last full measure of devotion—that we here highly resolve that these dead shall not have died in vain; that this nation shall have a new birth of freedom; and that this government of the people, by the people, for the people, shall not perish from the earth.

이제 눈을 감고 연설의 내용을 곰곰이 되새겨보자. 어떤 단어가 가장 많이 떠오르는가? 링컨이 이렇게 강렬한 연설을 하면서 가장 많이 사용한 단어가 무엇인지 기억을 더듬어보라. 진짜로 해보라. 눈을 감고, 이 연설에서 가장 자주 사용된 단어들의 목록을 머릿속에서 작성해 보자.

자, 이제 눈을 떠도 된다. 별 생각 없이 이런 지시를 받은 대개의 사람들은 가장 많이 사용된 단어가 〈나라〉, 〈전쟁〉, 〈용사〉, 어쩌면 〈죽음〉이라고 생각할 것이다. 하지만 이 연설에서 가장 흔하게 사용된 단어는 that으로, 열두 번 사용되어 전체 단어 중 4.5퍼센트를 차지한다. 이 외에 많이 사용된 단어는 the(4.1퍼센트), we(3.7퍼센트), here(3.5퍼센트), to(3.0퍼센트), a(2.6퍼센트), and(2.2퍼센트), 그리고 can, for, have, it, not, of, this(각각 1.9퍼센트)다. 사실 이 열네 개의 짧은 단어가 링컨이 이 아름답게 다듬어진 연설에서 사용한 모든 단어 중 거의 37퍼센트를 차지한다. 가장 많이 사용된 열다섯 개의 단어 중 내용어는 〈나라nation〉 하나뿐이고 이 또한 전체 단어의 1.9퍼센트밖에 되지 않는다. 이런 위대한 연설이 주로 사소하고 대수롭지 않은 단어로 구성될 수 있다는 사실은 놀라운 일이다.

결국 우리가 듣고, 읽고, 말하는 단어의 대부분을 차지하는 것은 몇 개 되지도 않는 숨어 있는 단어들, 즉 기능어다. 지난 20년 동안 나와 동료 연구자들은 일상적인 대화, 책, 인터넷 블로그, 노래 가사, 연설문, 위키피디아 항목 등 엄청나게 많은 단어가 담겨 있는 막대한 자료를 모았다. 글이나 말의 주제에 따라 단어가 조금씩 다르게 사용되긴 하지만 모든 유형의 텍스트에서 기능어는 놀라울 정도로 많이 사용되고 있다.

넓은 시각에서 보면, 평균적인 영어 사용자는 약 10만 개라는 엄청난 어휘를 갖추고 있다. 이 말은 우리가 아는 단어 중에서 0.04퍼센트밖에 되지 않는 극소수의 단어들이 우리의 언어 스타일과 관련 있다는 뜻이다. 나머지 99.96퍼센트의 어휘에 해당되는 단어는 내용어다. 이러한 분할은 독일어, 스페인어, 터키어, 아랍어, 한국어 등 우리가 연구한 여러 언어에서도 마찬가지로 나타난다. 모든 언어에서 소수의 기능어는 어지러울 정도로 많이 사용되는 반면, 방대한 내용어는 매우 낮은 비율로 사용된다.

이 숫자들이 암시하는 바를 잠깐 생각해 보자. 독일어나 핀란드어 같은 새로운 언어를 배우고 싶다고 할 때 오후 한나절이면 그 언어를 절반쯤 익힐 수 있다. 거의 누구나 최소한의 훈련을 통해 가장 많이 쓰이는 백 개의 숨어 있는 단어를 완전히 익힐 수 있다. 초저녁쯤 독일어 신문이나 핀란드어로 쓰인 철학 문서를 들고 앉으면 거기 사용된 단어 중 절반 정도를 알아볼 수 있다. 단점이 있다면 내용을 전혀 알 수가 없다는 점이다.

거의 눈에 띄지 않는 사소한 단어들의 작동법

모든 언어에서 가장 흔히 쓰이는 단어는 대체로 짧고 발음하기 쉬운 단음절 단어다. 숨어 있는 단어는 길이가 짧을 뿐만 아니라 인식하기도 어렵다. 링컨의 연설에서 기능어가 많이 사용되었다는 점을 알아차리기 힘든 이유 중 하나는 애초에 우리 뇌가 기능어를 슬쩍 건너뛰도록 되어 있기 때문이다. 그 대신 우리는 내용과 관련된 단어에 저절로 초점을 맞춘다. 기능어의 이러한 불가시성, 즉 눈에 잘 띄지 않는 성질은 단어를 기억하는 과정에서도 드러난다. 예를 들어 누군가와 가장 최근에 나눈 대화에 대해 생각해 보라. 상대가 말한 단어들 중 구체적으로 기억나는 것이 있는가? 아마 내용어만 기억이 날 것이다.

기능어의 불가시성을 가장 확실하게 확인하는 방법은 사람들이 사용하는 기능어와 내용어를 의식적으로 들어보는 것이다. 텔레비전 혹은 라디오를 들어도 되고 단순히 주변 사람들이 하는 말을 들어보아도 된다. 언어 사용 스타일과 관련된 단어에 의식적으로 주의를 기울이려고 해보라. 사람들이 그런 단어를 엄청나게 빨리 말한다는 사실을 알게 될 것이다. 그 여운이 머무는 시간은 평균적으로 0.2초도 안 되는 짧은 순간뿐이다. 실제로 이 속도는 단어나 그림을 간신히 지각할 정도로만 보여주는 심리학 실험에서 자주 사용된다. 몇 분 동안 이런 단어에 주의를 기울일 수 있다면 당신은 그 대화에서 내용어를 놓치고 있다는 사실을 깨달을 것이다. 기능어만 분리해서 주의를 기울이기는 거의 불가능하다.

존 케리와 보이지 않는 대명사의 힘

2004년 대통령 선거 기간이 되자 존 케리는 현직 대통령 조지 W. 부시에 대항하여 대선 후보로 출마했다. 선거운동을 하는 몇 달 동안 부시의 지지율은 부진했고 케리는 심각하게 위협적인 존재였다. 하지만 케리에게서 거듭 나타나는 문제점은 냉담하고 다소 거만한 인상을 준다는 점이었다. 연설을 할 때 케리가 사용하는 바디 랭귀지는 딱딱하고 차가워 보였다. 케리의 연설과 인터뷰는 어색하고 진정성 없게 들리는 경향이 있었다.

《뉴욕 타임스》기사에 따르면, 케리의 참모들은 더 따뜻한 이미지를 위해 케리에게 〈나〉라는 단어를 덜 사용하고 〈우리〉라는 단어를 더 많이 사용하라고 조언했다. 이 기사를 읽으면 케리가 곤경에 빠졌다는 사실을 명백히 알 수 있다.

이 책에서 계속해서 다루겠지만, 〈나〉라는 단어의 사용은 정직하고 사적인 경향과 관련이 있고, 〈우리〉라는 단어는 특히 정치인이 사용할 경우 차갑고 딱딱하며 감정적으로 멀게 느껴진다. 당시 케리는 이미 부시에 비해 〈우리〉라는 단어를 두 배 더 사용하고 있었고 〈나〉라는 단어는 부시의 절반 정도로 사용하고 있었다. 케리의 참모들은 전국에서 가장 똑똑한 사람들이었음에도 불구하고 눈에 잘 띄지 않는 숨어 있는 단어, 즉 여기서는 〈우리〉라는 단어가 어떻게 작동하는지 이해하지 못했다.

이것은 분명 중요한 교훈이다. 기능어는 듣기가 거의 불가능하고, 기능어의 작동 방식에 대한 당신의 고정관념은 아마 틀렸을 것이다.

숨어 있는 단어의 또 다른 놀라운 측면은 열두 살이 지나면 완전히 익히기가 매우 어렵다는 점이다. 일반적으로 성인은 외국어를 배우기가 꽤 어렵다. 그래도 대개 사물, 숫자, 색깔을 가리키는 단어는 금방 배울 수 있다. 하지만 대화에서 가장 흔히 쓰이는 기능어의 용법을 익히기는 훨씬 더 어렵다. 사실 영어의 경우 어떤 사람이 쓴 글을 보면 영어가 그 사람의 모국어인지 아닌지 판단할 수 있다. 그리고 그런 사람들의 실수는 명사나 일반동사가 아니라 기능어 사용에서 발견될 가능성이 높다.

기능어와 뇌

기능어와 내용어의 차이는 뇌손상을 겪는 사람들을 통해서도 발견할 수 있다. 좌뇌의 특정 부위에 영향을 미치는 뇌졸중이나 기타 뇌손상을 경험하는 사람들이 가끔 있다. 뇌의 어떤 특정 영역이 손상되는 경우 내용어를 사용하는 능력이 없어지고 기능어를 사용하는 능력만 남기도 한다. 다른 영역에 손상을 입으면 그 반대의 현상이 일어나기도 한다.

이 두 개의 뇌 영역, 그러니까 브로카 영역Broca's area과 베르니케 영역Wernicke's area은 보통 좌뇌 중에서도 대뇌피질이라 불리는 표면에 위치해 있다.

19세기에 프랑스 외과 의사였던 폴 브로카Paul Broca의 이름을 따서 부르는 브로카 영역은 전두엽에 있다. 1860년대에 브로카는 브로카 영역이 손상된 환자가 지나치게 느리고 뚝뚝 끊기는 방식으로 말하는 경우가 많다는 내용으로 여러 편의 논문을 발표했다. 하지만 더욱 놀라운 점은 이런 환자들이 기능어를 제대로 사용할 수 없을 때가 많다는 것이다. 한 예로, 이 장 앞부분에 소개한 그림을 브로카 영역이 손상된 환자에게 보여주고 묘사하게 하면 환자는 아마 이렇게 말할 것이다.

"여자…… 으음…… 여성…… 아아…… 그림, 어…… 늙은. 그래요, 늙은 여자."

브로카 영역이 손상된 환자들은 다른 사람들과 소통하는 능력이 없기 때문에 사회적 관계에서 좌절을 겪거나 어색한 태도를 보일 때가 많다.

브로카 영역의 발견이 더욱 중요해진 것은 몇 년 후 칼 베르니케Carl Wernicke가 오늘날 베르니케 영역이라고 불리는 측두엽의 한 영역에 대한 소견을 발표하면서부터다. 이 영역이 손상되었을 때는 브로카 영역

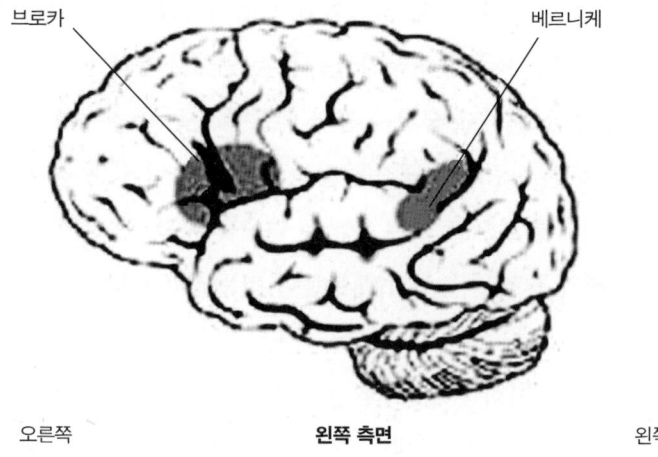

이 손상되었을 때와는 완전히 다른 증상이 나타났다. 더 구체적으로 말하자면, 베르니케 영역이 손상된 환자는 명사와 일반동사를 사용하는 능력을 잃는 한편 기능어는 여전히 자유롭게 사용할 수 있을 때가 많다. 베르니케 영역이 손상된 환자에게 앞의 그림을 보여주면 이런 식으로 말할 것이다.

"음, 이쪽은 그들 중 한 명이고 제 생각에 그녀는 그 옆에 있네요. 그러니 제가 저쪽을 보면 당신 역시 그녀가 보일 거예요. 전 지금 그녀를 생각하고 있어요. 그녀는 저쪽에 있고요."

브로카 영역이 기능어를 통제하고 베르니케 영역이 내용어를 통제한다고 말한다면 지나친 단순화일 것이다. 하지만 이 말은 기능어와 내용어의 구분이 상당히 근본적인 수준에서 일어나는 뇌의 작용이라는 사실을 암시한다.

특히 주목할 점은 기능어와 관련 있는 브로카 영역이 전두엽에 있다는 사실이다. 전두엽은 많은 능력들을 관장하는데 그 중 사회적 능력이 많이 포함된다. 예컨대 연구자들은 많은 연구를 통해 뇌의 앞부분(전두엽)이 감정을 표현하고 숨기는 능력과 어떤 관련이 있는지 밝혀냈다. 전두엽에는 다른 사람들의 표정을 읽는 능력과 관련 있는 영역도 있다. 현재 많은 기대를 모으고 있는 수많은 연구들은 감정을 통제하고 타인과 사회적 관계를 맺는 능력의 대부분이 전두엽의 활동과 관련 있음을 암시한다.

전두엽 손상과 사회적 행동 및 성격 변화를 가장 극적으로 보여주는 예는 피니어스 게이지의 사례일 것이다. 게이지라는 사람은 1800년대 중반 철도 공사 현장의 폭파 전문가였다. 사람들 말에 따르면 게이지는 신중하고 성실하며 진지한 성격이었다. 그러던 어느 여름날, 게이지는 바위를 제거하기 위해 폭파를 준비하면서 긴 막대기로 화약을 구멍에 꾹꾹 눌러 담고 있었다. 그때 어쩌다 불꽃이 일어 화약이 폭발하는 바람에 긴 막대기가 순간적으로 튀어올랐다. 막대기는 게이지의 전두엽 대부분을 망가뜨리고 두개골에 구멍을 남기며 깨끗이 뇌를 뚫고 나갔다. 하지만 놀랍게도 게이지는 죽지 않았고 몇 주 안에 건강을 회복하고 돌아왔다. 다만 머리 앞쪽에는 여전히 구멍이 뚫려 있었다. 그 후 몇 달 동안, 피니어스 게이지의 인격은 완전히 바뀌어 버렸다. 과묵하고, 성실하고, 공손하고, 제정신이었던 그는 시끄럽고, 충동적이고, 불쾌하고, 뭐랄까 제정신이 아닌 상태로 변했다. 게이지는 완전히 다른 사람이 되었고 다시는 예전의 성격으로 돌아오지 않았다.

1900년대 초반, 이반 파블로프Ivan Pavlov는 개를 대상으로 한 연구에서 이와 같은 현상을 발견했다. 최초의 노벨상 수상자였던 파블로프는 종이 울리면 개가 침을 흘리도록 훈련시킨 실험으로 유명하다. 파블로프는 고전적 조건화가 일어나는 뇌의 영역을 찾으려고 시도하면서 외과 수술을 통해 개의 뇌에서 다양한 부위의 활동을 방해해 보았다. 그 결과 그는 전두엽 손상만이 개의 성격에 영향을 미쳤다고 발표했다. 전두엽에 손상을 입은 개는 수술 전에 있었던 일들을 여전히 기억하고 있었지만 완전히 다른 개가 되었다.

전두엽이 성격 및 사회적 행동과 긴밀하게 관련되어 있다면 브로카 영역처럼 전두엽에서 언어를 관장하는 영역 또한 당연히 성격 및 사회적 행동과 관련이 있을 것이다.

아주 아주 사회적인 기능어

—

뇌 연구는 기능어가 우리의 사회적 세계와 관련 있다는 피할 수 없는 결론으로 이어진다. 사실 숨은 단어들은 본래 사회적이라는 특성이 있다.

당신이 어느 바람 부는 날 오후에 길을 걷고 있는데 웬 쪽지가 하나 눈앞으로 날아든다고 상상해 보자. 손으로 쓴 쪽지다.

그 사람이 근처에 있긴 한데 어디 있는지는 모르겠네. 나는 여기로 곧바로 돌아올 거야. 그거 하면 안 돼!

문법도 정확하고 보기에 따라서는 이해하기 쉬운 쪽지다. 뭔가 중요한 일이 일어나려는 참인가? 뭔가 급한 일이 있어 보이기는 한다. 하지만 쪽지를 쓴 사람이 무엇을 말하는지는 알 수 없다. 이 쪽지에 쓰인 말들은 전부 기능어다. 〈그 사람〉은 누구이고 어디에 있는가? 〈곧바로〉는 언제인가? 〈나〉는 누구인가? 〈여기〉는 어디인가? 쪽지를 받은 사람이 하지 말아야 할 행동은 무엇인가? 이런 것들을 생각해 보면 저 쪽지는 전혀 의미를 알 수가 없다.

일반적으로 대화를 할 때는 각자 누구와 이야기하는지, 어디에 있는지, 전에 무슨 대화를 했는지 등을 바탕으로 기능어가 무엇을 가리키는지 저절로 알게 된다. 이 쪽지를 쓴 사람은 그 쪽지에 쓰인 사람, 장소, 시간에 대해 쪽지를 받을 사람과 똑같이 이해하고 있었을 것이다. 어쩌면 그 쪽지는 밥이라는 남자가 줄리아라는 여자에게 쓴 것인지도 모른다. 그리고 몇 분 전에 그들 사이에는 이런 대화가 오갔는지도 모른다.

밥(휴대폰으로 줄리아와 통화하며): 줄리아, 시간을 잘못 잡았네. 난 스테이플러 사러 가야 하는데, 네가 왔을 때 내가 자리를 뜨게 되면 쪽지를 남겨놓을게.
줄리아: 알겠어. 난 회계 담당자에게 지출 보고서를 승인받아야 해. 그 사람 어디 있는지 알아?
밥: 안에 있는지 볼게……
줄리아: 내가 다시 담배를 피울까 생각 중이라고 말했나? 난 담배를 피울 때마다 정신이 더 말짱해지고 기분이 좋아져. 네가 싫어하는 건 알지만.
밥: 미쳤어? 우리 그 얘기 좀 해야겠다. 나가야 해. 나중에 보자.

우리는 이 대화를 통해 앞의 쪽지 내용이 한순간에 〈그 사람이 근처에 있다=회계 담당자가 건물 안 어딘가에 있다〉, 〈나=밥〉, 〈곧바로 돌아온다=밥이 쪽지를 쓴 지 대략 30분 안에 다시 일하러 올 것이다〉, 〈그건 하면 안 돼=줄리아가 다시 흡연을 시작해서는 안 된다〉라는 사실을 알게 되었다.

재미있는 점은 이 쪽지가 특정한 시간, 특정한 장소에서 오직 밥과 줄리아에게만 실제로 의미가 있다는 점이다. 줄리아가 이 쪽지를 일주일 지나서 발견한다면 더 이상 아무런 의미가 없을 것이다. 모르는 사람이 우연히 이 쪽지를 본다면 거기 쓰인 모든 기능어의 의미를 해석할 길이 없을 것이다.

기능어가 적절히 사용되려면 〈사회적 기술〉이 필요하다. 말하는 사람은 듣는 사람이 대화에 등장하는 사람을 모두 안다고 가정한다. 듣는 사람은 대화에 주의를 기울여야 하고 대화를 따라가기 위해 말하는 사람을 알아야 한다. 이와 같이 기능어로 가득한 간단한 대화를 이해하는 데만도 사회적 지식이 필요하다.

지시 대명사, 조사를 비롯한 모든 숨어 있는 단어도 마찬가지다. 다음의 서로 약간 다른 문장들을 살펴보자.

"그가 그녀에게 그 반지를 줬다니 믿을 수가 없어."
"그가 그녀에게 반지를 줬다니 믿을 수가 없어."

〈그 반지〉와 〈반지〉의 차이는 미묘하지만 중요하다. 〈그 반지〉라는 말은, 말하는 사람과 듣는 사람이 함께 알고 있는 특정 반지를 언급하고 있다는 뜻이다. 반면 그냥 〈반지〉라고만 하면 이 문장은 그와 그녀의 관계 발전에 대한 완전히 다른 이야기가 된다. 더 중요한 점은, 그냥 〈반지〉라는 말을 통해 말하는 사람과 듣는 사람이 특정 반지에 대해 공통적으로 아는 바가 없음을 알 수 있다는 것이다.

모든 기능어는 말하는 사람과 듣는 사람 사이의 개인적 관계에 연관되어 있다는 점에서 비슷한 역할을 한다. 심지어 어떤 책의 저자와 그 책의 독자도 분명 그들이 공유하는 사회적 세계에 있을 것이다. 지금 내가 앞서 언급했던 줄리아의 흡연에 대해 이야기한다면 당신은 〈지금〉, 〈내가〉, 〈앞서〉, 〈—에 대해〉라는 말이 무엇을 가리키는지 바로 알 것이다. 하지만 밥과 줄리아의 대화를 전혀 모른 채 앞에서 언급했던 쪽지에 대해 듣게 된다면 똑같이 말하더라도 아무도 그 의미를 모를 것이다. 〈—전에〉, 〈—의 뒤에〉, 〈—를 향해〉와 같은 모든 기능어는 말하는 사람의 특정 시공간 속 위치에 대한 기본적 인식이 있어야 사용될 수 있다. 그렇다면 기능어 사용은 기본적인 사회적 기술을 갖추었다는 표시다. 이와 반대로 명사와 동사에 대해 말하려면 어떤 문화에서 공유하는 범주와 단어의 정의를 이해하는 능력이 필요하다.

정말 놀라운 점은 우리 뇌는 어떤 기능어를 사용할지 거의 즉시 판단할 수 있다는 것이다. 당신의 모국어가 영어라면 당신을 앉혀놓고 〈a〉와 〈the〉의 차이를 설명해준 사람은 아무도 없었을 것이다. 한 번도 만난 적 없는 사람과 대화를 나누면서 방 안에 있는 특정한 창문에 대해 가볍게 언급한다면, 2분 후 〈그 창문the window〉이라는 말이 나왔을 때 그것이 어떤 창문을 가리키는지 두 사람 모두 알 것이다. 마찬가지로 나중에 두 사람이 대화하면서 〈그것〉이 깨끗하다고 언급한다면 〈그것〉이 창문이라는 사실을 둘 다 기억할 것이다.

기능어는 우리가 살아가면서 사물과 사건에 대해 생각하는 미묘한 스타일을 반영하기도 하고 영향을 미치기도 한다. 우리는 조사를 비롯한 기능어를 이용해 말하는 속도에 맞춰 즉각적으로 말의 의미를 바꿀 수도 있다. "나는 친구네 집에 갔다."라고 할지, "나는 친구네 집으로 건너갔다."라고 할지, "나는 친구네 집을 지나쳤다."라고 할지 결정하기 위해 말을 하다가 중간에 멈추는 일은 상상하기 힘들다. 이 문장들은 듣는 사람 입장에서 〈-에〉, 〈-으로〉, 〈-을〉의 차이는 거의 감지할 수 없을 정도로 미세하지만 이동하는 행위나 친구, 친구네 집과 관련하여 각각 조금씩 의미가 다르다.

마지막으로, 우리는 기능어를 사용하는 시점과 방법을 쉽게 좌지우지할 수 없다. 자신이 사용할 때는 통제하기가 어렵고, 다른 사람이 사용할 때는 감지하기가 어렵다. 기능어는 우리 뇌에서 극도로 빠르고 효율적으로 처리된다. 우리 뇌는 항상 최근에 언급된 사람이나 사물을 기억함으로써 그 다음 문장에서 대명사를 제대로 쓸 수 있게끔 한다.

내가 사용하는 단어는
나도 미처 모르는 나의 모습을 드러낸다

기능어는 어디에나 있고, 우리는 기능어를 항상 접하고 사용한다. 하지만 기능어는 포착하고 마음대로 조작하기가 사실상 불가능하다. 그리고 이런 숨어 있는 단어들은 대개 말하는 사람과 듣는 사람, 그 둘의 관계에 대해 무언가를 알려준다. 하지만 이 책이 진짜 하려는 이야기는 기능어 그 자체에 대한 것이 아니다. 당신이 친구와 대화하면서 〈의자〉

나 〈그 의자〉, 혹은 〈저 의자〉라고 언급할 때는 당신에 대한 정보가 거의 드러나지 않는다. 하지만 당신이 만약 영어를 모국어로 쓰는 사람이라면 하루나 일주일 동안 사용하는 관사를 모두 세어본다면 어떨까? 〈a〉와 〈the〉를 매우 자주 사용하는 사람들이 있고 거의 사용하지 않는 사람들이 있다는 사실을 알게 된다면 어떨까?

사실 영어의 경우 관사를 아주 많이 사용하는 사람들과 거의 사용하지 않는 사람들이 실제로 있다. 책을 비롯하여 블로그, 일상적인 대화에 이르기까지 많은 자료를 통해 무수한 언어 표본들을 살펴보면 남자들은 시종일관 여자들에 비해 관사를 많이 사용한다. 성별이 같아도 관사를 많이 사용하는 사람은 더 정서가 안정되어 있고 체계적인 경향이 있다. 실제로 〈a〉와 〈the〉를 많이 사용하는 습관이 있는 남녀는 상대적으로 더 성실하고 정치 성향이 보수적이며 나이가 많은 경향이 있다.

흥미로운 부분은 여기부터다. 일상 언어에서 관사를 사용한다고 해서 존 매케인처럼 정서적으로 안정되고 나이가 많고 보수적인 정치인이 되지는 않는다(존 매케인은 실제로 2008년 대통령 선거운동 기간 중 경쟁 후보에 비해 관사를 더 많이 사용했다). 그보다 관사의 사용은 사람들이 자신의 세계에서 생각하고, 느끼고, 다른 사람들과 관계 맺는 방식에 대해 무언가를 알려주기 시작한다. 대명사와 조사를 비롯하여 사실상 모든 기능어의 역할이 이와 마찬가지다.

이것이 내가 하려는 이야기의 핵심이다. 우리는 사람들이 사용하는 기능어를 듣고, 세고, 분석함으로써 그 사람들에 대해 알 수 있고, 그들 스스로 인식하거나 파악하지 못하는 측면마저 알 수 있다. 이와 동시에 사람들이 기능어를 사용하는 스타일은 우리가 그 사람들 자체와 그들의 메시지를 인식하는 방식에 미묘한 영향을 미칠 수 있다.

> ## 영어 이외의 언어: 문화를 암시하는 기능어

모든 언어에서는 〈탁자〉와 〈그 탁자〉, 〈그녀〉와 〈그〉, 〈가게에 가다〉와 〈가게를 지나가다〉가 구분될 수 있어야 한다. 때로 그런 역할을 하는 기능어를 사용하여 구분하는 언어가 있고, 기능어를 주변의 명사나 동사에 추가하여 구분하는 언어가 있다. 문화에 따라 다른 기능어의 사용법을 살펴보면 문화 그 자체에 대해서도 알 수 있다.

    나와 우리 학생들, 동료 연구진들은 기능어 연구의 일환으로 1장에서도 언급한 LIWC 프로그램을 개발하여 스페인어, 독일어, 아랍어, 이탈리아어, 프랑스어, 러시아어, 네덜란드어, 중국어 등 많은 언어를 다루었다. 지금까지 우리가 영어에서 발견한 사회적, 심리적 현상과 언어의 연관성은 다른 언어들에도 일반적으로 적용되었다. 우리는 이렇게 여러 언어로 된 텍스트 분석 프로그램을 개발하는 과정에서 새로운 언어를 탐색할 때마다 독특한 점들을 발견했다.

대명사의 생략

어떤 언어에서는 대명사가 들어갈 자리를 비워두는 경우가 많다. 예컨대 스페인어에서 estoy triste는 〈슬프다〉라는 뜻이다. 동사의 활용형에 인칭 대명사가 암시되어 있기 때문에 〈나는〉이라는 단어가 필요하지 않다. 물론 〈나는〉을 강조하여 "나는 슬프다."라는 뜻으로 "Yo estoy triste."라고 말할 수도 있다. 일반적으로 사람들은 우울할 때 일상 언어에서 〈나〉라는 단어를 더 많이 사용하는 경향이 있다. 이는 아마도 우울할 때는 자기 자신에게 더 많이 집중하기 때문인 듯하다. 스페인어 사용자의 경우에도 우울할 때 1인칭 단수 대명사인 yo의 사용이 급격히 늘어난다.

그렇다면 왜 인칭 대명사를 생략하는 언어가 있고 그렇지 않은 언어가 있을까? 긴밀한 유대를 중시하는 집단주의적 문화의 언어에서는 인칭 대명사를 생략하는 경향이 있는 반면, 더 개인주의적인 사회에서는 생략하지 않는다는 주장이 있다.

언어에 나타나는 지위 표시

대개의 언어는 대화하는 사람들 중 지위가 더 높거나 존대받는 사람이 누구인지 알 수 있도록 구성되어 있다. 고대 영어에서는 〈당신you〉과 〈그대thou〉를 구분해서 썼다. 하지만 18세기 후반쯤에는 이러한 구분이 점차 사라졌다. 유럽어는 대부분 아직도 〈당신〉이라는 대명사를 존댓말과 반말로 구분하여 쓰지만 그 차이는 점점 줄어들고 있다. 다른 언어, 이를테면 일본어에서는 동사 활용형과 다른 단어들을 통해 상대적 지위가 드러난다. 실제로 말하는 사람과 듣는 사람의 상대적 지위를 표시하지 않고서 "나는 당신과 함께 그 자동차에 대해 이야기했다."라는 내용을 말하기는 거의 불가능하다.

직접적 지식 vs. 간접적 지식

터키어 같은 언어에서는 어떤 말을 하든지 증거를 대야 한다. 내가 "어제 오스틴은 매우 더웠다It was very hot in Austin yesterday."라고 영어로 말한다면 당신은 내가 진실을 말하고 있다고 여기고 그런가 보다 할 것이다. 하지만 터키어로 말할 때는 동사 was를 다른 형태로 사용함으로써 더운 날씨를 직접 경험했는지 아니면 다른 곳에서 정보를 얻었을 뿐인지 구별한다.

번역 과정에서 사라지는 사회적 지식

스탠포드 대학교의 레라 보로디츠키는 일련의 놀라운 연구를 통해 어떤 언어로 말하느냐에 따라 그림이나 사건을 기억하는 방식이 달라진다는 것을 보여 주었다. 영어와 일본어를 모두 사용하는 사람은 다른 사람을 소개받을 때 일본어로 들은 경우 세 사람의 상대적 지위를 더 잘 기억하는 경향이 있다. 터키어와 영어를 모두 사용하는 사람이 나와 이야기를 나누었다면 사용한 언어가 터키어였는지 영어였는지에 따라 내가 오스틴의 날씨에 대해 한 말을 다르게 기억할 것이다.

사실 한 언어가 다른 언어로 옮겨질 때는 일부가 사라지거나 새로 만들어진다. "당신에게 정말 감사합니다."라는 말을 스페인어로 옮겨야 한다면 나는 〈당신〉이라는 말을 존댓말로 옮겨야 할지 반말로 옮겨야 할지 추측해야 한다. 그리고 그 말이 다시 영어로 옮겨질 때는 존댓말이 사라진다.

흥미롭게도 대개 명사와 일반동사는 여러 언어로 옮겨질 때 꽤 자연스럽게 번역된다. 가장 큰 문제가 일어날 수 있는 부분은 바로 기능어다.

3 지위가 높은 사람들과 대통령들은

어떻게 단어를 사용할까

영화 「대부The Godfather」의 한 장면을 생각해 보자. 장소는 뉴욕에 있는 한 회의실이다. 탁자에는 대부인 비토 코르레오네를 비롯한 5대 마피아 조직의 두목들이 둘러앉아 있다. 이 회의는 마피아 조직들이 불법 마약 사업을 시작할지 말지 논의하는 자리다. 이 자리에서 얻을 것이 가장 많은 두 명의 돈(don, 마피아 집단의 우두머리라는 의미)은 필립 타탈리아와 에밀리오 바지니다. 이 회의를 연 코르레오네는 타탈리아가 자신의 아들 산티노를 살해한 자들의 배후가 아닐까 의심한다. 약간의 논의 끝에 해결책이 마련되었다.

돈 바지니: 그럼 우린 합의했소. 마약 거래는 허용되지만 통제될 것이고, 돈 코르레오네는 동부를 보호할 것이고, 그러면 평화로울 거요.

돈 타탈리아: 하지만 난 코르레오네에게 확답을 받아야겠소. 시간이 지나 그가 강해지면 개인적으로 복수를 시도하지 않겠소?

돈 바지니: 이보시오, 여기 모인 우리는 다 분별 있는 사람이잖소. 우리는 변호사처럼 확신을 줄 필요가 없소…….

다음 장면에서 코르레오네는 회의장을 빠져나와 변호사 톰 헤이건과 함께 리무진을 타고 간다. 헤이건은 코르레오네가 협의에 대해 보다 자세히 논의하기 위해 다음에 타탈리아를 만날 것이라고 생각한다. 하지만 코르레오네는 헤이건의 말을 자르면서, 진짜 의사결정자는 타탈리아가 아니라 바지니라고 암시한다.

"타탈리아 그 포주놈……, 오늘에야 그게 여태 바지니 짓이었다는 걸 알았네."

코르레오네는 바지니가 더 강하다는 것을 어떻게 알았을까? 회의실 장면에서 바지니는 더 여유 있어 보이는 반면 타탈리아는 더 뻣뻣하고 불안해 보인다. 두 남자의 언어 역시 다르다. 바지니가 주로 사용하는 대명사는 〈우리〉인 반면 타탈리아는 〈나〉라는 단어를 사용한다. 사실 〈우리〉라는 단어의 사용은 높은 지위를 나타내는 일관성 있는 지표고, 〈나〉라는 단어는 낮은 지위를 나타내는 지표다. 「대부」의 작가인 마리오 푸조는 〈우리〉라는 단어를 권력 및 지위와 연관 짓는 대명사 연구에 대해서는 몰랐겠지만 등장인물들의 언어를 어떻게 표현해야 할지는 직관적으로 알았다.

당신이 살인자 무리와 어울려 다닌다면 누가 진짜 우두머리인지 감지하는 능력이 당신 목숨을 부지하게 해줄 수 있다. 사실 집단에서 누가 우두머리인지 아는 것은 적응적인 능력이다. 직장상사는 우리를 승진시키거나 해고할 수 있다. 잡지 편집장은 우리가 쓴 기사를 받아주거나 거부할 수 있다. 사회적 동물인 우리는 사회적 서열 구조 속에 얽혀 있다. 사회적 서열은 개미 왕국, 개떼, 침팬지 무리, 초등학교 운동장, 회의실, 요양원에도 있다. 어떤 집단에 속하든 우리는 대부분 그 집단에 어울리려고 하는 동시에 그곳에서 영향력을 최대한 발휘하려고 한다.

우리는 사회적 지위라는 주제에 대해 어쩔 수 없이 불편한 감정을 느끼게 된다. 사회적 지위를 의식적으로 인식하기는, 뭐랄까, 부적절해 보인다. 어쨌든 대부분의 사람들은 모든 사람은 평등하다고 믿도록 교육받으며 자랐다. 하지만 안타깝게도 조지 오웰의 소설을 바꿔 말하면, 어떤 사람들은 다른 사람들보다 더 평등하다. 암울한 진실은, 정상적인 인간이 되려면 사회적 지위에 관심을 쏟아야 한다는 사실이다. 실제로 인생에서 가장 성공한 사람들은 사회적 서열의 의미를 이해하고 그 안에서 노력하는 능력이 특히 뛰어난 사람들이다.

지위를 알려주는 비언어적 요소들
—

자신만 빼고 서로 전부 아는 사이인 낯선 사람들 사이에 끼어들어본 경험이 누구나 한 번쯤은 있을 것이다. 어떤 집단에 새로 들어간 사람에게 골치 아픈 문제는 누가 누구인지, 어떻게 모든 사람들이 잘 지내는지 알아내려고 하는 과정에서 발생한다. 집단의 서열관계를 알아내려는 머릿속 계산에는 누가 책임자고 누가 제일 아랫사람인지 혹은 누가 그 상황에서 불편해 하는지 알아내는 것이 포함된다. 이때 두 가지 유형의 정보를 이용할 수 있다. 바로 〈비언어적 단서〉와 〈언어적 단서〉다.

한 세대의 연구자들은 높은 위치에 있는 사람들과 낮은 위치에 있는 사람들이 각각 어떻게 행동하는지 알아내려고 노력해 왔다. 이 연구는 보이는 것만큼 쉽지 않다. 노스이스턴 대학교의 주디스 홀은 수십 건의 뛰어난 과학적 연구를 신중하게 분석하여 몇 가지 유형의 행동만이 지위와 관련이 있음을 확인할 수 있었다.

큰 목소리: 지위가 높은 사람들은 지위가 낮은 사람들보다 더 크게 말하는 경향이 있다.

끼어들기: 지위가 높은 사람들은 지위가 낮은 사람들보다 다른 사람들의 말에 더 잘 끼어드는 편이다.

신체적 친밀감: 지위가 높은 사람들은 지위가 낮은 사람들에 비해 다른 사람들에게 더 가까이 앉거나 서는 경향이 있다.

개방성: 지위가 높은 사람들은 몸이 더 열려 있는 자세를 취한다. 즉, 팔다리를 밖으로 더 많이 뻗는다는 뜻이다. 반면 지위가 낮은 사람들은 팔다리를 더 닫힌 자세로 움츠리는 경향이 있다.

지위와 관련된 이 네 가지 비언어적 요소를 기억하기 전에 이것들도 그렇게 일관성 있지는 않다는 사실을 먼저 알아야 한다. 주디스 홀이 내린 결론에 따르면 어떤 상황에서는 신뢰할 수 있지만 다른 상황에서는 신뢰할 수 없는 일부 비언어적 단서도 존재한다는 것이다. 예컨대 같은 사회적 계층 내의 사람들끼리 서로 이야기할 때는 큰 목소리가 우위를 어느 정도 예측하는 지표의 역할을 한다. 하지만 다른 사회적 계층 사람들끼리 대화할 때는 낮은 계층에 속하는 사람이 더 크게 말하는 경향이 있다는 것이다.

주디스 홀의 분석이 그토록 중요한 이유는 대부분의 사람들이 지위와 관련이 있다고 믿는 많은 행동들이 지위와 별로 관련이 없기 때문이다. 예를 들면 대부분의 사람들은 지위가 높은 사람들이 덜 초조해 하고, 덜 웃고, 더 빨리 말하고, 목소리가 더 깊고 여유로우며, 다른 사람들을 더 만지고, 남들에게서 더 멀리 떨어져서 선다고 확신한다. 그런데 그렇지 않다. 다시 말해서 어떤 특징들이 집단 내 지위와 권력을 알려주는지에 대한 당신의 생각은 틀렸다.

사람들이 어떤 공간 안에서 권력자를 잘 알아보지 못하는 한 가지 이유는 권력이 적은 사람들이 실제보다 더 중요한 사람으로 보이게끔 하려고 자주 하는 행동들이 있기 때문이다. 몇 년 전, 나는 지위를 알아보는 사람들의 능력을 시험하는 실험에 참석한 적이 있다. 실험장에서는 몇 쌍의 성인 남성들이 사무실에서 접촉하는 장면을 여러 편 재생했다. 관람객은 영상에 나오는 두 사람 중 누가 윗사람이고 누가 아랫사람인지 맞혀볼 수 있었다. 일반적으로 둘 중 한 사람은 의자에 똑바로 앉았고 많이 웃지 않았으며 몸을 앞으로 구부렸다. 다른 한 사람은 의자에 깊숙이 앉았고 더 허물없어 보였다. 소리가 나오지 않았기 때문에 관람객은 비언어적 행동만으로 두 사람의 지위를 맞혀야 했다.

대부분의 관람객은 더 심각하고 딱딱해 보이는 사람이 윗사람이라고 잘못 생각했다. 사실 그 영상은 면접 장면이었고 똑바로 앉은 사람은 구직자였다. 구직자들은 자제력 있고 진지하고 불안하지 않은 사람으로 보이려고 노력하고 있었다. 면접관들은 그냥 원래 하던 대로 행동했다. 면접관들은 이미 수십 명의 면접을 본 상태였고 자신의 역할을 훨씬 편안하게 느꼈다. 관람객들은 권위 있게 행동한 사람이 정말로 권위 있다고 생각했기 때문에 속은 것이다.

지위가 높은 사람은
〈나〉라는 단어를 적게 쓴다

사람들이 대화, 이메일, 문자, SNS 메신저, 편지 등에서 사용하는 단어들은 그들이 사회적 서열관계에서 어디쯤에 속하는지 놀라울 정도로 정확히 보여준다. 지위는 내용어보다 기능어에서 더 잘 드러난다. 기능어의 모든 유형 중에서도 말하는 사람의 지위를 가르는 한 가지 척도는 바로 〈대명사〉다. 높은 위치에 속하는 사람들의 대명사 사용 패턴은 다음과 같다.

〈나〉라는 단어를 적게 사용한다. 높은 위치에 있는 사람들은 낮은 지위의 사람들에 비해 〈나는〉과 같은 1인칭 단수 대명사를 사용하는 비율이 훨씬 낮다. 두 사람 사이의 어떤 의사소통에서도 지위가 높은 사람은 〈나〉라는 단어를 더 적게 사용한다. 이건 오타가 아니다. 지위가 높은 사람들은 지위가 낮은 사람과 대화할 때 〈나는〉, 〈나를〉, 〈나의〉라는 단어를 매우 낮은 비율로 사용한다. 반대로 지위가 낮은 사람은 〈나(혹은 저)〉라는 단어를 높은 비율로 사용하는 경향이 있다.

〈우리〉라는 단어를 많이 사용한다. 지위가 높은 사람들은 지위가 낮은 사람에 비해 1인칭 복수 대명사(우리는, 우리를, 우리의)를 높은 비율로 사용한다.

〈너〉 혹은 〈당신〉이라는 단어를 많이 사용한다. 말이나 글로 된 대화에서 〈너는〉, 〈당신은〉, 〈너희들은〉, 〈당신들은〉 등과 같은 2인칭 대명사를 더 많이 사용하는 사람은 지위가 더 높은 사람일 가능성이 높다.

상황에 따라 다른 종류의 단어들이 지위와 관련되는 경우도 있다. 하지만 실제로 〈나〉, 〈우리〉, 〈너(희)〉와 같은 대명사는 유독 일관성 있게 지위를 드러낸다. 대명사가 지위와 그토록 긴밀하게 관련되어 있다는 사실은 여러모로 볼 때 그리 놀랍지 않다. 대명사는 모든 단어 범주에서 가장 사회적인 성향이 강하며, 우리는 그런 대명사를 대화할 때 특히 많이 사용한다. 사람들이 주의를 기울이는 대상이 대명사에 나타난다. 〈나〉라는 단어를 많이 사용하는 사람들은 자기 자신에게 집중하고 있는 것이다. 〈너(너희)〉라는 단어를 사용하는 사람들은 상대방을 보고 있거나 그들에 대해 생각하고 있는 것이다.

실제로 사람들이 대화하는 동안 어디에 주의를 기울이는지 추적하는 흥미로운 실험 연구들이 몇 가지 있다. 좀 더 지배적인 위치에 있는 사람들의 경우, 자신들이 말할 때는 듣는 사람들을 보는 반면 다른 사람들이 말하는 것을 들을 때는 다른 곳을 보는 경향이 있다. 지위가 낮은 사람들은 이와 정반대로 행동한다. 이들은 자신들이 들을 때는 말하는 사람에게 집중하는 반면 자신들이 말할 때는 다른 곳을 본다. 어디를 보는 것일까? 아마도 자기 자신의 내면을 보고 있을 것이다.

〈나(혹은 저)〉라는 단어가 자신을 향한 관심을 반영하는 동시에 사회적 사다리의 낮은 곳을 향한다는 견해는 꽤 합리적이다. 〈너〉 혹은 〈당신〉이라는 단어에 관한 발견 또한 논리적이다. 〈너〉 혹은 〈당신〉이라는 단어를 사용하는 것은 말할 때 상대방을 가리키는 것과 마찬가지라고 생각하면 된다.

- "내가 뭐라고 말하는지 너 듣고 있니?"
- "거기 너 말이야."
- "너는 집중하는 편이 나을 거다."
- "너 그 껌 한 번만 더 소리 내서 씹으면……."

〈나〉라는 단어와 〈너〉 혹은 〈당신〉이라는 단어의 주의 및 지위와의 연관성은 이치에 맞는다. 그럼 〈우리〉라는 단어는 어떨까?

〈우리〉라는 단어의 다섯 가지 의미

〈우리는〉, 〈우리를〉, 〈우리의〉와 같은 단어들은 참으로 미묘하고 교묘한 단어다. 표면적으로 보면 〈우리〉라는 단어는 따뜻하고 보송보송한 느낌을 주고 이론상 집단의 연대감과 연관이 있을 것 같다. 문제는 다른 사람들과의 대화에서 〈우리〉라는 단어는 적어도 다섯 가지의 다른 의미로 쓰인다는 점이다.

〈너와 나〉라는 의미의, 우리

이것은 모든 사람들이 그 일부가 되고 싶어 하는 〈우리〉다. "당신과 나, 커피 한 잔 하자." "우리 둘은 커피를 즐긴다." 이때 〈너와 나〉라는 의미의 〈우리〉는 특정한 사람과 내가 같은 집단에 속한다는 것을 공개적으로 인정하는 것이다. 이 경우 우리는 하나의 정체성을 공유한다. 하지만 〈너와 나〉라는 의미의 〈우리〉에는 미묘한 문제가 있다는 데 주의해야 한다. 그래서 이 단어는 약간 주제넘은 단어일 수 있다. 나는 당신과 내가 같은 집단이라고 생각했는데 당신은 그렇게 생각하지 않을 수도 있기 때문이다. 사실 일본어와 한국어 사용자들은 바로 이런 이유 때문에 평범한 대화에서 〈우리〉라는 단어를 극도로 조심스럽게 사용한다. 집단 정체성을 공유하지 않는 사람들에게 〈우리〉라고 말하는 것은 무례한 행동일 수 있다.

〈너 빼고 내 친구들〉이라는 의미의, 우리

당신은 고등학교 친구들과 캠핑을 갔다가 막 돌아와서 이 일을 직장 동료에게 들려주고 있다. 당신은 이야기를 하다가 이렇게 말할 것이다. "그 다음에 우리는 아침을 먹었지." 사람들과 대화할 때, 이야기를 듣는 사람이 아닌 제3자인 다른 사람들과 함께한 경험이나 행동에 대해 말해야 할 때가 매우 많다. 이런 경우 〈우리〉의 사용은 이렇게 끈끈한 〈우리〉에 당신은 포함되지 않는다는 메시지를 전달하고 있다는 점에서 배타적이다.

〈너희들〉이라는 의미의, 우리

내가 개인적으로 가장 좋아하는 〈우리〉다. 이 경우 말하는 사람은 〈우리〉라고 말하지만 실제로는 누군가에게 어떤 행동을 해달라고 정중하게 요구하고 있는 셈이다. 수업이 시작되었는데도 학생들이 떠들고 있을 때 나는 이렇게 말하는 것으로 유명하다. "우리 서로 그만 얘기할 수 없을까?" 그리고 어젯밤 한 식당에서 종업원이 이렇게 말하기도 했다. "우리 오늘 저녁으로 뭘 주문할지 결정했나요?"

〈나〉라는 의미의, 우리

가끔 영국 왕실에서 쓰이는 〈우리〉처럼, 〈나〉라는 의미의 〈우리〉는 책임을 분산하고 존재하지 않을 수도 있는 다른 사람들의 지지를 암시하기 위해 사용된다. 나는 어떤 관리자가 직원에게 이렇게 말하는 것을 우연히 들은 적이 있다. "우린 자네가 그 서류를 정확히 작성한 것 같다는 느낌이 안 드네." 그 서류에 대해 아는 유일한 사람은 그 관리자밖에 없는데도 말이다.

〈생각이 같은 세상 모든 사람들〉이라는 의미의, 우리

생각이 같은 이 세상 모든 사람들이라는 의미의 〈우리〉는 〈우리〉 중에서도 정치인들이 제일 좋아하는 유형이자 의미가 가장 모호한 유형이다. "우리에게는 더 나은 정부가 필요합니다." 이렇게 사용되는 〈우리〉의 결정적 특징은 이 단어가 누구를 가리키는지 구체화하기가 사실상 불가능하다는 점이다.

이렇게 다섯 가지 유형의 〈우리〉를 살펴보면 〈너와 나〉라는 뜻의 〈우리〉만 진짜로 인칭을 나타내고 말하는 사람과 듣는 사람의 유대를 강화하거나 인정하는 데 도움이 된다. 다른 네 가지 유형의 〈우리〉는 오히려 대화하는 사람들 간에 벽을 세운다. 그러니 사람들이 더 높은 위치로 올라감에 따라 거리감이 느껴지는 〈우리〉를 더 자주 사용한다는 사실은 놀라운 일이 아니다.

종합하면, 비언어적 단서와 언어적 단서는 공식적 집단과 비공식적 집단 모두에서 사람들의 상대적 지위를 드러낼 수 있다. 외부인의 시각으로 한 무리의 사람들이 대화하는 것을 지켜보면 다양한 유형의 단서가 그 과정에서 주기적으로 모습을 드러낸다. 문제는 그 단서들이 잠깐 나타났다가 사라질 수 있다는 점이다. 이를테면 지도자는 단 몇 분 안에 남들보다 더 크게 말하고, 더 열린 몸짓을 보이고, 〈우리〉와 〈여러분〉이라는 단어를 사용할 수 있다. 이는 아마 회의에 참석한 사람들이 알아차리기에는 충분히 긴 시간일 것이다. 이전 연구로 미루어 보면 대부분의 관찰자들은 집단 내 지위 서열을 우연히 맞추는 경우보다 더 높은 정확도로 알아낼 수 있다. 하지만 그 집단이 사용하는 언어를 컴퓨터 프로그램으로 분석하면 그보다 훨씬 더 정확히 알아낼 수 있다.

이메일에서 교묘하게 드러나는
나와 상대방 사이의 지위의 높낮음
—

여기서 잠시 개인적인 이야기를 해보자. 친구들과 비교할 때 당신의 지위는 어느 정도인가? 다른 친구들에 비해 특히 더 대하기 어려운 친구들이 있는가? 정말 알고 싶은가? 인간관계에서 지위를 가늠할 수 있는 최고의 방법은 자신이 다른 사람들을 대하는 방식에서 찾아볼 수 있다.

당신 자신의 지위를 알아내는 법은 놀라울 정도로 간단하다. 최근에 당신이 누군가에게 보낸 이메일 열 통을 살펴보고, 반대로 그들이 당신에게 보낸 이메일 열 통과 비교해 보라. 각자 사용한 〈나(혹은 저)〉라는 단어의 비율을 계산해 보라. 시간이 남으면 두 사람이 사용한 〈너〉 혹은 〈당신〉이라는 단어와 〈우리〉라는 단어도 똑같이 계산해 보라. 통계적으로는 〈나〉라는 단어가 가장 믿을 수 있는 지표다. 일반적 원칙에 따르면 〈나〉라는 단어를 적게 쓰는 쪽이 사회적 서열이 더 높은 사람이다. 〈나〉라는 단어의 사용 비율이 거의 같다면 십중팔구 두 사람은 동등한 관계일 것이다.

우리가 이것을 아는 이유는 매트 데이비스와 내가 몇 년 전 수행한 이메일 연구 덕분이다. 우리는 지원자 열 명을 모집했다. 대학원생, 대학생, 그리고 교수도 두어 명 포함된 지원자들은 자신들이 열다섯 명 정도와 주고받은 이메일을 분석할 수 있게 해주었다.

이메일 자체에 더하여, 우리는 지원자들로 하여금 이메일을 주고받은 열다섯 명의 상대를 성별, 나이, 잘 알고 지내는 정도, 좋아하는 정도 등에 대한 질문에 점수를 매겨보게 했다. 그 중 중요한 질문은 자신과 비교했을 때의 〈상대적 지위〉에 관한 것이었다. 즉, 지원자들은 질문을 받을 때마다 열다섯 명의 상대를 자신과 일일이 비교해 보았다.

상대적 지위라는 측면에서 이 상대방을 평가해 보세요

1 2 3	4 5	6 7
자신보다 훨씬 낮은 지위	자신과 거의 비슷한 지위	자신보다 훨씬 높은 지위

모든 상대는 7점 만점인 질문지에서 상대적 지위로 평가받았다. 따라서 지원자가 대학원생이면 교수는 6이나 7점, 고등학생 동생은 1이나 2점을 받을 수 있었다.

결과는 명백했다. 지위가 높은 사람은 이메일에서 〈나〉라는 단어를 적게 사용했고, 〈너〉 혹은 〈당신〉이라는 단어와 〈우리〉라는 단어를 더 많이 사용했다. 이것은 미미한 결과가 아니었다. 이러한 경향은 거의 모든 사람에게서 상당히 크게 나타났다.

나는 이 결과들을 곰곰이 생각해 보면서 나도 그랬는지 계속 자문했다. 일단 내가 스스로 철저한 평등주의자라는 환상에 늘 빠져 살아왔다는 사실을 알아두기 바란다. 나는 학부생, 대학원생, 직원, 학계의 구성원과 선배들을 모두 정중히 대하려고 노력했다. 분명 내 이메일을 분석해 보아도 이러한 지위 효과가 크게 나타나지는 않을 터였다. 말했듯이 나는 평등주의자니 말이다. 하지만 내 이메일을 분석한 그날로 나는 모든 사람을 똑같이 평등하게 대한다는 자아관을 버렸다. 내가 사용한 단어를 분석해 보니 사람들이 우리 연구에서 보여준 지위 효과가 그대로 나타났다. 다음은 내가 주고받은 이메일 몇 통이다.

페니베이커 박사님께,
저는 지난 학기에 교수님의 심리학 입문 수업을 들었습니다. **저는** 교수님 강의를 재미있게 들었고 많이 배웠습니다. 교수님과 함께 연구하는 것에 대해 교수님이 **저에게** 보내주신 이메일을 받았습니다. **제가** 잠깐 찾아뵙고 이 일에 대해 상의 드려도 될까요?

— 팸 올림

팸에게,

그거 좋겠군요. 출장 때문에 이번 주는 어렵겠어요. 다음 주 화요일 9시에서 10시 반 사이는 어때요? 만날 수 있었으면 좋겠군요.

— 제이미 페니베이커

짐작했겠지만 팸은 내 심리학 입문 수업을 들은 대학 신입생이었다. 이 학생이 모든 문장에서 〈저〉라는 단어를 사용한다는 데 주목하라. 하지만 페니베이커는 용케도 답장에서 〈나〉라는 단어를 단 한 번도 사용하지 않는다. 팸이 무시무시한 〈페니베이커 박사님〉이라는 존칭을 사용하고 페니베이커가 팸을 이름으로 부르는 것도 우연이 아니다. 그런데 이 페니베이커가 이번에는 세계적으로 유명한 교수에게 학회 참석을 부탁하면서 어떻게 글을 쓰는지 보자.

(유명한 교수)님께,

제가 이 글을 쓰는 이유는 **제가** (어떤 주제)에 관한 학회 참석자를 모으는 일을 돕고 있기 때문입니다……. **저는** 많은 분들께 연락을 드렸고 그 중 다수가 교수님의 참석 여부를 구체적으로 언급하며 문의했습니다. 교수님이 참석하실 수 있다면 **저도** 굉장히 기쁠 것입니다……. 아쉬운 점이 한 가지 있다면 비용을 지불해 드릴 수 없다는 점입니다……. **저는** 이 모임을 학회라기보다 회동으로 생각하는 편이 낫다고 봅니다……. **저는** 교수님이 참석하실 수 있기를 진심으로 바랍니다.

— 제이미 페니베이커 드림

제이미 씨에게,

좋은 이야기네요. (학회) 개최 축하드립니다. 회동이라니 좋은 생각이네요……. 학회라면 서로 진행 중인 연구에 대한 정보를 공유하는, 어느 정도 격식 있는 자리가 되겠지요……. 학회 참석을 위한 출장비 명목으로 몇 천 달러라도 대학교 측에서 마련해줄 수는 없을까요?

— 안부를 전하며 (유명한 교수) 드림

대하기 어려운 윗사람이었던 페니베이커 박사가 갑자기 아랫사람처럼 약간은 비굴한 학생처럼 글을 쓰고 있다. 더 자세히 살펴보면 전부 호의적이고 열렬한 어조로 쓰였다는 사실을 알게 될 것이다. 물론 〈나〉라는 단어를 쓰지 않는다고 해서 글쓴이가 차갑거나 오만해 보이는 것은 아니다. 단지 약간 접근하기 힘들고 거리감이 있어 보일 뿐이다.

많은 사람들은 이 발견을 곰곰이 생각해본 뒤, 뭔가를 부탁하거나 요청할 때 으레 〈나〉 혹은 〈저〉라는 단어를 사용하기 때문에 이런 결과가 나온다고 생각한다. 요컨대 당신이 상대에게 뭔가를 원한다면 〈나〉 혹은 〈저〉라는 단어를 사용할 가능성이 높다는 것이다. 당신이 부탁을 들어주는 입장이라면 그러지 않는다. 하지만 몇몇 다른 연구들은 그렇지 않다는 것을 보여준다. 내가 몇 년 전 우리 학과 학과장 자격으로 보낸 몇 통의 이메일이 그 좋은 예다. 당시 우리는 사무실 공간이 모자라서 몇몇 사람들에게 다른 사무실로 옮겨 달라고 부탁해야 했다. 다음 내용은 내가 매우 중요한 교수Very Important Professor와 일개 대학원생에게 보낸 이메일의 편집본이다. 분석 결과는 고통스러울 정도로 뻔했다.

(매우 중요한 교수)님께,

저는 이런 사태를 피하려고 애써왔지만 **제** 생각에 교수님이 사무실을 기꺼이 양보해 주실 수 있을지 여쭤보아야 할 것 같습니다……. **제가** 최악의 상황은 피하게 해드릴 수 있습니다.

(비천한 대학원생)에게,

자네도 아마 알겠지만 학과에 사무실이 귀한 상태야. 우리는 모든 학생들에게 공간을 제공하려고 최선을 다하고 있지. 그런데 혹시 자네가 사무실을 옮겨줄 생각이 있나……? 이 일에 도움을 준다면 정말 고맙겠어.

앞서 살펴본 사례들과 마찬가지로 이메일의 어조는 정직하고 따뜻하고 건설적이다. 본질적으로 내용은 같지만 이 이메일들은 서로 약간 다른 메시지를 전달한다. 매우 중요한 교수에게 부탁하는 이메일은 머리를 조아리듯 공손하게 쓰였다. 당신은 내가 약간 굽실거리고 차분한 어조로 말한다는 것을 알 수 있다. 두 번째 이메일은 전혀 그렇지 않다. 이 경우에 나는 〈우리〉, 즉 학과 입장에서 단순히 정보를 전달하고 있을 뿐이다. 이렇게 말이다. "귀찮게 하고 싶지는 않은데, 우리는 정말 네가 사무실을 옮겼으면 좋겠어. 기분 나빠하지는 말고, 알겠지?"

내가 이 이메일들에 사용될 언어를 의식적으로 달리했을까? 아니다. 나는 그 메일들을 썼다는 기억조차 없다. 그 이메일을 받을 사람이 누구인지 알고 내 뇌가 알아서 단어를 조절했을 것이 틀림없다. 내 잘못은 아니다. 내 뇌가 지위의 차이에 그만큼 민감했던 탓이다.

내가 이 이메일 연구를 많이 좋아하는 이유는 여러 사람들에게서 공통적으로 나타나는 중요한 경향을 보여주었기 때문이고, 더 중요한 점으로는 내 위선적인 태도가 드러났기 때문이다. 지위의 높고 낮음은 어디에나 존재하지만 다들 드러내놓고 언급하지는 않는다. 일반적으로 우리는 지위를 의식하지 못하고, 특히 오랫동안 알고 지낸 친구들과 연락을 주고받을 때는 더욱 그렇다.

"기분 나쁘게 생각하지는 말아요."라는 말은 자신이 주도권을 잡겠다는 뜻이다

—

이 장 첫머리에서 보았던 「대부」의 한 장면으로 돌아가보자. 우리는 일상적인 대화에서 사람들의 대명사 사용을 감지해서 비토 코르레오네처럼 그 상황에서 누가 더 힘 있는 사람인지 판단할 능력이 있을까? 한마디로 말해서, 없다. 사람들은 너무 빨리 말하고, 우리는 대명사 사용에서 나타나는 그 사소한 차이를 귀로 듣고 분간해낼 수가 없다. 하지만 그 대화를 기록해서 컴퓨터로 분석하면 그런 문제가 사라진다.

   이메일이나 편지를 주고받을 때와 달리 대화할 때는 별 생각 없이 입에서 단어들이 튀어나온다. 이메일이나 대화는 매우 다른 형태의 사회적 상호작용이지만 문자를 이용한 소통에서 지위를 드러내 보이는 단어들은 대화에서도 같은 역할을 한다. 지금까지 대학생들을 대상으로 이와 같은 연구가 여러 번 수행되었다. 그리고 어떤 면에서 보면 백악관 고위 인사들도 한때 그 대상이었다.

   일상 대화 속 대명사 사용과 지위의 연관성에 대한 초기 연구에서, 우리 대학원생 이와 캐시위츠는 〈알아가기get-to-know-you〉 실험을 수행할 학생들을 모집했다. 이 실험에서는 낯선 사람들끼리 짝을 지어 방에 들어가게 한 다음 10분 동안 마음 가는 대로 대화하게 하고 그 장면을 녹화했다. 대화는 지극히 무난했다. "어디서 오셨어요? 전공은 뭐예요? 학교 맘에 들어요?" 대화가 끝나면 각각 다른 방으로 들어가 그 대화를 평가했다. 둘 중 어느 쪽이 지위가 더 높은지, 그리고 누가 그 대화를 주도하는 경향이 있었는지에 대해 두 사람 다 동의하는 편이었다.

캐시위츠의 연구와 비슷한 연구들에서 도출된 결과들은 명확하고 일관성 있었다. 지위가 높은 사람들은 〈우리〉라는 단어와 〈너〉 혹은 〈당신〉이라는 단어를 많이 사용하고 〈나〉라는 단어를 적게 사용한다. 인터넷 채팅에서도 이와 똑같은 양상이 나타난다. 하지만 충격적인 점은 대화에서는 사회적 서열관계가 매우 빨리 나타난다는 사실이다. 캐시위츠의 첫 번째 실험에서 대화를 나누게 될 두 사람은 실험실에 와서 처음 본 사이였다. 이들은 둘 다 자리에 앉고 카메라가 켜질 때까지 말하지 말라는 요청을 받았다.

이들이 대화를 시작한 지 1분 만에 그들 사이의 서열이 분명해졌다. 나는 그 두 사람이 처음 본 순간 몇 초 만에 서열을 대충 파악했으리라 생각한다. 아마 그들은 서로의 키, 몸무게, 매력, 옷차림, 전반적인 행동 등을 알아차렸을 것이다. 어쨌든 그들의 대명사 사용 비율은 거의 즉각적으로 정해졌을 것이다.

하지만 당신은 인터넷으로 낯선 두 사람이 만나 이야기를 나눌 때는 서열이 드러나기까지 시간이 좀 걸리리라고 생각할 것이다. 하지만 놀랍게도 그리 오래 걸리지 않는다. 인터넷 채팅 연구는 내가 동료 샘 고슬링, 대학원생 일라 토스칙과 함께 대형 강의 수강생들을 대상으로 수행한 연구의 일부였다. 이 연구에 참가한 수백 명의 학생들은 특정한 시각에 인터넷에 접속해서 무작위로 짝을 배정받았다. 이들은 15분 동안 원하는 대로 아무렇게나 대화를 나누라는 요청을 받았다. 15분 후에는 그 대화에 관한 설문지에 답했다.

얼굴을 보면서 나누는 대화에 대한 연구와 마찬가지로 서열관계는 3분 안에 명확해졌다. 우리가 이 결과에 놀란 이유는 외모에 관한 단서도, 목소리도, 그 외에 두 사람의 지위를 판단할 수 있는 그 어떤 실마리도 없었기 때문이다. 서로를 전혀 보지도 못한 상태에서 둘 중 누가 우위에 있는지에 대한 두 사람의 판단은 어떻게 그토록 빠르고 자연스럽게 일치할 수 있었을까?

인터넷상에서 오간 대화를 조금 읽어보니 그 과정을 이해하기가 조금 쉬워졌다. 대화 초반에, 두 사람은 각자 자신에 관한 단서를 던져주는 동시에 상대에 관한 단서를 노렸다. 일부 참가자들은 상대의 위상을 깎아내리는 미묘한 단어를 쓰기도 했다. 다음 내용은 두 여학생이 대화를 나누는 도입부다. 굵은 글씨로 쓰인 B(Brittany)가 두 여학생이 대화 후 작성한 설문지에서 더 우위에 있다고 동의한 사람이었다.

A: 이봐요, 여기 누구 있나요?

B: **나 있어요. 안녕하세요.**

A: 오, 안녕하세요.

B: **난 브리타니예요.**

A: 우리 무슨 얘기 할까요? 난 크리스예요. 만나서 반가워요.

B: **기분 나쁘게 생각하지는 말아요, 당신 남자예요. 여자예요?**

A: ㅋㅋ 여자요.

B: **크리스는 뭐랄까,** ㅋㅋㅋ **좀 헷갈리는 이름이잖아요. 만나서 반가워요. 몇 학년이죠?**

A: 신입생이요. 당신은요?

B: **좋네요. 난 2학년이에요. 전공은요?**

A: 스튜디오 미술인데 난 사진 보도를 하려고 커뮤니케이션 쪽으로 전과할 거예요. 당신은요?

B: **역사학이요.**

A: 지금 뭐 준비하는 거라도 있어요?

B: **음, 난 고등교사 자격증을 따려고 하는데 그거 말곤 없어요. 당신은요?**

A: 난 사진가가 되려고 생각 중이에요. 난 생계를 위해 그림을 그리고 싶진 않아요.

B: **사진 좋죠.**

A: 난 미술을 진지하게 하고 있지는 않아요. 고등학교 때 미술을 해서 여기 미대에 들어올 수 있었죠.

처음에는 두 사람이 같은 스타일로 대화를 시작하는 것처럼 보인다는 데 주목하자. 하지만 브리타니는 세 번째 발언으로 은근히 기 싸움을 한다. "기분 나쁘게 생각하지는 말아요, 당신 남자예요 여자예요?" 독자 여러분, "기분 나쁘게 생각하지는 말아요."라고 시작하는 문장 치고 듣는 사람에게 좋게 끝날 수 있는 문장이 있을까요? 브리타니는 자기가 못되게 굴 수 있다는 사실을 이미 예고한 것이다.

이후 둘 다 상대의 서열을 판별하는 데 도움이 될 정보를 탐색한다. 하지만 브리타니는 일단 크리스가 더 어리고 덜 유망한 분야를 전공한다는 것을 알게 되자 심리적으로 주도권을 잡는다. 브리타니가 우위를 점하자 크리스는 더 불안하고 순종적인 방식으로 자기 자신에게 집중하기 시작한다. 여기 싣지 않은 이후의 대화에서는 지위가 더 높은 브리타니가 크리스에게 교사 자격증을 따려면 어떻게 해야 할지 조언하려 든다.

흥미롭게도 크리스와 브리타니는 둘 다 즐겁게 대화했고 서로 맘에 든다고 대답했다. 대화 시간이 끝날 때쯤 두 사람은 이메일 주소를 교환하고 나중에 다시 연락하기로 약속했다. 그들이 만나서 커피 한 잔을 하게 되더라도 여전히 두 사람이 보기에는 브리타니의 지위가 더 높을 것이라고 할 수 있다.

이와 같은 기록을 수백 건 읽으면서 지위의 서열이 드러나는 과정을 지켜보는 것은 매우 흥미로운 일이다. 지위와 관련된 〈악의 없는〉 질문으로는 상대방 부모님의 직업, 지난번 휴가, 운동 습관, 민족, 거주지, 성적 등에 관한 질문이 있다. 특정한 영역에 대해 질문하는 사람이 그 영역에서 지위가 높은 사람이라는 사실은 놀라운 일이 아니다. 위의 대화에서도 상대방에게 학년과 전공을 물어본 사람은 지위가 더 높은 브리타니였다는 사실을 상기하자.

서로의 지위를 판단하는 행동은 영어를 사용하는 대학생들에게만 해당되는 것은 아니다. 이것은 전 세계에서 일어나는 일이다. 사실 훨씬 더 간단한 잣대로 지위를 가늠하는 사회도 있다. 예컨대 한국에서는 사회적 서열을 판단하는 가장 결정적인 요인 중 하나가 나이다. 나이가 같으면 그 다음에는 재산이나 수입으로 판단한다. 이런 사회에서는 서로의 생활에 관해 직접적으로 물어보는 일이 흔하다. 서양에서는 이런 행동이 무례하다고 여겨질 수 있다. 한 예로, 나는 최근 한국에 다녀오는 길에 나와 나이가 얼추 비슷해 보이는 한국 남자 옆에 앉았다. 비행기가 이륙한 지 10분 정도 지나자 그는 내 나이를 물으면서 말문을 텄다. 우리가 정확히 같은 나이라는 것이 밝혀지자 그는 내 연간 수입이 얼마인지 물었다. 내가 대답하자 그는 따뜻한 미소를 지으면서 이렇게만 말했다. "뭐 둘 다 비슷하네요." 아마 그가 나보다 수입이 훨씬 높은 모양이었다. 그래서인지 그는 이후 나와 대화하면서 더 편안하게 느낀 듯했다.

가장 높은 지위에 있는 대통령, 그들은 어떻게 단어를 활용할까?

TV, 인터넷, 신문, 잡지 등 매체의 보도는 대부분 현재, 미래, 과거의 대통령들의 생각을 이해하는 데 치중한다. 선거운동이 한창이면 전문가들은 각각의 후보자들이 당선될 경우 임무를 어떻게 수행할지 예측하느라 바쁘다. 최근에 대통령에 당선되었거나 재선에 성공했다면 우리는 그 사람이 앞으로 몇 달, 몇 년 동안 어떤 일을 성취하려고 할지 알고 싶어 한다. 심지어 대통령이 물러나도 전문가들은 계속해서 묻는다. "그는 무슨 생각을 했을까요? 왜 그런 행동을 했을까요?"

정치심리학에 대한 가장 인상적인 책 『감성의 정치학 *The Political Brain*』

에서 저자인 드루 웨스텐은 성공한 정치인들은 대부분 유권자들과 정서적으로 교감할 수 있는 사람들이라고 주장한다. 논리, 지성, 이성도 분명 굉장히 좋은 자질이기는 하지만 당선을 좌우하는 것은 선거운동의 사회적, 정서적 차원이다.

우리는 다른 사람들을 존중하고 그들에게 귀를 기울여 주면서도 자신의 감정을 진실하게 드러내는 것 같은 사람들에게 공감한다. 정치인들의 사회적-정서적 성향은 바디 랭귀지, 어조, 그리고 당연히 그들이 사용하는 단어를 통해 감지될 수 있다. 우리는 대통령과 대통령 후보들의 연설, 인터뷰, 사진, 가족 및 타인과 교류하는 영상 등을 통해 그들의 사회적-정서적 성향을 판단할 기회가 충분히 많이 있다. 언어적 관점에서 보면 대통령들은 그 어떤 사람들보다도 단어로 끊임없이 흔적을 남긴다.

사회적-정서적 성향을 측정하는 꽤 간단한 방법은 인칭 대명사와 감정을 나타내는 단어들이 얼마나 자주 사용되는지 세보는 것이다. 일반적인 원칙에 따르면 자기성찰적이고 다른 사람들에게 관심이 있는 사람들은 〈나〉, 〈우리〉, 〈너(당신, 너희들, 여러분)〉, 〈그녀〉, 〈그들〉을 포함한 모든 종류의 인칭 대명사를 자주 사용한다. 마찬가지로 긍정적 및 부정적 감정을 나타내는 단어를 사용하는 사람들은 그러지 않는 사람들에 비해 감정적으로 더 깨어 있는 사람으로 여겨진다. 우리는 대통령들이 연설에서 사용한 대명사와 감정을 나타내는 단어를 분석함으로써 그들의 전반적인 사회적-정서적 분위기를 느껴볼 수 있다.

미국 대통령들이 취임 연설을 할 일은 많아야 4년에 한 번뿐이다. 하지만 의회에서 행하는 신년 국정 연설은 그 자리에 있는 동안 해마다

신년 국정 연설에 나타나는 미 대통령들의 사회적-정서적 성향(1790-2010년)

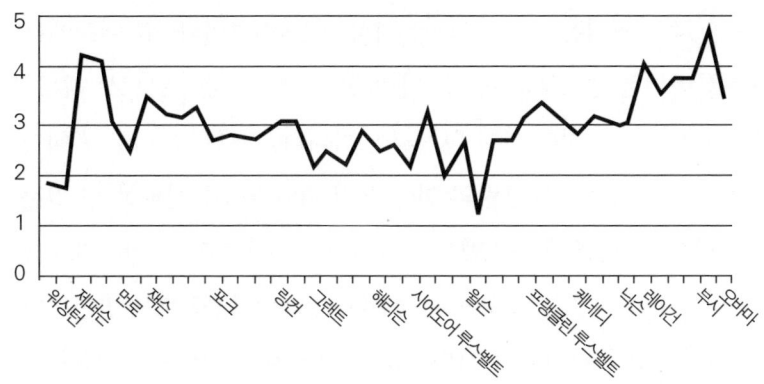

이 그래프는 미국 역대 대통령들의 신년 국정 연설에 사용된 사회적-정서적 단어의 비율이다. 숫자는 말로 한 연설과 글로 쓴 연설을 고려하여 조정되었다.

해야 한다. 신년 연설은 1790년 조지 워싱턴에게서 시작되었다. 조지 워싱턴과 존 애덤스는 의회에서 연설을 했지만 토머스 제퍼슨은 그 전통을 바꾸어 교서를 글로 써서 보내버렸다. 1913년 우드로 윌슨이 다시 의회에서 연설하는 방식으로 바꾸었지만 1924년에서 1932년까지는 다시 글로 써서 보냈다. 1933년 프랭클린 루스벨트의 취임 연설을 시작으로 지금까지는 사실상 모든 대통령이 신년 연설을 말로 해왔다. 이렇게 형식은 여러 번 바뀌었지만 대통령마다 연설에 담은 감정적 톤이 어떻게 변해 왔는지 살펴보는 것은 재미있는 일이다.

그래프에서 볼 수 있듯, 몇몇 대통령은 전임자보다 훨씬 더 사회적-정서적 성향이 강했다. 토머스 제퍼슨, 앤드루 잭슨, 시어도어 루스벨트, 지미 카터, 조지 W. 부시는 인칭 대명사와 감정을 나타내는 단어들을 특히 높은 비율로 사용했다. 제임스 먼로, 워런 하딩, 버락 오바마는 모두 전임자에 비해 현저히 낮은 사회적-정서적 성향을 보였다.

신년 국정 연설은 본래 이론상 격식 있는 연설이다. 그 어조에는 대통령을 비롯한 행정부의 목소리가 반영되지만 그것이 반드시 대통령의 심리학적 기질에 대해 알려주는 것은 아니다. 다행히 지금은 흔히 열리는 기자회견 덕분에 대통령의 언어를 더 자연스럽게 살펴볼 수 있는 기회가 있다. 프랭클린 루스벨트를 시작으로 기자회견은 언론과 대통령 사이의 자유로운 소통의 장으로 녹취나 저장이 가능하도록 발전했다.

심리학자들의 관점에서 보면 기자회견은 아주 반가운 일이다. 기자들은 다양한 방식으로 대통령을 구슬리고, 친근하게 대하고, 자극하고, 가끔은 화나게 하려고 애쓴다. 언론과 대통령의 관계가 더 복잡해진 이유는 양쪽 모두 다른 목적을 이루기 위해 서로가 절실히 필요하기 때문이다. 가장 중요한 점은, 언론과의 소통이 대개 대본 없이 즉흥적으로 진행되기 때문에 대통령의 단어 사용을 통해 그의 생각과 감정을 관찰할 수 있다는 사실이다.

대통령들은 대개 매년 공식 기자회견을 몇 번밖에 열지 않는다. 공식 기자회견은 보통 1년에 네 번에서 열 번 정도고, 국가적 위기가 있을 때는 그 횟수가 늘어나고, 대통령이 공개적으로 망신을 당하거나 탄핵을 받은 경우에는 줄어든다. 대통령은 공식 기자회견 외에도 외국 고위인사를 소개한 후나 자동차를 기다리는 동안 임의로 통신원이나 기자들과 자주 이야기를 나눈다. 언론과의 접촉은 거의 다 녹음되고 녹취되기 때문에 1930년 이후로 거의 모든 대통령들의 자연스러운 언어 자료가 매우 많이 남겨져 있다.

흥미롭게도 대통령들이 기자들과 대화하는 방식은 신년 국정 연설과 언어적으로 상당히 비슷하다. 조지 W. 부시는 국정 연설 때와 같이 기자 회견장에서도 가장 사회적-정서적 언어를 사용하는 대통령이다. 프랭클린 루스벨트 이후로 사회적-정서적 언어를 가장 적게 사용한 대통령은 단연코 닉슨이었다.

〈워터게이트 사건〉 전후, 닉슨 대통령의 단어 사용에 나타난 변화

앞서 살펴본 지위에 대해 알아보는 실험실 연구들은 몇 달 혹은 몇 년씩 걸리는 현실 세계의 사회적 과정들을 엉성하게 모방한 것이다. 현실 세계의 조직에서 1인자로 떠오른 사람은 오랫동안 준비되고 집단 내에서 다른 사람들에게 존경받는 인물일 가능성이 높다. 가끔 그렇게 신분이 잘 알려진 유명인들 사이의 실제 대화를 포착할 기회가 생기는데 이럴 때 우리는 그 집단 내의 전반적인 서열을 포착할 수 있다. 상대적 지위에 관한 최고의 자연 실험(natural experiments, 우연히 실험적 처리가 된 대상을 관찰하는 일종의 관찰 연구) 중 하나는 한 세대 전에 만들어진 녹음 테이프에서 시작되었다. 녹음된 내용은 미국을 뒤흔들었던 워터게이트 사건이 터지면서 공개되었고 대통령의 퇴진이라는 결과를 낳았다.

리처드 M. 닉슨은 1968년 미 대통령으로 당선된 지 2년 후 백악관에 있는 자신의 집무실에 비밀 녹음 장치를 설치했다. 이 일에 대해서는 소수의 참모만 알고 있었고, 녹음된 내용으로 미루어 보면 닉슨 자신은 숨겨진 마이크의 존재에 그리 개의치 않았다. 4년간 대통령 임무를 수행한 닉슨은 처음부터 여론조사에서 절망적으로 뒤처지던 민주당 후보에 맞서 재선에 도전했다. 닉슨의 고위급 참모들 중 일부는 닉슨의 재선을 보장하는 데 도움이 되는 수많은 불법 활동을 용인했다. 이것은 닉슨 행정부에 만연했던 피해망상 때문이기도 했다. 이들의 계획 중에는 한밤중에 워싱턴 D. C.의 워터게이트 빌딩에 있던 민주당 선거본부에 몰래 숨어들어 가는 것도 있었다. 백악관 직원들을 포함한 일당들은 워터게이트 빌딩에 침입해 민주당 선거 전략가들의 전화기에 도청장치를 설치했다. 하지만 이들은 건물을 빠져나가는 순간 야간 경비원 한 명 때문에 지역 경찰에 붙잡혔다.

이들이 워낙 특이한 도둑 무리였기 때문에 이 일이 백악관의 책임 있는 사람들에게서 시작되었다고 생각할 수 있는 사람은 거의 없었다. 침입 사건 이후 몇 달이 지나도록 이 일을 심각하게 여기는 사람도 드물었고 넉 달 후 치른 선거에도 이렇다 할 영향을 미치지 못했다. 하지만 《워싱턴 포스트》의 젊은 두 기자인 밥 우드워드와 칼 번스타인이 이 사건을 집요하게 파고든 끝에 닉슨의 최측근 보좌관이 얽혀들기 시작했다. 그리하여 〈워터게이트 사건〉은 1973년 초부터 1974년 8월 닉슨이 퇴진할 때까지 대서특필되었다.

수사는 백악관 중간급 직원인 알렉산더 버터필드의 폭로로 전환점을 맞았다. 버터필드는 닉슨이 있을 때 백악관의 녹음 장치로 늘 대화를 녹음했다고 말했다. 이후 몇 달 동안 법률 문제가 쌓여가자 백악관에서는 녹취록의 일부를 대중에게 공개했다. 그리고 1974년 여름, 〈스모킹 건(smoking gun, 결정적 증거를 일컫는 말)〉으로 알려진 마지막 녹취록이 공개되었을 때 닉슨은 퇴진을 요청받았다.

이 사건과 가장 관련이 깊은 테이프는 닉슨과 법률 고문 존 딘, 민정수석 존 얼리크먼, 수석보좌관 H. R. 홀드먼과의 대화를 녹음한 것이었다. 1974년 봄에 공개된 이 기록들은 나 같은 언어 분석 연구자와 역사가들에게는 보물창고 같은 것이었다. 우리는 첫 녹취록에서 닉슨과 딘, 얼리크먼, 홀드먼과의 일 대 일 대화 열다섯 건을 분석할 수 있었다. 그리고 각각의 대화에서 닉슨의 단어와 보좌관들의 단어를 비교해 보았다.

실험실 연구에서와 마찬가지로, 지위가 높은 닉슨은 보좌관들에 비해 〈나〉라는 단어를 더 적게 사용했다. 전반적으로 1인칭 단수 대명사는 닉슨이 사용하는 단어 중 3.9퍼센트를 차지한 데 비해 보좌관들이 사용하는 단어 중에서는 5.4퍼센트를 차지했다. 닉슨은 〈우리〉라는 단어(1.4퍼센트 대 0.8퍼센트)와 〈당신〉이라는 단어(3.4퍼센트 대 1.8퍼센트)를 보좌관들에 비해 더 많이 사용하기도 했다.

녹취록을 자세히 분석해 보니 닉슨은 세 사람과 각각 매우 다른 관계를 맺고 있었다. 닉슨의 1인칭 단수 대명사 사용 비율은 홀드먼과 대화할 때보다 딘이나 얼리크먼과 대화할 때 현저히 낮았다. 이러한 대명사 사용 패턴은 닉슨이 홀드먼과는 동등하게 대화한 반면 딘과 얼리크먼에게는 훨씬 더 거리를 두었음을 알려준다. 훌륭한 추측이기는 한데 정말 그럴까?

우리가 워터게이트 사건 녹취록을 분석하기 시작한 2000년대 초반에 사건에 연루된 네 사람 중 살아 있는 사람은 존 딘뿐이었다. 그는 닉슨과 세 보좌관의 관계에 대한 나의 이메일 인터뷰에 응해 주었다. 홀드먼과 닉슨은 1950년대 초반부터 아는 사이였고, 딘의 말에 따르면 둘은

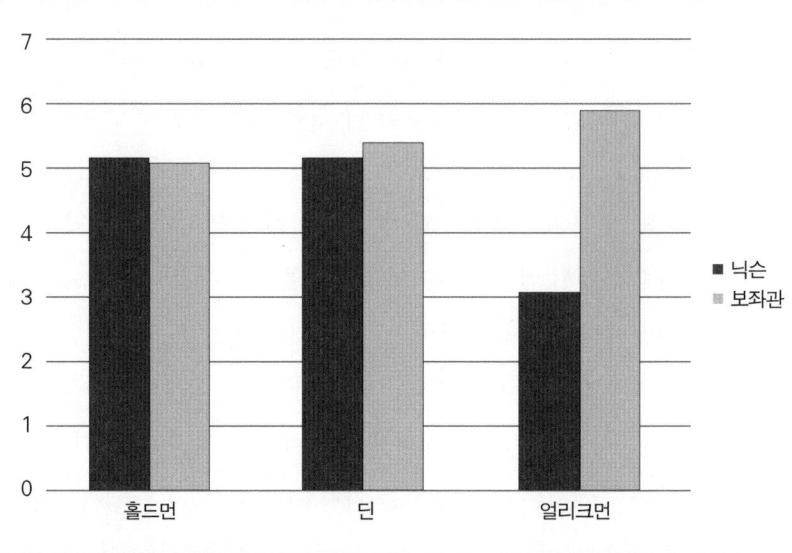

닉슨과 보좌관들의 〈나〉라는 단어 사용 비율

백악관을 함께 운영하는 동료였다.

"그런데 친구는 아니었어요. 한 번은 (홀드먼이) 이렇게 말한 적이 있어요. (닉슨이) 자기 아이가 몇 명인지도 모르고 둘이 악수 한 번 한 사이라고요. 그 악수도 (닉슨이) 그를 해고하던 날에 한 거라고요. 하지만 궁극적으로는 동반자 관계였죠."

딘 자신과 닉슨의 관계는 공식적이고 정중했다. 흥미롭게도 딘은 워싱턴 정치에 관해서는 자기 〈머리 꼭대기에〉 있을 때가 많았던 얼리크먼을 거만하지만 불안한 사람이라고 여겼다. 딘은 워터게이트 테이프에서 자신과 관련된 부분을 들으면서 얼리크먼이 홀드먼의 자리를 노리고 그토록 기 싸움을 했다는 것에 깊은 인상을 받았다. 얼리크먼은 닉슨과 대화할 때 과하게 애를 쓰다 못해 비굴하다시피 했다. 닉슨은 더 공식적인 관계였던 딘보다 얼리크먼에게 심리적으로 더 거리를 두며 대했다.

〈나〉라는 단어에 관한 마지막 분석은 주목할 만한 것이다. 1974년에 공개된 백안관의 워터게이트 테이프는 1972년 6월(민주당 선거본부 침입 사건 직후)에서 사건이 거의 매일 신문 1면을 장식하던 1973년 7월까지 녹음되었다. 매우 높은 지위와 자아 존중감을 즐기고 지나치게 자신만만한 경향이 있는 사람들은 일반적으로 〈나〉라는 단어를 매우 적게 사용한다는 사실을 상기해 보자. 1972년 6월에서 대략 11월까지 보좌관들과의 대화에서 닉슨의 〈나〉라는 단어의 사용 비율은 2-4퍼센트였다. 하지만 일이 계속 커지고 닉슨의 지위가 손상됨에 따라 〈나〉라는 단어의 사용은 나날이 늘어갔다. 1973년 7월, 마지막 테이프가 녹음될 무렵에는 전체 사용 단어에서 〈나〉라는 단어의 평균 사용 비율이 7-8퍼센트 근처까지 올라갔다. 요컨대 닉슨은 자신의 정치 세계가 무너지기 시작함에 따라 다른 사람들을 대할 때 덜 지배적이고 덜 강력한 태도로 대하게 되었다.

워터게이트 녹취록은 우리가 닉슨의 눈(혹은 입)을 통해 보좌관들 사이의 서열을 가늠할 수 있음도 보여준다. 우리는 닉슨이 민정수석인 얼리크먼을 비롯한 다른 사람들에 비해 수석보좌관인 홀드먼의 말에 더욱 민감하고 열린 태도로 반응했으리라고 추론할 수 있다. 하지만 흥미롭게도 대명사 연구를 통해 보좌관들끼리의 상대적 서열에 대해서는 알 수가 없다. 대통령 집무실 안에서는 닉슨이 얼리크먼보다 딘에게 더 높은 지위를 부여했는지 모른다. 하지만 다른 상황에서 딘과 얼리크먼이 함께 있었을 때는 얼리크먼이 딘보다 지위가 높았을 수도 있다. 한 집단의 지위 서열의 복잡성은 다른 집단 사람들의 분석을 통해서만 밝혀낼 수 있다.

마지막으로, 지위와 호감은 매우 다르다. 딘이 지적했듯, 닉슨과 홀드먼이 서로를 특히 마음에 들어 했다는 증거는 없다. 상대방을 존중하는 것과 좋아하는 것은 별개의 문제다.

대통령들이 남긴 단어의 흔적들

사람들이나 과거의 작품을 이해하는 주요한 열쇠가 문자로 쓰인 단어라는 사실은 역사학자와 문학 연구자들에게 그리 새로운 소식이 아니다. 하지만 대부분의 학자들은 컴퓨터를 이용하는 텍스트 분석보다 주로 역사적인 작품을 읽는 데 의존한다. 그런데 이런 경향은 최근 몇 년 사이에 변화하고 있다. 특히 혁신적인 변화가 일어나고 있는 분야는 정치학이다. 연구자들이 정치 후보자들의 매력과 그에 대한 사람들의 반응을 연구할 수 있었던 까닭은 연설 녹취록, 인터뷰, 신문, 인터넷 기사, 뉴스 프로그램 등을 손쉽게 이용할 수 있게 되었기 때문이기도 하다.

이 분야의 선구자 로더릭 하트는 획기적인 기사와 책을 잇따라 출판하여, 후보자가 연설할 때의 단어 사용 스타일이 빌 클린턴과 밥 돌의 대결처럼 역사적으로 중요한 선거 결과를 예고하는 전조가 되는 이유를 설명했다. 우리는 하트의 선구적인 연구를 확장하여 역사적 인물들이 남긴 흔적인 단어를 분석함으로써 역사적 사건들을 재해석할 수 있다.

다른 사람에게는 관심이 없는 로널드 레이건

로널드 레이건은 많은 사람들에게 프랭클린 루스벨트 이래 사회적으로 가장 능숙한 대통령으로 여겨진다. 레이건이 연설과 기자회견에서 사적이고 감정적인 언어를 사용한 비율은 항상 평균 근처를 맴돌았다. 밖에서 보면 레이건은 조지 W. 부시와 약간 비슷하게 사회적-정서적인 사람처럼 보인다. 하지만 그의 언어를 면밀히 분석한 결과로 미루어 보아 이것은 오해일 수 있다. 레이건은 사회적-정서적 지도자라기보다는 뛰어난 이야기꾼에 가까워 보인다. 이야기를 하려면 사회적 단어와 함께 과거형 동사가 필요하다. 이 두 가지 차원을 결합해서 분석해 보면, 이야기꾼으로서 레이건의 점수는 현대 대통령 중 그 누구보다도 훨씬 높다.

로널드 레이건에 관한 발견들은 사교적이거나 매력적이라고 여겨질 법한 사람들의 다양한 성격을 조금 더 자세히 들여다볼 수 있게 해준다. 정치적 성향에 관계없이 조지 W. 부시와 함께 시간을 보낸 사람들은 대부분 그가 사회성이 강하다고 느꼈다. 부시는 사교 모임에서 진심으로 다른 사람들에게 관심이 있었고 자신의 감정도 곧잘 표현했다. 정확하든 아니든, 대부분의 사람들은 그를 안다고 느끼기 쉬웠다.

레이건의 전기는 이와는 완전히 다른 그림을 보여준다. 실제로 레이건의 공식 전기 작가였던 에드먼드 모리스는 레이건으로 하여금 사적이거나 감정적인 측면에서 마음을 터놓게 할 수 없었기 때문에 결국 전통적인 전기를 포기했다. 레이건은 온갖 종류의 이야기하기를 매우 즐겼다. 하지만 모리스에 따르면 그는 〈온화하지만 다른 사람들에게 관심이 부족한〉 사람이었다. 1998년, 편집자 애드리아나 보쉬는 레이건에 대해 심층적으로 보여주는 TV 2부작 시리즈를 열심히 작업한 후 이렇게 말했다.

"레이건은 자기성찰에 빠지는 부류의 사람이 아니었어요……. 그의 아들 론이 우리에게 이렇게 말했듯이 말이에요. 〈아버지가 어떤 사람인지 알았던 사람은 없었어요. 그리고 아버지도 자기 자신을 알았던 적이 없죠.〉"

제3자는 단순히 부시와 레이건이 사회적-정서적인 사람이었다고 생각할지 모르지만 언어적 발견은 그런 인상의 이면을 파고드는 데 도움이 된다.

버락 오바마는 왜 〈나〉라는 단어를 적게 사용했을까?

〈나〉라는 단어는 가장 기본적인 기능어다. 〈나〉는 구어체에서 가장 흔히 쓰이는 단어지만 우리는 자기 자신이나 다른 사람들이 〈나〉라는 단어를 사용할 때 거의 감지하지 못한다. 사람들은 〈나〉라는 단어가 자신감이나 거만함을 의미한다고 생각하기 때문에 자신 있는 사람들이나 항상 〈나〉라는 단어를 사용할 것이라고 추측한다.

오바마는 이와 관련된 사례 연구의 완벽한 대상이다. 2008년에 오바마가 당선된 지 며칠 지나지 않아 전문가, 특히 오바마를 지지하지 않는 사람들은 그가 항상 〈나〉라는 단어를 사용한다고 말하기 시작했다. 여러 매체에서는 오바마의 기자회견, 연설, 비공식 인터뷰에 〈나〉라는 단어가 득실거린다고 보도했다. 조지 윌 같은 걸출한 시사 해설가, 스탠리 피시를 포함한 영문학자들, 심지어 가끔 대통령들의 연설문 작가로 활동하는 페기 누난 같은 사람들을 비롯하여 수많은 사람들은 오

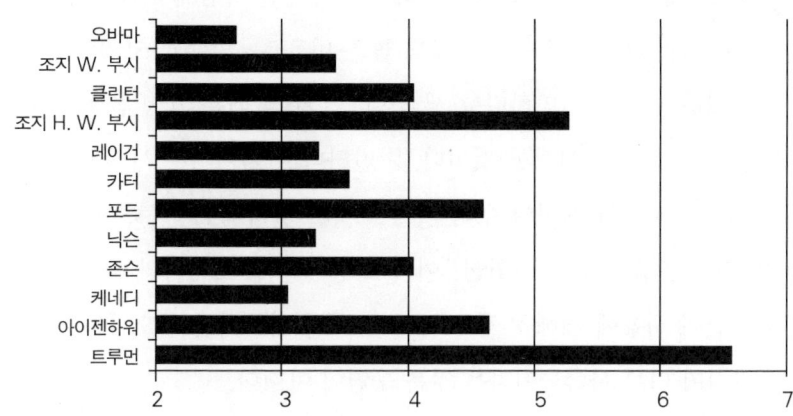

이 그래프는 미국 역대 대통령들이 기자회견에서 사용한 기능어의 총 단어 수에 대한 1인칭 단수 대명사의 사용 비율을 나타낸다.

바마가 끊임없이 〈나〉라는 단어를 사용한다고 지적했다. 《워싱턴 포스트》, 《뉴욕 타임스》 같이 사실 확인이 철저하고 매우 존경받는 매체들에서도 이와 같은 주제로 기사를 내보냈다.

유일한 문제는 오바마의 〈나〉라는 단어 사용을 굳이 세어보거나 다른 사람들과 비교해 보려는 사람이 없었다는 점이다. 그래프에서 보다시피, 오바마는 현대의 대통령들 중 그 누구보다도 〈나〉라는 단어를 적게 사용한다. 그의 연설을 분석해 보아도 같은 양상이 나타난다. 오바마는 말할 때 대체로 대명사, 특히 〈나〉라는 단어를 피한다.

우리 기억 속의 어떤 대통령보다도 실제로 오바마가 〈나〉라는 단어를 적게 사용한다면 왜 그토록 똑똑한 사람들은 그 반대로 생각하는 것일까? 문제는 우리가 당연한 듯 정보를 처리하는 방식에 있을지도 모른다. 우선 대부분의 사람들은 불안하거나 겸손한 사람에 비해 자신감 넘치는 사람이 〈나〉라는 단어를 훨씬 높은 비율로 사용한다고 믿는다. 우리가 어떤 사람을 거만하다고 생각한다면 우리 뇌는 그 믿음을 입증할 만한 증거를 찾기 시작할 것이다. 거만하다고 여겨지는 사람이 〈나〉라는 단어를 사용할 때마다 우리 뇌는 그것을 알아채고 "아하, 저 인간이 건방지다는 증거가 또 나왔군."이라고 생각한다. 오바마의 불쾌한 〈나〉라는 단어 사용에 대해 가장 크게 떠들어댄 평론가들이 오바마와 정치적 관점이 다른 사람들이라는 것은 우연이 아니다.

또 다른 이야기가 있다. 오바마가 인상적일 정도로 적게 〈나〉라는 단어를 사용했다는 것은 오바마가 자신 있는 사람이라는 점을 알려준다. 댄 발즈와 헤인즈 존슨은 2009년 8월 8일 미국 공영 라디오의 「주말판 Weekend Edition」 인터뷰에서 그들의 책 『미국을 위한 투쟁 2008 *The Battle for America 2008*』에 관한 질문을 받았다. 존슨은 아이젠하워 이후 대통령들을 연구해온 발군의 정치 보도 경력을 되돌아보며 〈오바마는 내가 본 역대 대통령 중 가장 자신감 넘치는 유일한 사람〉이라고 말했다.

오바마의 대명사 사용은 존슨의 관점을 뒷받침한다. 오바마는 당선 이래로 시종일관 다른 현대 대통령들에 비해 〈나〉라는 단어를 적게 사용했다. 매체 전문가들의 발언과 반대로, 오바마는 1인칭 단수 대명사를 〈지나치게 좋아하는〉(조지 윌) 것도 아니고 그의 〈나〉라는 단어 사용이 〈오만함에 사로잡혔다는 명백한 표시〉(스탠리 피시)를 보여주는 것도 아니다. 그 대신 오바마의 언어는 자기 확신과 함께 감정적 거리를 암시한다.

조지 W. 부시,
이라크 전쟁 전후로 단어 사용에 변화가 생기다
—

〈나〉라는 단어는 사람들이 주의를 기울이는 대상을 따라간다. 자기 자신에게 집중하거나, 불안하거나, 자신을 드러내지 않는 사람들은 1인칭 단수 대명사를 자주 사용하는 경향이 있다. 자신감이 넘치거나, 어떤 일에 집중하고 있거나, 거짓말을 하고 있으면 〈나〉라는 단어의 사용 비율이 낮아진다. 사람들의 관심의 초점과 생각의 변동을 추적할 수 있으려면 몇 년 동안 매일 현실 세계에서 그들이 사용하는 언어의 표본을 구해야 하는데 그런 기회는 거의 없다. 하지만 최근의 미국 대통령들, 특히 조지 W. 부시는 예외임이 입증된 사람이다. 대부분의 전임자들과 달리 부시는 이례적일 정도로 언론과 자주 만났다. 임기 중 첫 4년 동안 최소한 360번의 기자회견이나 간담회가 녹취되어 Whitehouse.gov에 올라와 있다. 우리는 부시가 질문에 대답하면서 사용한 〈나〉라는 단어들을 분석함으로써 당시의 정치적, 사회적 사건들을 고려하여 그가 어떤 생각을 하고 있었는지 밝혀낼 수 있다.

부시의 대통령직 수행은 이후 몇 대에 걸쳐서 역사적 분석을 위한 재료가 될 가능성이 높다. 41대 대통령의 돌아온 탕자, 조지 W. 부시는 일반적으로 따뜻하고 매력적인 사람이지만 대통령으로서 이루고 싶은 것이 분명치 않은 사람으로 여겨졌다. 부시가 대통령직을 수행하는 동안에는 그 어느 때보다도 우여곡절이 많았다. 부시가 대통령이 된 지 9개월 만에 오사마 빈 라덴과 함께 활동하던 조직원들이 세계무역센터와 미 국방부 건물을 공격했고 그 사고로 3천 명 이상이 사망했다. 그로부터

한 달도 채 못 된 2001년 10월 7일, 부시는 아프가니스탄에 공격을 가했고 빈 라덴을 잡으려는 헛된 시도로 아프가니스탄 정부를 무너뜨렸다. 부시는 이라크로 눈을 돌려 그들이 대량살상무기를 보유하고 있다고 주장하면서 2003년 3월 전면적인 침공을 개시했다. 이것은 대통령으로서 부시가 행한 조치 중 가장 논란이 되는 것 중 하나다. 대량살상무기는 발견되지 않았고 미국과 동맹군은 이라크 점령 상태를 유지했다. 부시가 재선에 성공하여 두 번째 임기를 시작했을 때도, 여기서 다루지는 않겠으나 허리케인 카트리나로 뉴올리언스가 파괴되고, 점령 중인 이라크에서는 혼란이 가중되고, 세계 경제 위기가 시작되는 등 이 시기에도 문제들이 많았다.

부시가 취한 모순된 조치들은 그의 성격 탓이었다. 많은 사람들이 그를 비교적 꾸밈없는 사람이라고 보았고 그는 가끔 소년 같은 기쁨, 심술, 방어적인 모습, 연민을 드러내기도 했다. 기자회견 기록을 읽어보면 한 가지 질문에 답하면서도 그의 양면적인 성격이 드러나는 경우가 많다. 당신은 자신의 정치적 신념에 상관없이 그 기록들을 통해 따뜻하고 매력적이면서도 이따금 거만하고 못된 한 남자를 발견할 수 있다.

부시의 첫 번째 임기를 규정하는 세 가지의 서로 관련된 사건들이 있었다. 첫 번째 사건은, 9/11 공격이었다. 미국 국민들에게 참고 견뎌야 할 존재였던 부시는 이 사건으로 며칠 만에 사랑받는 존재가 되었다. 두 번째 사건은, 세계가 직접적으로 그 현장을 목격하지는 못했지만 이라크를 침공하겠다는 그의 결정이었다. 세 번째 사건은, 2003년 3월의 실제 이라크 침공이었다. 옆의 그래프는 기자회견에서 부시의 〈나〉라는 단어 사용 빈도를 월별로 나타낸 것이다. 그는 대체로 매달 여섯 차례

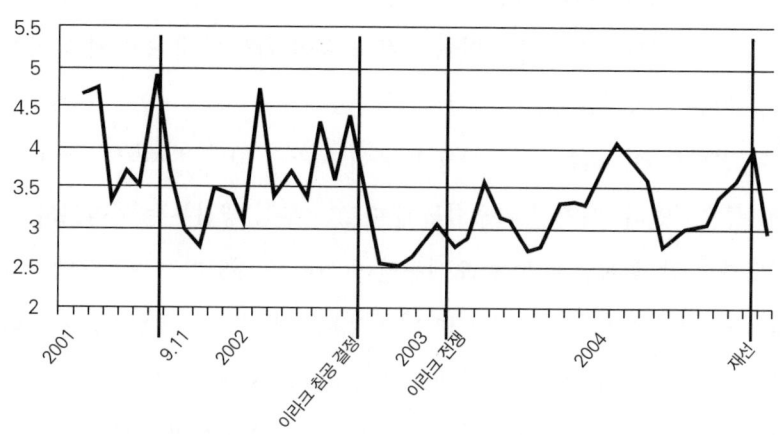

이 그래프는 조지 W. 부시가 첫 번째 임기 동안 360차례의 기자 간담회에서 〈나〉라는 단어를 사용한 비율을 나타낸다(사용한 총 단어에 대한 비율). 수직선은 다음 사건들을 의미한다. 9/11: 9월 11일 테러 사건, 침공 결정: 이라크 전쟁을 시작하겠다고 최종 결정했을 가능성이 있는 시기(2002년 10월), 전쟁: 이라크 침공(2003년 3월), 재선: 2004년 11월

에서 여덟 차례에 걸쳐 언론과 접촉했고 그때마다 약 1천 개 정도의 단어를 말했다. 그의 〈나〉라는 단어 사용 비율은 임기를 시작한 후 3개월 동안 명백히 떨어졌다. 사실 이런 일은 신임 대통령이라면 거의 모두에게 일어난다(오바마는 예외였지만). 대통령직을 수행하기 시작한다는 것은 일반적으로 위협적인 경험이고 그에 익숙해지려면 몇 주가 걸린다.

부시의 〈나〉라는 단어 사용이 처음으로 급격히 떨어진 것은 9/11 테러 직후였다. 이때는 대다수의 미국인들과 마찬가지로 부시 역시 〈나〉라는 단어의 사용을 줄이고 〈우리〉라는 단어를 더 많이 사용했다. 테러 사건이 부시에게 미친 영향은 대단했고 이후 몇 달에 걸쳐 그의 신경은 아프가니스탄 침공, 탄저균 테러, 테러에 대처하기 위한 정부 방향 재설정 등 산적한 긴급 사태로 온통 집중되었다. 그러다 우리는 2001년 11월 이후 부시의 〈나〉라는 단어 사용 비율이 거의 매달 조금씩 높아진다는 것을 알 수 있다.

두 번째로 〈나〉라는 단어 사용 비율이 현저히 낮아진 시기는 2002년 9월 중순이었다. 백악관 연구가들에 따르면 부시 행정부는 이라크와 그 지도자 사담 후세인 때문에 오랫동안 골머리를 앓았다. 게다가 백악관 내 일부 인사들은 후세인이 9/11 테러의 배후거나 (혹은 배후인 동시에) 핵무기를 개발하려는 의도가 있다고 생각했다. 2002년 6월, 부시 행정부의 몇몇 인사들은 외교정책에 대한 새로운 접근법을 제안하기 시작했다. 부시 독트린이라고 하는 이 정책의 일부는 미국이 적대적 의도로 한 나라를 선제공격하는 것을 정당화하는 것이었다.

2002년 여름 내내 비밀스럽게 이라크 침공 계획이 세워졌다. 9월 말이 되자 부시 행정부는 이라크와의 전쟁에 돌입하기 위한 승인을 의회에 요청했다. 부시 행정부는 이것이 협상 수단이며 이라크가 대량살상무기를 찾아내기 위한 조사관들의 모든 접근 권한을 허락하지 않는 경우에만 마지막 수단으로 사용될 것이라고 했다. 10월 16일, 의회는 투표를 통해 이 요청을 지지했다. 그날 밤 전국적으로 방송된 연설에서 부시는 전쟁을 피하게 되기를 바란다고 분명히 밝혔다. 하지만 버클리 언론대학원 교수이자 《뉴요커》에 기고하는 마크 대너가 밝힌 바에 따르면, 영국에서 유출된 문서를 통해 결국 전쟁이 미국 의회에서 마지막으로 승인받고 사실상 확정되었음이 입증되었다.

당신이 한 나라의 지도자고 곧 다른 나라를 공격할 생각이라고 상상해 보자. 효과적인 공격을 위해서는 계획을 철저히 기밀에 부쳐야 한다. 병력 이동과 자국 경제의 광범위한 재설계에 관한 정보가 새어나가지 않게 해야 하고, 당신의 계획이 어떤 것일지 적국이 알게 해서도 안 된다. 또한 당신은 말을 조심해야 한다. 사람들을 속여야 할 뿐만 아니라 은밀하게 전쟁에 총력을 기울이기 위해 정부의 모든 요소들이 협력할 수 있도록 주의를 기울여야 한다. 유능한 지도자로서 이 모든 일들을 해내려면 가만히 앉아서 자신의 감정을 곰곰이 생각하는 것이 아니라 행동해야 한다.

〈나〉라는 단어의 사용 감소는 위협을 실행하려는 사람들이 보내는 강력한 신호다. 우리는 이와 같은 언어의 양상을 제2차 세계대전 중 일본에 원자폭탄을 떨어뜨리기 전 트루먼 대통령의 언어에서도, 1939년 폴란드를 침공하기 전 히틀러의 언어에서도 발견했다.

마지막으로 덧붙이자면, 흥미롭게도 전쟁이 시작된 이래 부시의 〈나〉라는 단어의 사용에는 큰 변화가 없었다. 반면 2003년 5월 부시가 〈임무 완수〉 연설을 했을 때, 즉 자신이 생각하기에는 전쟁이 끝났다고 여겼을 때 〈나〉라는 단어의 사용 비율은 일시적으로 높아졌다. 하지만 2003년과 2004년 여름에 나타난 〈나〉라는 단어의 현저한 감소는 그가 전쟁에 더 집중하고 있다는 것을 보여주고, 2004년에는 그의 결정에 관해 묻는 언론에 대해 취한 방어적인 태도를 보여준다.

단어의 힘,
역사를 다시 생각하게 하다
―

 나는 지금껏 단어 분석이 정치와 역사 연구에 열어줄 수 있는 흥미로운 가능성을 소개하려고 노력해 왔다. 어떤 언어에서든 단어라는 흔적만 있다면 컴퓨터 분석 기법을 통해 그 단어를 쓴 사람의 심리를 해석할 수 있다. 이 분야의 연구들 중에는 현실에 적용할 수 있는 것들이 많다.

 예를 들면 우리 학생 및 동료들과 나는 연방 정부 기관과 협력하여 알카에다 같은 집단의 지도자들 심리를 더 잘 이해해 보려는 연구를 하고 있다. 이 연구는 그들의 공개적 메시지와 잔혹하기까지 한 조치의 연관성을 알아보려는 시도다. 이런 집단의 지도자들이나 추종자들의 언어를 연구하여 그들의 요구사항을 이해할 수 있을까? 우리는 이 기법을 사용하여 극우파 네오나치에서 극좌파 웨더맨Weathermen까지, 미국 내 극단주의자 집단을 더 잘 이해하려고 해왔다. 일반적으로 우리는 폭력적인 집단이 남기는 언어적 지문이 폭력적이지 않은 집단의 언어와 매우 다르다는 사실을 발견하고 있다. 그리고 비폭력적이었던 집단이 점점 더 폭력적인 성향을 띠게 될 때 그들의 언어도 따라서 변한다는 것도 알 수 있다.

 우리는 강력하다 못해 독재적이기까지 한 현재와 과거의 지도자들을 연구하는 데도 언어적 도구를 사용해 보고 있다. 예컨대 마오쩌둥, 히틀러, 카스트로 같은 지도자들이 혁명가에서 독재자로, 때로는 자국에서 존경받는 지도자로 변모하는 동안 그들의 언어는 어떻게 변했을까? 그들의 언어는 자국의 변화를 어떻게 예측했고, 사건은 그들의 언어를 어떻게 바꾸었을까?

　가장 중요한 점은 언어 분석이 역사적 사건들을 새롭게 조명할 수 있다는 점이다. 답을 찾을 수 있는 역사적 문제들은 사용 가능한 언어 표본과 연구자들의 상상력이 허용되는 한 얼마든지 연구될 수 있다. 예를 들면 오스트레일리아의 탐험가 헨리 헬리어는 정말 자살했을까, 아니면 살해당했을까? (일기에 적힌 단어들로 미루어 보면 아마도 자살인 듯하다.) 성경에서 성 바울이 썼다는 편지들은 전부 그가 썼을까? (아니다. 어림없는 얘기다.) 레이디 가가는 톰 크루즈와 부적절한 관계였을까? (모른다. 그리고 아니길 바란다.)

　이제 당신의 차례다.

지도자의 언어

지위에 관한 연구는 지도자에 대한 이해로 확장될 수 있을까? 단어 사용 스타일을 통해 좋은 지도자를 알아보는 것이 가능할까? 지도자들이 단어 사용 스타일을 바꾼다면 더 유능해질 수 있을까? 지도자의 언어를 탐구한 연구는 놀라울 정도로 적다. 지도자 후보들이 장래에 어떤 유형의 지도자가 될지 예측하기 위해 그들의 일상 언어를 관찰해본 연구는 그보다도 훨씬 더 적다.

지도자라는 역할이 단어 선택에 미치는 영향

　작은 집단 안에서 리더는 정말로 추종자follower와는 다르게 말한다.

텍사스 대학교 레드맥컴즈 경영대학의 이선 버리스와 연구진들은 경영학과 학생들을 약 40개 팀으로 나누어 팀 과제를 함께 해결하게 하는 실험을 수행했다. 네 명으로 구성된 팀은 작은 컨설팅 회사가 되어 가상의 기업 고객지원 부서를 개선할 수 있는 컨설팅을 해야 했다. 과제는 팀별로 협력해서 해결책을 만들어 내야 하는 복잡한 것이었다.

버리스의 연구가 돋보이는 이유는 그가 각 팀의 리더를 정해 주었기 때문이다. 그는 학생들의 인성 검사 점수 분석을 바탕으로 가장 잘할 것 같은 리더를 골랐다고 각 팀에게 말했다. 그런데 사실은 제비뽑기와 비슷하게 무작위로 리더를 정했다. 하지만 중요한 점은 팀원들이 자기 팀 리더가 정말로 유능하다고 믿었다는 점이다.

각 팀의 소통 과정은 녹음되고 문자로도 기록되었다. 결과는 우리가 전에 발견했던 사실들과 일치했다. 리더 역할을 맡은 학생들은 〈나〉라는 단어를 가장 적게 사용했고 〈너〉라는 단어와 〈우리〉라는 단어를 가장 많이 사용했다. 다시 말해서, 사람들이 어떤 역할을 맡으면 그가 사용하는 단어도 달라진다는 뜻이다. 이 발견이 얼마나 중요한지는 아무리 강조해도 부족하다. 지도자와 언어에 관한 연구들은 거의 다 이미 지도자거나 높은 지위에 있는 사람들을 다루었다. 하지만 버리스의 이 연구는 지도자 〈역할〉이 언어에 반영된다는 것을 암시한다. 요컨대 지위가 높은 지도자 자리에 앉은 대부분의 사람들은 지도자처럼 말하기 시작할 가능성이 높다.

그가 쓰는 단어로 장래의 지도자적 자질을 예측할 수 있을까?

기업체, 정부, 군대를 비롯하여 대규모 조직에서 장래의 지도자를 예측하고 선별하는 데는 해마다 천문학적인 비용이 든다. 지도자 선별을 전문으로 하는 컨설팅 회사와 그들이 조언을 제공하는 회사들은 미심쩍은 연구 기법이나 직관, 혹은 둘 다에 의존하여 수많은 결정을 내린다. 지도자를 선택할 때 매우 과학적인 근거들을 바탕으로 하는 기법을 사용한다 하더라도 적중률은 완벽과 거리가 한참 멀다.

지도자를 제대로 선택하기는 매우 어렵다. 가장 큰 문제는 어떤 사람이 특정한 환경에서는 훌륭한 지도자가 될 수 있지만 다른 환경에서는 그렇지 않을 수도 있다는 점이다. 예전에 나에게 자문을 구했던 회사의 대표는 경영진을 이끌면서 누구 한 사람도 만족시키지 못했다. 2년 전만 해도 이 사람은 다른 회사에서 리더로서 뛰어난 능력을 발휘한 적이 있었다. 그의 접근법, 지능, 능력은 변하지 않았다. 변한 것은 오직 환경뿐이었다.

컨설팅 회사들이 대면하는 두 번째 문제는 평가 수단을 만드는 데 있다. 예를 들면 리더 후보에게 아주 많은 질문지를 주는 회사가 있다. 압박 면접을 견디게 하거나 문제 해결 과제를 수행하게 하는 회사도 있다. 리더 후보를 그냥 회사로 보내서 잠깐 얘기하고 악수 몇 번 한 뒤 조직 내 관계자들을 줄줄이 만나게 하는 회사도 있다. 이런 방법들은 배경이 비슷한 두 명의 후보를 두고 동전 던지기로 한 명을 고르는 것이나 다름없다.

유능한 지도자들만의 특정한 언어 사용 스타일이 있다는 것을 안다면 우리는 평소 언어 생활을 토대로 장래의 지도자를 선택할 수 있을까? 현실적으로 이것은 너무 이른 이야기다. 사람들이 사용하는 단어를 분석하는 것은 그들이 어떻게 생각하고, 다른 사람들과 어떻게 관계를 맺고, 그들 자신을 어떻게 보는지 판단하는 데 도움이 될 수 있다. 따라서 사람들이 완전히 새로운 환경에서 다양한 동기와 배경이 있는 예측 불가능한 집단에 어떻게 반응할지 예상하려면 단어 분석만으로는 한참 부족하다.

지배적인 언어를 사용하면 더 나은 지도자가 될 수 있을까?

심리학, 사회학, 경영학 연구자들은 거의 백 년에 걸친 집단 연구를 통해 그 집단이 해결해야 할 과업, 집단의 구조, 집단 구성원에 따라 효율적으로 움직일 수 있는 집단이 각각 다르다는 점을 이해하게 되었다. 예를 들면 버리스의 연구에서는 지도자가 지위가 높은 사람들의 언어를 더 많이 사용할수록 그 집단이 객관적으로 더 나은 결과를 내놓을 가능성이 높았다. 하지만 이 효과는 그리 강력하지 않았다. 구조가 더 느슨한 집단을 대상으로 한 다른 연구에서는 정반대의 결과가 나왔다. 즉, 이 경우에는 지도자가 지배적인 언어를 사용한 결과 집단의 수행 능력이 더 낮아졌다.

우리는 지도자의 특성과 수행되어야 하는 일 사이의 갈등에서 다시 같은 문제에 부딪힌다. 회사, 스포츠 팀, 국가 같은 집단이 대체로 생산적이고 내분이 없으며 큰 위협이 없는 경우에는 따뜻하고 친절한 지도자가 특히 유능함을 발휘한다. 이런 지도자들은 극도로 지배적인 언어는 사용하지 않을 가능성이 높다. 하지만 조직이 내부 갈등뿐만 아니라 외부의 고난도 연이어 마주하고 있는 상황이라면 대부분의 사람들은 문제를 해결할 수 있는 강력하고 현실적인 지도자를 원한다. 현실적이라는 말은 명확한 지휘 체계와 합의된 사회적 서열 체계를 갖춘 지도자

유형을 의미하는 경우가 많다.

지도자가 사용하는 단어로 전쟁의 발발을 예측할 수 있다는 생각도 제기되어 왔다. 벨기에의 심리학자 로버트 호겐라드는 지도자들이 연설에서 힘과 협력에 대한 주제를 어떻게 언급하는지 연구했다. 지도자가 연설 중에 협력과 친선을 자주 언급하고 힘과 공격성, 지배권 등에 관해 별로 언급하지 않는다면 그 나라의 전망은 대체로 양호하다. 하지만 힘과 공격성에 관한 주제가 대두되기 시작하고 그에 따라 배려나 관계에 대한 단어들이 감소한다면 경계해야 한다. 지도자들이 힘과 관련된 주제를 자주 언급하고 협력과 관련된 주제를 잘 언급하지 않는 것은 전쟁을 확실히 예측하는 지표다. 북아일랜드나 구 유고슬라비아의 분쟁, 조지아와 러시아 간의 전쟁, 중동의 다양한 분쟁 지역들은 모두 분쟁의 발생에 앞서 해당 국가 지도자들의 언어에 변화가 있었던 사례들이다.

지도자들은 단어 스타일을 바꿔 더 유능해 보일 수 있을까?

내 생각에는 그렇다. 하지만 대부분의 사람들이 생각하는 이유 때문은 아니다. 단순히 단어를 다르게 사용한다고 해서 말하는 사람의 심리 상태가 저절로 바뀌지는 않는다. 앞에서 언급했듯, 단어는 우리의 성격과 심리 상태, 사회적 상황을 반영하지만 그것에 직접적으로 영향을 미치는 일은 정말 드물다.

연설, 광고, 짧은 대화 등에서 사람들이 사용하는 단어는 청중 혹은 상대방이 그들을 인식하는 방식에 영향을 줄 수 있다. 사실 우리 뇌는 말하는 사람이 〈나〉나 〈우리〉라는 단어를 사용하는지 기억하고 그에 맞취 반응한다. 단지 어떤 사람을 지도자처럼 말하게 하는 것이 목적이라면 그의 언어 사용 스타일을 세심하게 다듬어 단기적으로 효과를 볼 수 있다.

하지만 연설문 작성자들은 주의해야 한다. 당신이 협력하고 있는 대통령 후보가 대통령답게 말하게 하고 싶은가, 서민처럼 말하게 하고 싶은가? 지위가 높은 사람처럼 말하게 하고 싶은가, 낮은 사람처럼 말하게 하고 싶은가? 조지 W. 부시는 두 번의 선거운동 기간 동안 경쟁자인 앨 고어나 존 케리보다 더 인간적이고 서민적이며 지위가 낮은 사람처럼 말했다. 버락 오바마는 2008년 선거운동 기간 동안 경쟁자 존 매케인보다 훨씬 더 대통령답고 지위가 높은 사람다운 언어를 구사했다. 이 후보들이 사용한 단어들은 분명히 우리의 인식에 영향을 미쳤고 나아가 투표에도 영향을 미쳤다.

지도자 자리를 얻는 것과 유능한 지도자가 되는 것은 다르다. 대부분의 경우 유능한 지도자란 다른 사람들과 협력하고 그들이 동의할 만한 결정을 내리는 사람이다. 지도자의 역량은 단지 연설에만 국한되지는 않는다. 지도자에게는 광범위한 사고와 사회적 기술이 요구된다.

지도자들은 먼저 자신이 사용하는 언어를 듣고 분석함으로써 더 유능해질 수 있다. 2장에서 언급한 존 케리가 조지 W. 부시에 맞서 2004년 대통령 선거운동을 하면서 〈우리〉라는 단어를 어떻게 사용했는지 다시 생각해 보자. 케리에게 〈우리〉라는 단어를 더 많이 사용하게 하면 청중들에게 더 따뜻하고 친해지기 쉬운 인상을 주리라고 잘못 판단했던 케리의 참모들을 떠올려보라.

내가 케리의 참모였다면 제일 먼저 그의 연설과 인터뷰를 분석했을 것이다. 〈우리〉라는 단어를 많이 사용하고 〈나〉라는 단어를 적게 사용하는 그 순간 케리는 자신이 대통령답게 말하려고 지나치게 애쓰고 있다는 신호를 보내고 있었던 셈이고 그것이 사람들에게 거만한 인상을 주었다. 내가 언어적 측면에서 해결책을 내놓아야 했다면 아마 케리와 청중들의 관계뿐만 아니라 그가 자기 자신에 대해 생각하는 방식도 바꾸게 하려고 노력했을 것이다. 분명 케리는 자신이 〈우리〉라는 단어를 사용함으로써 차갑고 진실하지 못한 인상을 주고 있다는 사실을 알아야 했다.

지도자가 되려는 사람은 자신이 사용하는 단어를 다른 사람들과의 관계를 보여주는 지표로 삼아 더 나은 지도자가 될 수 있다. 단어는 자동차가 얼마나 빨리 달리는지 알려주는 속도계와 같다. 속도계를 직접적으로 조작해서는 자동차의 속력을 줄일 수 없다. 그 대신 우리는 속도계를 이용하여 자신이 운전을 제대로 하고 있는지 판단한다. 어떤 사람에게 연습을 시켜 운전을 잘하게 해주면 속도계는 그에 따라 움직일 것이다. 잠재적 지도자로 하여금 자신의 언어와 그 의미에 더 신경 쓰게 한다면 그들은 다른 사람들과의 관계를 향상시키고 더 나은 지도자가 될 수 있다.

**지위의 몰락은,
단어마저도 바꿔버린다**
—

거의 모든 인간관계에 서열이 존재한다는 사실은 약간 암울하고 위협적으로 느껴지기도 한다. 서열은 서로 소통하기 시작한 지 몇 분 만에 정해지고 소통에 참여한 주체들은 저마다 자신의 역할에 맞는 언어를 사용하게 된다. 비행기에서 누군가의 옆자리에 앉고, 파티에서 낯선 사람을 만나고, 회의에서 동료를 소개받을 때 사람들은 자신이 다른 사람들과 비교하여 서열의 어디쯤에 있는지 보게 된다.

눈에는 거의 보이지 않는 지위 경쟁은 우리가 어린아이였을 때부터 시작되었고 앞으로도 계속될 것이다. 사회적 서열의 존재는 민주주의와 평등주의에 대한 우리의 믿음에 어긋날지도 모르지만, 빠르고 효과적으로 서열을 정하는 우리의 습성은 이후 모든 상호작용을 더 원활하게 하는 데 도움이 되기도 한다.

이 장에서 소개한 예들이 주로 영어를 바탕으로 한 실험이기는 하지만 고대 그리스어, 아랍어, 일본어, 한국어를 비롯하여 우리가 연구한 모든 언어에서도 사실상 이와 똑같은 언어 사용 양상이 뚜렷이 드러난다. 예를 들면, 기원전 5세기에 쓰인 에우리피데스의 희곡에서 권력 있는 인물들은 〈나〉라는 단어를 적게 사용하고 〈당신〉이라는 단어와 〈우리〉라는 단어를 자주 사용한다. 같은 인물들이 극중에서 몰락하면 이들의 〈나〉라는 단어의 사용 비율은 치솟고 〈당신〉이라는 단어와 〈우리〉라는 단어의 사용 비율은 떨어진다.

당신은 〈나〉, 〈우리〉, 〈당신(당신들)〉이라는 대명사가 지위, 권력, 자신감, 거만함, 지도자의 자질 등과 공통적으로 관련되어 있다는 사실을 깨달았을 것이다. 그렇다고 해서 이들 속성들이 모두 똑같다는 말은 아니다. 최근 시행된 조직심리학 연구에 따르면 사람들은 타인에게 직접 행사할 수 있는 권력이 없더라도 높은 지위에 오를 수 있다. 유능한 지도자는 거만함이나 권력과 관련이 있을 때도 있고 없을 때도 있다. 다른 범주에 속하는 단어들로 지위와 권력을 구분할 수 있을지도 모르지만, 지위와 권력 둘 다 사회적 서열을 알려주는 지표로 간주될 수 있다.

요컨대 당신이 나중에 칵테일 파티에서 우연히 간디, 스탈린, 아인슈타인, 「대부」의 에밀리오 바지니(포주 타탈리아가 아니라)와 어울리게 된다면 〈나〉라는 단어를 가장 많이 사용할 사람은 분명 당신일 것이다. 왜냐하면, 이들 중 당신이 가장 서열이 낮을 테니까.

4 거짓말하는
사람들이 흘리는

단어의
흔적들

거짓말 탐지 전문가들은 거짓말이 특정한 생리적 변화를 동반한다는 사실을 항상 알고 있었다. 그렇다면 진실을 고백할 때의 생리적 현상은 어떤 것일까? 내가 표현적 글쓰기 연구를 시작한 지 얼마 안 되었을 때 우리 연구실에 온 지원자들은 혈압, 심박동수, 호흡, 근육 긴장도, 피부 전도도(전기 피부 반응) 등을 체크하는 센서들을 부착하고 자신들이 강렬한 감정을 느꼈던 사건을 글로 묘사했다. 그 다음에는 혼자 남겨져 녹음기에 대고 트라우마 경험에 대해 말했다. 그 중 한 학생이 인상에 남는다. 다음 내용은 그 학생의 이야기를 약간 수정한 것이다.

12월 20일 오후 10시 35분, 아버지는 27번 주 고속도로에서 북쪽으로 달리고 있었을 것이다. 그가 1990년형 뷰익 르세이블을 타고 시속 105킬로미터 정도로 달리고 있을 때 사슴 한 마리가 앞으로 뛰어들었다. 그는 멈출 수 없었다. 방향이 휙 틀어져 제어할 수 없게 된 그의 차는 세 바퀴쯤 구른 후 나무를 들이받았을 것이다. 검시관의 말에 따르면 즉사했을 것이라고 한다. 어머니는 오전 12시 15분경에 전화를 받았을 것이고 그 다음에 나에게 사고를 알렸다. 그때 나는 열네 살이었지만 그 죽음은 나에게 감당할 수 있는 사건이었고 그 영향은 아주 미미하여……

녹음된 그 학생의 목소리는 그가 사용한 단어만큼이나 사무적이었고 묘하게 거리감이 있었다. 하지만 생리학적으로는 엄청난 갈등과 스트레스의 신호가 나타났다. 아버지의 사고에 대해 말하는 동안 이 학생의 피부 전도도와 혈압은 올라갔고 얼굴 근육은 팽팽히 굳어졌다. 그럼에도 불구하고 그는 실험 직후 작성한 설문지에서 트라우마 사건에 대해 말하는 동안 전혀 속상하거나 스트레스를 받지 않았다고 답했다.

자기기만적 언어의 세 가지 특징

자기기만은 다양한 형태로 나타난다. 아버지의 죽음에 대해 말하던 학생처럼 사람들은 어떤 사건에서 받은 감정적 충격을 받아들이지 못하거나 부인하기도 한다. 또 다른 형태는 자신의 능력이나 상황에 대한 지나친 자신감이다. 명백히 거짓이거나 증명되지 않은 것에 대한 확고한 믿음 또한 일종의 자기기만에 해당된다. 전 여자친구가 다른 사람과 결혼하고 접근 금지 명령을 신청했는데도 그녀가 여전히 자신을 사랑한다고 믿는 남자가 이런 예에 해당한다. 극단적으로는 정신분열증 같은 심한 정신질환을 앓는 사람들의 망상 또한 자기기만의 한 형태로 볼 수 있다.

그렇다면 자기기만은 언어를 통해 포착될 수 있을까? 어느 정도까지는 가능하다. 아버지의 죽음에 대해 말하던 학생의 이야기를 떠올려보라. 그의 말에서는 자기기만적인 언어의 세 가지 특징이 눈에 띈다.

비개인적(비인칭) 언어: 사람들은 대개 신변에 큰 변화를 겪은 사건에 대해 말하거나 쓸 때 그 경험을 개인적인 것으로 받아들인다. 그래서 "나는 —을 보았다."라거나 "나는 —라고 느꼈다."와 같은 구절을 사용한다. 그런데 이 학생은 〈나〉라는 단어를 사용하지 않았다는 점에 주목하자.

감정을 나타내는 단어: 이 학생은 열네 살 때 아버지가 사망한 사건에 대해 말하면서도 감정을 나타내는 단어, 특히 부정적 감정을 나타내는 단어를 거의 쓰지 않았다. 사실 감정과 관련된 유일한 단어들은 암시되어 있다. 이 학생은 아버지의 죽음이 〈감당할 수 있고〉, 〈영향이 미미한〉 경험이라고 적고 있다.

구체적이고 딱딱하며 묘하게 거리감 있는 언어: 우리는 이 학생이 구체적인 대상을 나타내는 구상명사를 자주 사용하는 경향이 있음을 알 수 있다. 또 그는 동사, 특히 〈—일 것이다〉와 같은 말을 상당히 많이 사용한다. 〈—일 것이다〉, 〈—할 수 있을 것이다〉, 〈아마 —일 것이다〉와 같은 말들은 실제 사건과 그 사건에 대한 개인의 인식 사이에 일종의 거리가 있음을 나타낸다.

스크루지 영감의
자기기만 언어와 자기인식 단어
—

문학에서는 모든 형태의 자기기만이 자주 묘사된다. 찰스 디킨스의 「크리스마스 캐럴」에 나오는 에베네저 스크루지를 생각해 보자. 소설 도입부에서 스크루지는 크리스마스, 가족, 가까운 인간관계 등을 경멸하는 쌀쌀맞은 노인으로 나온다. 우리가 처음으로 보는 스크루지는, 크리스마스 이브에 사무실에서 크리스마스에 하루 쉬려는 직원 밥 크래칫을 맹비난하고 있다. 게다가 스크루지의 조카가 그를 크리스마스 만찬에 초대하려고 들르자 그는 이렇게 대답한다.

"나더러 어쩌라는 거냐……. 이렇게 바보들만 득실거리는 세상에서. …… 너희들에게 크리스마스라고 해봐야 돈 낼 데는 많지, 가진 건 없지, 나이만 한 살 더 먹을 뿐 한 시간이라도 더 생기는 것도 아니고, 일 년 열두 달 적자인 장부나 들여다보는 날 아니더냐? 내 마음대로 할 수만 있다면…… '메리 크리스마스'를 입에 달고 다니는 멍청이들을 그놈들이 만든 푸딩에 싹 다 넣고 끓인 다음 크리스마스 장식용 나무를 심장에 말뚝 박아서 묻어 버릴 텐데, 암."

자기기만이 작동 중인가? 물론이다. 나중에 디킨스는 힘든 어린 시절을 보내면서도 여동생과 가깝게 지내고 처음 일을 가르쳐준 스승과 돈독히 지내던 스크루지의 모습, 그리고 그를 떠난 예전 여자친구를 보여준다. 우리는 그가 사실 괜찮은 사람이고 탐욕으로 감정을 감추고 있다는 것을 알게 된다. 크리스마스 전날 밤, 유령들이 스크루지의 침대 머리맡에 차례로 나타난다. 충격과 공포가 이어진다. 그리고 크리스마스 아침, 진정한 스크루지가 나타난다. 그는 잠에서 깨자마자 창문을 열고 이렇게 외친다.

"어쩔 줄을 모르겠구나! …… 난 깃털처럼 가볍고, 천사처럼 행복하고, 어린 아이처럼 즐거워. 취한 것처럼 들뜨는구나. 모두들 메리 크리스마스! 온 세상아, 새해 복 많이 받아라!"

그는 결국 조카의 집으로 달려간다. 조카네 가족과 밥 크래칫의 가족이 식사를 막 시작하려는 참이다.

"이보게, 친구, 그게 말이야…… 난 더 이상 이런 짓을 하지 않으려고 하네. 그래서 말인데…… 난 자네 봉급을 올려주려고 해……. 즐거운 크리스마스 보내게, 밥…… 아니, 내 좋은 친구 밥, 더 즐거운 크리스마스 보내게. 내가 오랫동안 자네에게 해준 것보다 말일세. 난 자네의 봉급을 올려주고 힘든 자네 가족을 도와주려고 하네. 그리고 오늘 오후엔 따뜻한 크리스마스 차나 마시면서 자네 일에 대해 얘기나 나누지. 일하기 전에 불을 더 피우고 석탄도 더 사오게, 밥."

디킨스는 자기기만과 자기인식의 언어를 훌륭하게 포착해 낸다. 처음에 스크루지는 나중에 비해 〈나〉라는 단어를 절반밖에 사용하지 않는다. 그리고 약간 덜 감정적이기도 하다. 우리는 첫 번째 대사에서 더 거리감을 느낄 수 있다. 처음에 스크루지는 생각과 현실의 불일치를 암시하는 〈-일 것이다〉, 〈-할 수 있었을 것이다〉와 같은 동사를 더 많이 사용할 뿐만 아니라 〈너희〉, 〈그놈들〉과 같은 단어를 많이 사용함으로써 자기 자신에게 주의를 기울이지 않는다. 이상한 부분이 있다면 두 번째 대사에서 구상명사를 과하게 많이 사용한다는 점이다.

"의심의 여지없이"는
지나친 자신감에서 나오는 자기기만적 표현이다

아버지의 죽음을 묘사한 학생과 스크루지가 사용하는 언어에는 감정의 부인이나 회피와 관련 있는 자기기만이 드러난다. 그렇다면 지나친 자신감에서 나오는 자기기만은 어떤 것일까? 이 질문에 간단하지만 재미있게 대답할 수 있는 방법이 몇 가지 있다. 하나는 우리가 어떤 것을 너무나 확신할 때, 그리고 합리적인 근거에 따라 확신할 때 흔히 사용하는 표현을 살펴보는 것이다. 예컨대 "의심의 여지없이……"라는 문구는 엄청난 확신이 있는 사람들만 사용한다. 이것을 지나친 자신감으로 볼 수도 있다. 반면 "―일 가능성이 있다."라는 문구는 그보다 덜 확신하는 사람이 선택할 가능성이 높다.

  사람들이 서로 다른 이 두 개의 문구를 사용하여 실제로 말하려는 것은 무엇일까? 구글, 야후 같은 검색 엔진을 이용하면 이 질문에 쉽게 답할 수 있다. 다음은 두 문구를 검색한 결과 나온 문장들이다.

- ■ "의심의 여지없이"
  - 의심의 여지없이, 깊이 없는 호흡은 깊이 없는 경험만을 가져다준다.
  - 의심의 여지없이, 고화질 텔레비전이 바람직한 선택이다.
  - 의심의 여지없이, 여름방학 사진 액자 만들기 대회에 참가한 모든 사람들은 이례적으로 뛰어난 작품을 만들었다.
  - 의심의 여지없이, 블랙잭은 이길 수 있는 게임이며 당신이 카지노보다 유리할 수 있다.

- 의심의 여지없이, 신은 혼전 성관계를 용서할 것이다. 한 사람에 대한 신의 사랑은 그 사람이 저지른 실수 때문에 약해지지 않는다.
- 의심의 여지없이, 복서 팬티(사각팬티) 모자는 궁극의 편안함과 멋으로 세상을 장악한다. 이제 모자 산업은 헤드 복서 HEAD BOXER 모자가 평정한다!
- 의심의 여지없이, 잠시 시간을 내서 주변에서 취미로 토끼를 사육하는 사람들을 찾아볼 만한 충분한 가치가 있다.
- 의심의 여지없이, 이 놀라운 이야기를 듣거나 읽는 사람들은 우리나라와 우리나라 청년들을 구하는 싸움에 참가할 것이다.

단연코 의심의 여지가 없다고 하는 이 문장들을 하나하나 읽어보면 흥미롭다. 나만 그런지 모르지만 나는 이들 중 몇 개의 문장에 심각한 의문이 든다. 정말로 액자 만들기 대회에 참가한 〈모든 사람들〉이 이례적으로 뛰어난 작품을 만들었을까? 사각팬티처럼 생긴 모자가 정말로 모자 산업을 평정할까?

이렇게 확신을 나타내는 문장에 사용되는 단어 또한 놀랍기는 마찬가지다. "의심의 여지없이"로 시작하는 문장에는 〈나〉라는 단어가 거의 들어가지 않고, 긍정적 감정을 나타내는 단어가 많이 사용되며, 단순하고 덜 구체적인 문장이 사용된다. 이번에는 "—일 가능성이 있다."라는 조금 더 겸손한 표현을 포함하여 확신을 나타내는 기타 문장들과 위의 문장들을 비교해 보자.

■ "―일 가능성이 있다."

- 당신은 임신했을 가능성이 있습니다. 약속된 시간보다 20분 일찍 도착해서 등록을 완료하세요.
- 우리 부모님이 자동차에 무슨 일이 생겼는지 아시면 나는 외출 금지라는 벌을 받을 가능성이 있다.
- 특정한 상황에서 당신의 전 배우자는 당신과 재혼한 상대의 재정적 정보를 제공받을 권리가 있을 수 있다.
- 당신은 이 설문지를 둘 이상의 출처에서 받았을 가능성이 있습니다. 만약 그렇다면 중복에 미리 사과드립니다.

누가 이 문장들에 반대할 수 있겠는가? 이 문장들의 어조는 대부분 신중하고 합리적이다. 당신은 여기서 사용된 언어가 덜 형식적이고 더 개인적이라는 것도 알 수 있을 것이다. 예컨대 "―일 가능성이 있다."라는 표현이 들어간 문장들에는 인칭 대명사, 특히 〈나〉라는 단어가 더 많이 사용된다. 또 상대적으로 더 복잡하고 구체적이다. 구체적인 정도를 평가하려면 시간, 장소, 움직임에 대한 언급이 있는지 살펴보는 것이 좋다. 마지막으로, 덜 확실한 문구들은 실제로 덜 감정적이고 특히 긍정적 감정을 덜 표현한다. 지나친 자신감으로 글을 쓰는 사람들은 마치 낙관주의로 진실의 부족한 부분을 메우는 것처럼 보인다.

정말로 솔직하게 쓴 〈추천서〉에서 발견되는 단어들의 특징

—

우리 학교 교수들은 해마다 꽤 많은 추천서를 써준다. 일반대학원이나 전문대학원에 들어가려는 학부생을 위해 써주기도 하고 취업을 하려는 대학원생을 위해 써주기도 한다. 우리는 추천서를 쓰기도 하지만 우리 대학원에 진학하거나 이곳에서 일자리를 얻으려는 사람들이 가져오는 추천서를 읽기도 한다. 오랜 세월을 거치면서 나와 동료들은 추천서 중에서 옥석을 가려내는 것이 어렵다는 사실을 알게 되었다. 다들 서류상으로는 꽤 괜찮아 보이기 때문이다. 그렇다면 형식상 긍정적인 내용을 담은 추천서와 진짜로 긍정적인 확신을 담은 추천서를 가려낼 방법이 있을까?

나는 나 자신을 정직하고 솔직한 사람이라고 생각하고 싶어 한다. 그래서 나는 추천서를 쓸 때 진실한 말을 하는 것도 중요하지만 학생을 긍정적이면서도 공정하게 묘사하는 것도 중요하게 여긴다. 하지만 내가 깨달은 한 가지는 추천서를 쓰기 시작하면 그 학생의 긍정적인 측면을 점점 더 많이 보게 된다는 점이다. 추천서를 마무리할 때쯤이면 내가 추천하고 있는 그 학생이 〈의심의 여지없이〉 완벽하다고 믿게 된다. 맙소사, 어째 자기기만처럼 보이는 이야기다. 동료 교수들과 이야기해 보면 많은 교수들이 이런 기분을 느낀다고 한다.

그렇다면 단어 분석을 통해 내가 쓴 추천서 중 진짜와 자기기만적인 것을 가려낼 수 있을까? 이 의문을 풀기 위해 나는 내가 직접 쓴 2백여 편의 추천서를 분석했다. 우선 내가 그 학생의 잠재력을 진심으로 어떻게 느꼈는지 평가해 보았다. 이렇게 평가한 시점은 대부분 내가 추천서를 쓴 지 몇 년 지났을 무렵으로 추천서를 쓴 직후의 자기기만적 흥분에 오염되지 않은 상태였다. 그런 다음 추천서에 사용된 단어들과 평가 결과의 상관관계를 알아본 것이 전부였다. 이 과정에서 신뢰할 만한 네 가지 양상이 나타났다. 내가 진심으로 잘 해내리라고 믿은 학생들에게 써준 추천서의 특징은 다음과 같았다.

말을 많이 했고, 더 긴 문장과 어려운 단어를 사용했다.
나는 잘 해낼 것 같은 학생일수록 추천서에 더 많은 단어를 썼다. 추천서가 길다는 것은 그만큼 내가 그 학생에 대해 할 말이 많았다는 뜻이다. 내가 사용한 문장 역시 더 복잡했다.

긍정적 감정을 나타내는 단어를 덜 사용했다.
이것은 놀라운 일이었다. 나는 학생의 잠재력을 높이 평가할수록 〈훌륭한〉, 〈멋진〉, 〈좋은〉, 〈기쁜〉과 같은 단어를 덜 사용하는 경향이 있었다. 원래 내가 쓰는 추천서를 다시 살펴보니 그 이유가 분명히 드러났다. 나는 대학원이나 특정 업무에 가장 적합한 사람들을 위해 추천서를 써줄 때는 그들이 이룬 성과의 구체적인 예를 제시하는 경향이 있었다. 그리 적합하지 않은 사람들을 위해 쓴 추천서에는 인사말을 조금 더 길게 쓰고 그 사람이 그저 할 일을 잘 해냈다고만 말해 주는 경향이 있었다.

더 자세한 정보를 제공했다.
나는 더 확신에 차서 쓴 추천서에는 학생 자체보다 그가 해낸 일들에 더 주의를 기울여 썼다는 것을 깨달았다. 유망한 학생을 위한 추천서를 쓸 때 그들이 연구에 기여한 부분과 노력을 설명하는 데 특히 많은 시간을 할애했다. 그리고 이 과정에서 시간, 장소, 움직임을 언급하는 단어를 더 많이 사용했다. 이런 경우 나는 학생들보다 프로젝트에 더 주목했기 때문에 그 학생을 칭하는 대명사를 사용한 문장이 상대적으로 더 적었다.

추천서를 읽을 사람에게 주의를 덜 기울였다.
사람들은 대명사 사용을 통해 그들이 주의를 기울이는 대상을 드러낸다는 사실을 기억하자. 나는 다소 취약한 학생들을 위해 추천서를 쓸 때는 학생들보다 추천서를 읽을 사람에게 더 신경이 쓰였다. 그래서 이런 경우에는 "지원자의 이력서를 보면 알 수 있겠지만"이라든가 "귀 학교에서도 동의하실 것이라 확신합니다."와 같은 어구가 추천서에 포함되었다.

이 분석은 내 추천서가 생각보다 많은 이야기를 하고 있다는 사실을 보여주었다. 나는 학생에게 자리를 마련해 주려고 의도치 않게 거짓말을 하는 대부분의 정직한 추천인들과 내가 비슷하리라고 생각한다. 하지만 내가 자기기만을 하고 있지 않은지 약간은 의심스럽다. 내 추천서의 분석 결과들은 내가 학생을 실제보다 더 훌륭하게 보이게 하려고 무의식적으로 미묘하게 추천서를 만들어 낸다는 것을 보여준다. 다른 추천인들도 나처럼 이렇게 자기기만적인 기술을 사용할까? 이 주제에 대해서는 아직 연구된 바가 없다. 내 생각에 자기기만이 표현되는 방식은 아주 다양하다. 그럼에도 불구하고 다양한 유형의 자기기만을 관통하는 공통의 언어적 표시가 존재하는 것으로 보인다.

추천서를 자동으로 분석하는 프로그램을 만드는 것은 쉽게 상상할 수 있다. 많은 기업들이 이 프로그램에 관심을 보일지도 모른다. 이것은 흥미로우면서도 한편으로는 미심쩍은 아이디어다. 컴퓨터를 기반으로 한 분석 프로그램이 효율적으로 작동하려면 추천인들 각각에게서 다양한 추천서를 모아야 한다. 컴퓨터는 사람과 비슷하거나 어쩌면 더 능숙하게 추천서를 분석해낼 수 있을 것이다. 하지만 진짜 문제는 추천서가 학생들의 장래의 성과를 예측하는 데는 아직 그리 유용하지 않다는 점이다. 선별 과정에서는 컴퓨터 분석이 유익할 수 있으나 기업 임원들이 그 분석 결과를 너무 심각하게 받아들일 수 있다는 점이 위험하다. 언어 분석은 어디까지나 확률론적이고, 추천서는 누군가를 뽑는 결정 과정의 일부일 때가 많다는 점을 기억하기 바란다.

거짓말하는 사람들이 흘리는, 단어의 흔적

자기기만과 본격적인 기만(거짓말) 사이의 경계는 그리 명확하지 않다. 아버지의 죽음이 별 일 아니라고 하는 자기기만적인 학생은 가족이나 친구들이 자신을 실제보다 더 강한 사람이라고 생각하게 하려고 일부러 그들을 속이고 있는 것일까? 자기기만적인 추천인은 그 추천서를 받는 사람들에게 영향력을 발휘하려고 시도하면서 그들을 현혹하는 것일까? 자기기만을 감지할 수 있는 언어적 단서가 존재한다면, 적극적으로 다른 사람들에게 거짓말을 하는 사람들에게서도 그런 단서가 발견될까?

단어 분석을 통한 거짓말 탐지기의 가능성은 부모, 배우자, 교사, 자동차 구매자, 법률 집행자 등 여러 세대 모든 사람들의 흥미를 끌어왔다. 이론상 그런 프로그램을 개발할 수는 있을 것이다. 예를 들면 지그문트 프로이트는 가끔 사람들의 진짜 감정이 새어나오는데 이는 말실

수 같은 미묘한 오류를 통해 드러날 수 있다고 했다. 말실수를 저지르기 가장 쉬운 때는 어떤 생각을 하면서 다른 이야기를 해야 할 때다.

일단 관심을 갖고 보기 시작하면 일상적인 대화, 이메일, 채팅, 심지어 강의와 연설에서도 말실수를 놀라울 정도로 흔히 발견할 수 있다. 바로 지난주에, 고압적인 상사와 함께 일하는 친구가 직장에서 나에게 문자를 보냈다. "퇴근하고 커피 한 잔 할래? 너랑 사직 얘기나 좀 하고 싶어서." 친구가 하려던 말은 〈사직quit〉이 아니라 〈잠깐quick〉이었다. 친구와 만난 나는 "자, 그럼 직장을 왜 그만두고 싶은지 말해봐."라는 말로 말문을 열었고, 친구는 나의 훌륭한 심리학적 통찰에 깜짝 놀랐다.

우리가 사용하는 단어를 통해 거짓말을 밝혀낼 수 있는 방법은 이 외에도 많이 있다. 1994년, 샌프란시스코 유니언 주민들은 근처 시골길에서 이웃인 수전 스미스의 어린 자녀들이 차에 탄 채로 납치당한 것 같다는 소식을 듣고 큰 충격에 빠졌다. 수전은 아프리카계 미국인 남성이 자신을 차에서 떨어지게 한 뒤 차를 몰고 가버렸다고 주장했다. 일주일쯤 지나 그녀는 전국 방송에 나와 납치범에게 아이들을 돌려 달라고 호소했다. 그녀는 용의자로 지목되기 전에 기자들에게 이렇게 말했다.

"우리 아이들은 날 원했어요. 그 아이들에겐 내가 필요했어요. 그리고 지금 난 그 아이들을 도와줄 수가 없어요."

이 사건을 맡은 FBI 요원은 그녀의 이 말에 특히 주목했다. 그녀는 아이들에 대해 말하면서 왜 과거형을 사용한 것일까? 아이들이 죽었다는 것을 아는 사람만이 과거형으로 말할 터였다. 과연 며칠 후 그녀는 차를 호수로 몰아 아이들을 익사시켰다고 자백했다. 그녀의 범행 동기는 자신의 자녀를 데리고 재혼하는 것을 부담스러워하는 사업가와 결혼하기 위해서였다.

얼핏 생각하면 단어 분석을 통한 한 거짓말 탐지기를 개발하기는 간단해 보인다. 사람들이 진실을 말하는 예를 많이 찾은 다음 거기 쓰인 단어들을 거짓말에 쓰인 단어들과 비교하면 된다. 문제는 누군가를 속이는 방법이 수십 가지는 된다는 점이다. 의도적인 거짓말도 있고 그렇지 않은 것도 있다. 들키면 말한 사람의 인생이 바뀔 정도로 엄청난 결과를 낳는 큰 거짓말도 있고 게임이나 퀴즈 정도에 쓰이는 사소한 거짓말도 있다. 아예 없던 이야기를 정교하게 지어내는 경우도 있고 진실에서 중요한 정보 몇 가지만 더하고 빼는 경우도 있다. 거짓말은 그 궁극적인 목표에 따라서도 다르다. 즉 지위, 돈, 섹스를 얻기 위한 거짓말도 있고, 수치나 처벌을 피하려는 거짓말도 있고, 그저 재미로 하는 거짓말도 있다. 아마 가장 중요한 점은 거짓말이 나오게 된 상황이나 배경일 것이다. 같은 거짓말을 하더라도 경찰에게 추궁당하는 사람은 존재하지도 않는 해변의 부동산을 노부부에게 팔려는 사람과는 다른 언어를 사용할 것이다. 단어 분석을 통한 거짓말 탐지기를 개발하려는 노력은 아직 초기 단계에 불과하지만 그 과정에서 흥미로운 단어 패턴이 조금씩 드러나고 있다.

거짓이 아닌,
사실을 이야기하는 사람들의 단어 패턴
—

수전 스미스가 붙잡힌 이유는 사라진 아이들에 대한 그녀의 이야기와 그녀의 단어 사용이 들어맞지 않았기 때문이다. 이야기를 지어내기는 생각보다 어렵다. 거짓말이 그럴싸하려면 직접 겪어보지 못한 사건과 느낌을 묘사해야 한다. 꾸며낸 이야기를 품고 있는 방식은 실제로 존재하는 이야기를 기억하고 있는 것과 다르다. 마찬가지로 허구의 이야기를 구성할 때도 경험을 바탕으로 해서 현실적으로 일어났을 법한 일들을 추측해서 만들어야 한다.

1990년대에 뉴욕 주립대학교 스토니브룩의 멜라니 그린버그, 아서 스톤, 카밀 워트먼은 놀랍도록 창의적인 표현적 글쓰기 실험을 수행했다. 이 실험은 가상의 트라우마에 대한 글쓰기가 건강에 유익한 효과를 발휘하는지 알아보기 위한 것이었다. 연구자들은 우선 트라우마 경험이 있는 사람들을 70명 정도 모집했다. 참가자 중 절반이 실험실에 오자 연구자들은 각자 자신의 트라우마에 대해 글을 쓰게 했다. 이들은 트라우마의 핵심을 몇 줄 정도로 요약했다. 얼마 지나지 않아 실험실에 온 나머지 참가자들에게는 자신의 트라우마에 대해 글을 쓰는 대신 첫 번째 집단이 요약한 글을 읽게 했다. 이 두 번째 집단은 그것을 자신이 경험했다고 상상한 뒤 자신이 겪은 것처럼 글을 써보라는 요청을 받았다.

그래서 참가자들이 쓴 글의 절반은 진짜 트라우마에 대한 글이었고 나머지 절반은 가상의 트라우마에 대한 글이었다. 참가자들이 쓴 글은 모두 굉장히 인상적이었다. 그리고 실제로 연구자들은 가상의 트라우마에 대한 글쓰기도 실제 트라우마에 대한 글쓰기와 거의 비슷한 치료 효과가 있다는 사실을 발견했다. 글을 읽어보면 어떤 글이 진짜 트라우마에 대한 것이고 어떤 글이 가상의 트라우마에 대한 글인지 분간할 수 없을 때가 많았다.

하지만 두 종류의 글을 컴퓨터로 분석해 보자 뚜렷한 차이가 상당히 많이 나타났다. 우선 자신의 트라우마에 대해 쓴 사람들은 가상의 트라우마에 대해 쓴 사람들보다 더 많은 단어를 사용했다. 이들은 자신이 한 행동과 하지 않은 행동에 대해 자세히 쓸 수 있었다. 또 이들은 1인칭 단수 대명사를 더 많이 사용하기도 했다. 그리고 진짜 트라우마에 대한 글에는 긍정적 감정과 부정적 감정을 나타내는 단어들이 가상의 이야기에 비해 더 적었다. 마지막으로, 진짜 이야기에는 동사와 인지적 단어가 가상의 이야기에 비해 더 적게 사용되었다.

이렇게 뒤죽박죽으로 나타난 차이는 그리 놀라운 것이 못 된다. 두 가지 글에서 나타나는 단어의 차이에 어떤 의미가 있는지 살펴보자. 실제 경험에 대해 쓴 글은 다음과 같은 특징이 있다.

일반적인 단어뿐만 아니라 세부 내용이 더 많이 들어 있다.
당신이 실제로 트라우마를 겪었다면 어떤 일이 있었는지 묘사하기가 쉽다. 당신은 생각을 많이 하지 않고서도 그 경험을 자세히 묘사할 수 있다. 또한 글에 포함되는 세부 사항에는 시간, 장소, 움직임에 대한 정보가 담겨 있다.

감정을 나타내는 단어와 인지적 단어가 더 적게 들어 있다.
트라우마를 직접 겪었다면 당신의 감정 상태는 명백하다. 예컨대 대부분의 사람들은 아버지의 죽음을 경험한 후 "그래서 나는 정말 슬펐다."라고 말하지 않는다. 그런 감정은 경험에 이미 내포되어 있다. 하지만 아버지의 죽음을 직접 경험하지 않은 사람들은 이렇게 생각한다. "음, 우리 아버지가 죽었다면 엄청 슬플 테니까 그걸 글에다 적어야겠다." 같은 이유로 과거에 트라우마를 겪은 사람은 그것을 합리적으로 설명할 만한 이야기가 이미 머릿속에 있다. 반면에 이야기를 만들어 내야 하는 사람은 생각을 더 많이 해야 하고 그래서 사건을 설명하기 위해 인지적 단어를 더 많이 사용한다.

동사가 더 적게 들어 있다.
언어에는 다양한 기능을 수행할 수 있는 여러 유형의 동사가 있다. 일반적으로 말해서 더 많은 동사를 사용한다는 것은 더 적극적이고 동적인 사건을 언급하고 있다는 뜻이다. 과거에 트라우마를 겪은 사람의 입장에서 보면 그 사건은 대부분 이미 끝난 일이다. 반면 가상의 트라우마에 대해 글을 쓴다면 글을 쓰는 동안 그 경험을 하고 있는 셈이다. 게다가 트라우마를 상상해야 하는 사람은 이렇게 자문하게 된다. "무슨 일이 일어났을까? 나라면 어떤 감정을 느꼈을까?" 따라서 생각과 현실의 불일치를 암시하는 조동사는 가상의 트라우마에 대한 글에서 특히 더 많이 사용되었다.

〈나〉라는 단어로 자기 자신을 더 많이 언급한다.
앞서 언급했듯 〈나〉라는 단어는 사람들이 자기 자신에게 주의를 기울인다는 신호다. 즉 〈나〉라는 단어를 많이 사용하는 사람은 자신의 감정, 고통, 사회적 대상인 자신의 존재에 집중한다고 볼 수 있다. 마찬가지로 1인칭 단수 대명사의 사용은 주체적인 느낌을 암시한다. 당연한 일이지만 자신의 트라우마 경험에 대해 쓴 사람들은 자신의 감정을 더 정확히 인식하는 동시에 트라우마를 받아들인다.

이와 같은 측면들은 참가자들이 실제 경험에 대해 쓴 글과 가상의 글을 구별하는 데 매우 효과적이다. 우리는 몇 가지 훌륭한 통계적 기법(교차 검증 전략)을 이용하여 우리가 가진 단어 범주들로 실제와 가상의 글을 74퍼센트 정도 정확하게 구분해 내었다.

스티븐 글래스,
거짓 인터뷰와 가짜 기사를 쓰다
—

1995년, 《뉴 리퍼블릭*New Republic*》이라는 잡지사는 펜실베이니아 대학교를 갓 졸업한 젊고 유망한 스티븐 글래스Stephen Glass를 고용했다. 그는 몇 달 안에 논평을 발표하기 시작했고 광범위한 주제로 본격적인 기사들을 써냈다. 1995년 12월에서 1998년 5월까지 글래스는 대중에게 주목받고 종종 아름답기까지 한 41편의 기사를 발표했다. 글래스의 동료와 독자들은 그토록 흥미로운 인물들을 찾아내 인터뷰하고 그들로부터 다채로운 발언들을 끌어내는 그의 능력에 경탄할 때가 많았다.

그런데 글래스가 그토록 좋은 기삿거리를 찾아낼 수 있었던 것은 그냥 그 이야기를 자신이 〈지어냈기〉 때문인 듯했다. 마침내 편집장에게 덜미를 잡힌 글래스는 잡지사에서 해고당했다. 그에 대해 조사를 해보자 최소한 6편의 기사는 완전히 지어낸 것이었고, 21편은 부분적으로 조작되었으며, 나머지 14편은 진짜일 가능성이 높다는 결과가 나왔다. 결국 「섀터드 글래스Shattered Glass」라는 제목으로 글래스 사건에 관한 멋진 영화까지 만들어졌다. 그리고 모순적인 운명의 장난인지, 글래스는 진실과 정의를 찾아 로스쿨에 들어갔다.

글래스는 자기가 지어낸 이야기에 언어적 지문을 남겼을까? 나는 우리의 텍스트 분석 프로그램으로 이 문제를 확인해 보았다. 완전히 꾸며낸 이야기와 사실일 가능성이 높은 이야기는 다른 점이 꽤 많았고 부분적으로 조작된 이야기는 그 중간 정도에 해당했다. 글래스의 진짜 이야기 혹은 진짜일 가능성이 높은 이야기에서는 단어들이 다음과 같이 사용되는 특징이 있었다.

- 일반적인 단어, 수를 나타내는 단어, 세부 사항이 더 많이 들어 있다.
- 감정(특히 긍정적 감정)을 나타내는 단어와 인지적 단어가 더 적게 사용되었다.
- 동사가 더 적게 사용되었다.
- 〈나〉라는 단어로 자기 자신을 덜 언급했다.

어디서 본 것 같지 않은가? 자신에 관한 언급을 제외하면, 글래스의 진짜 이야기에 사용된 단어는 자신의 트라우마에 대해 쓴 사람들의 단어와 비슷했다. 반면 글래스가 지어낸 이야기들에는 가상의 트라우마에 대해 쓴 글과 사실상 똑같은 언어적 지문이 남아 있었다.

중요하고도 흥미로운 하나의 예외는 〈나〉라는 단어의 사용이었다. 자신의 트라우마에 대해 쓴 사람들이 가상의 트라우마에 대해 쓴 사람들보다 〈나〉라는 단어를 더 많이 사용했다는 점을 떠올려보라. 이것은 자신의 트라우마에 대한 글쓰기가 더 진실한 감정을 일깨우고 더 투철한 주체의식과 관련 있기 때문이라고 설명할 수 있었다. 이 설명을 참고하면 스티븐 글래스가 지어낸 이야기에 〈나〉라는 단어를 더 많이 사용한 이유를 쉽게 알 수 있다. 글래스의 마지막 진짜 기사라고 알려진 글의 도입부를 한 번 살펴보자.

"마이크 테스트, 1, 2, 3, 4." 알렉 볼드윈이 목청을 가다듬으며 말한다. "테스트, 1, 2, 3, 4." 「붉은 10월」과 「글렌게리 글렌 로스」의 스타는 마이크를 입에서 몇 인치 정도 떼고 자랑스러움을 담아 그것을 바라본다. "이 버스에는 마이크가 있네요." 그는 풀뿌리 정치에 입문하는 그의 모습을 보려고 모인 우리 쪽 몇 명에게 이렇게 말한다.

— 1997년 12월 8일, 《뉴 리퍼블릭》

이 글을 그가 마지막으로 지어낸 이야기의 도입부와 비교해 보자.

이안 레스틸, 빌 게이츠의 어린 시절 모습처럼 보이는 열다섯 살의 해커는 짜증을 내고 있다. "난 더 많은 돈을 갖고 싶어요. 난 미아타(스포츠카)를 갖고 싶어요. 난 디즈니월드에 놀러가고 싶어요. 난 엑스맨 만화책을 갖고 싶어요. 난 《플레이보이》 평생 구독권을 갖고 싶고, 덤으로 《펜트하우스》도 갖고 싶어요. 돈 내놔! 돈 내놔요!" 다 해진 칼 립켄 주니어 티셔츠를 입은 소년은 몇 번이고 거듭해서 자신의 요구사항을 외치고 있다.

— 1998년 5월 18일, 《뉴 리퍼블릭》

글래스는 이 가짜 이야기를 쓰면서 실제 사건에 대해 쓸 때보다 더 대담한 문체를 구사한다. 이 글에서는 글래스가 실제일 리 없는 경험을 지어내 말하면서 느끼는 흥분이 감지된다. 그리고 그의 자부심과 주체의식, 심지어 그런 대담한 거짓말을 지어낼 때의 들뜬 마음마저 느껴진다. 전적으로 꾸며낸 이야기에서, 글래스는 이안 레스틸이라는 거짓 인터뷰 대상자의 입을 통해서도 〈나〉라는 단어를 사용하고 객관적인 작가로서도 〈나〉라는 단어를 어지러울 정도로 많이 사용한다. 이처럼 글래스는 오히려 거짓말을 할 때, 대부분의 사람들이 진실을 말할 때처럼,

진정한 자부심과 자기 자신을 향한 관심을 드러낸다.

**상대가 우리를 속일 때
우리는 어떻게 알아차릴 수 있을까?**
—

영업사원, 공직 후보자, 경영자, 그리고 권위 있는 자리에 있는 많은 사람들은 알고 보면 완전히 진심이 아니었던 신념을 내세우기도 한다. 거짓 신념을 옹호하는 기술이 꼭 정치인이나 범죄 집단의 우두머리에게만 있는 것은 아니다. 우리 중에도 매력적이거나, 권력이 있거나, 도움이 될 것 같은 지인들의 비위를 맞추기 위해 진심에서 우러나오지 않는 신념을 표방하는 사람이 얼마나 많은가? 이는 스스로 부끄러워해야 할 일이다. 다행히 우리는 자기기만을 잘하기 때문에 진짜 문제는 다른 사람들이 거짓말로 우리를 속일 때라는 사실을 알고 있다.

텍스트 분석 프로그램은 사람들이 감정적인 주제에 대해 진심에서 우러나오는 신념을 표현하는 건지 혹은 그렇지 않은지를 얼마나 잘 감지해낼 수 있을까? 몇 년 전 매트 뉴먼, 다이앤 베리, 제인 리처드와 나는 이 의문에 답하기 위해 일련의 실험을 해보았다. 우리는 200명 정도의 학생들을 모아 매우 감정적인 주제인 낙태에 대해 자신의 입장과 반대 입장을 제시하게 했다. 일부 학생들에게는 두 가지 태도에 대해 각각 한 편씩 글을 써서 우리에게 나중에 메일로 보내게 했다. 다른 집단은 심리학과 실험실 한구석에서 두 편의 글을 타이핑하게 했다. 나머지 한 집단에게는 자신의 진짜 신념과 거짓 신념을 말하게 하고 연구자들이 그 모습을 영상으로 찍었다.

대다수의 사람들과 같다면 당신은 낙태 문제에 대해 꽤 분명한 입장을 취할 것이다. 낙태가 여성의 선택이라고 믿는 독자도 있을 것이고, 낙태가 절대 시술되어서는 안 된다고 믿는 독자도 있을 것이다. 당신 자신의 믿음을 옹호하는 설득적인 글을 한 편 쓰고 그 믿음에 반대 주장을 펼치는 글을 한 편 써야 한다고 상상해 보자. 썩 즐거운 일은 아니지만 대개는 그렇게 할 수 있다.

사람들은 어떤 글이 당신의 진짜 신념인지 판단할 수 있을까? 우리는 학생 몇 명을 모아 400여 편의 글을 읽게 하고 그것이 각각 글쓴이의 진짜 신념인지 아닌지 판단하게 했다. 정답을 우연히 맞힐 확률은 50퍼센트고 이 학생 판정단의 정확도는 52퍼센트였다. 다시 말하면 글을 읽고서 그것이 낙태에 대한 글쓴이의 진짜 신념인지 아닌지 분간하기가 어렵다는 것이다.

컴퓨터는 이보다 훨씬 잘 해냈다. 컴퓨터가 사람들의 진짜 신념을 가려내는 경우의 정확도는 67퍼센트 정도였다. 사용된 단어에 나타나는 정직함의 표시는 우리가 다른 연구들에서 발견한 것과 상당 부분 일치했다. 학생들은 자신의 진짜 신념을 표현할 때 더 많은 단어를 사용했고, 더 어려운 단어를 사용했으며, 더 길고 복잡한 문장을 구사했다. 이들의 주장은 더 함축적이었고 덜 감정적이었다. 특히 흥미로운 점은 배타적 단어(~를 제외하고, ~없이, 그러나, 하지만)를 상대적으로 아주 많이 사용했다는 점이었다. 배타적 단어는 사람들이 어떤 범주에 해당하는 것과 해당하지 않는 것을 구분할 때 사용된다. 이를테면 "나는 이건 했어. 하지만 저건 안 했어."와 같은 말을 하고 싶을 때 사용하는 말이 배타적 단어다. 사람들이 배타적 단어를 사용해서 진짜 신념을 표현할 때는 자신이 믿는 바와 믿지 않는 바를 뚜렷이 구분하는 용도로 한정해서 사용하려고 했다.

사람들은 진짜 신념을 말할 때 〈나는〉이라는 단어를 훨씬 많이 사용하여 자기 자신을 많이 언급했다. 자신의 신념을 기만하고 거짓 신념을 말할 때는 긍정적 감정을 더 많이 표현했다.

감정적 주제에 대해 자신의 관점과 반대되는 관점을 말하거나 글을 쓰게 하는 것은 엄밀히 말해서 기만에 대한 고위험 부담 실험은 아니다. 아예 이것은 기만의 예가 아니라고 하는 사람들도 있을 수 있다. 그래서 몇 년 전 폴 에크먼, 모린 오설리번, 마크 프랭크는 이보다 설득력 있는 접근법을 개발했다. 에크먼은 이전 세대 비언어적 소통 분야의 1인자로, 감정 표현의 비교문화 연구로 얼굴 지도를 만들었을 뿐만 아니라 사람들이 거짓말을 하게 되었을 때의 표정 변화를 연구하기도 했다. 몇 년 전, 나는 에크먼이 근래에 수행한 거짓말 탐지 연구에 대해 매혹적인 강의를 한다는 소식을 들었다. 그가 20명 정도를 대상으로 과학과 연극을 재미있게 결합한 실험을 수행했다는 것이었다.

이를테면 당신이 한 시간 정도 참여하고 돈을 받을 수 있는 실험에 대한 글을 읽었다고 상상해 보자. 실험에 참가하려고 연락하면 메일로 설문지가 하나 온다. 설문지는 사형제도, 흡연, 환경운동 같은 주제들에 대한 당신의 생각을 묻는 내용이다. 며칠 후 누군가 전화를 해서 실험에 참가할 약속을 잡자고 한다. 그리고 실험 당일에는 에크먼 교수와 만나서 당신이 확고한 신념을 표현했던 주제들에 대해 잠시 면담을 할 것이라고 안내해 준다. 참가자 중 일부는 자신의 진짜 신념을 말하라는 지시를 받고, 나머지는 자신이 설문지에 쓴 것과 반대인 입장을 주장하라는 요청을 받는다. 에크먼 교수는 당신과 몇 분 정도 이야기하고 나서 당신이 진짜 신념에 대해 말하고 있는지 판단할 거라고 한다.

흥미로운 부분은 여기부터다. 당신이 진실을 말하고 교수도 그것이 진실이라고 믿으면 당신은 10달러를 추가로 받는다. 당신이 거짓말을 하는데 교수가 그것이 진실이라고 믿으면 50달러를 추가로 받는다. 그런데 교수가 당신의 말을 거짓말이라고 생각한다면 당신은 추가 금액을 받지 못하는 데다 소음의 방에서 벌칙을 받게 될 수도 있다. 작고 어두운 방에서 한 시간 동안 혼자 앉아서 시끄러운 소리를 들어야 하는 것이다. 다시 말해서 당신은 에크먼 교수에게 당신이 진실을 말하고 있다고 생각하게 해야 유리하다.

에크먼의 연구팀은 참가자와의 면담을 녹화하고 나중에 그 영상을 심리학자, 중앙 및 지방 법집행 관계자, 심문 훈련을 받은 연방 고위 공무원 등에게 보여준 후 진실을 말하는 사람과 거짓말을 하는 사람을 구분해 보라고 했다. 정확하게 판단할 확률은 50퍼센트였고 영상을 본 사람들의 정확도는 전반적으로 51퍼센트에서 73퍼센트 사이였다.

에크먼의 강의를 들은 뒤, 나는 그 면담을 컴퓨터 프로그램으로 분석할 수 있도록 면담 기록을 제공해줄 수 있겠느냐고 그에게 물었다. 그는 누가 진실을 말하고 누가 거짓말을 하는지 나에게 알려주지 않고 면담 기록을 보내주기로 했다. 그러면 나는 진실을 말하는 사람과 거짓말을 하는 사람을 판단해서 그 결과를 그에게 다시 보내기로 했다. 몇 주 후 나는 그가 보내준 자료를 분석해서 판단을 내렸다. 에크먼의 공동연구자인 모린 오설리번은 내가 보낸 결과물을 보자마자 내가 아주 잘 해냈다고 답해 주었다. 이렇게 적은 표본으로도 컴퓨터는 65퍼센트에서 75퍼센트 정도의 정확도로 정답을 맞혔다.

에크먼의 연구에서 거짓말과 관련이 있다고 밝혀진 단어들은 다른 연구들을 통해 밝혀진 것과 거의 일치했다. 요컨대 에크먼과 면담할 때 진실을 말한 사람들은 거짓말을 한 사람들에 비해 더 많은 단어, 더 어려운 단어, 더 길고 복잡한 문장을 사용했고, 긍정적 감정을 덜 표현했다. 그리고 마찬가지로 진실을 말한 사람들은 〈나〉라는 단어를 더 많이 사용했다.

**무죄로 밝혀진 사람과
유죄로 밝혀진 피고인의 차이는 〈대명사〉에 있었다**

─

에크먼의 연구에서 사람들은 얼굴을 맞대고 있는 상대를 속여야 했다. 어떻게 보면 이것은 특정한 주제에 대한 신념을 지키려는 학생들의 의지를 시험한 것이었다. 학생들은 잘못된 일을 하지도 않았고 그들의 근본적인 정직함이 의심되는 행동을 하지도 않았다. 실험실에서 거짓말을 연구하는 조금 더 예리한 방법은 참가자로 하여금 실제로 도덕성이 의심되는 행동을 하게 한 후 본인의 동의하에 자신이 한 행동에 대해 조사관에게 거짓말을 하게 하는 것이다. 이렇게 할 수 있는 표준 기법을 〈모의 범죄 mock crime〉라고 한다. 말하자면 참가자가 무언가를 훔치는 데 동의하고 들켰을 때는 그들이 무언가를(주로 돈) 훔쳤는지 아닌지 알지 못하는 연구자에게 거짓말을 하는 데 동의하는 식으로 실험이 진행된다.

 우리는 실제로 몇 년 전 매트 뉴먼과 함께 이런 실험을 해보았다. 실험에 참가하기로 한 학생들은 처음에 매트를 만나서 몇 분 동안 어떤 방에 들어가 있으라는 설명을 듣는다. 학생은 방에 들어가 앉은 다음 의자 옆에 있는 책을 들어 160페이지를 편다. 거기에 돈이 있으면 훔친 다음 책을 제자리에 돌려놓아야 한다. 나중에 학생들은 누군가 방에 들어와서 혹시 돈을 가져갔느냐고 물을 것이라는 이야기를 듣는다. 이들은 돈을 가져가지 않았다고 해야 한다. 참가자 모두 이 규칙에 동의했다.

 일단 방에 들어간 참가자 중 절반은 돈을 발견하게 되어 있었고 나머지 절반은 발견하지 못하게 되어 있었다. 그 후 한 연구자가 방에 들어와서 160페이지를 편 다음 이렇게 말했다. "여기 돈이 없네. 학생이 가져갔어요?" 모두 아니라고 대답했다. 연구자는 참가자에게 다른 방으로 가서 자신이 거짓말을 하고 있는지 아닌지 조사받을 것이라고 말했다. 조사는 그냥 학생에게 방에 들어가서 어떤 행동을 했는지 자세히 말해 보라고 하는 것뿐이었다. 학생들의 진술 기록은 나중에 컴퓨터로 분석되었고, 다른 연구들에서도 그랬듯이 우리는 우연히 맞힐 확률보다 훨씬 더 정확히 거짓말하는 사람을 맞혔다.

 모의 범죄 연구와 다양한 태도(입장) 연구에서는 모두 비슷한 결과가 나왔다. 요컨대 사람들이 사용하는 단어 속에 거짓말이라는 단서를 제공하는 믿을 만한 흔적이 있다는 것이다. 이후 얼마 지나지 않아 몇몇 연구에서 언어와 거짓말의 연관성을 시험해 보기 시작했다. 의사소통 분야에서 가장 존경받는 연구자 중 한 사람인 주디 버군은 다양한 유형의 거짓말, 특히 일상 속 대화에서 나타나는 거짓말에 특유의 언어적 지문이 있다는 사실을 수많은 연구를 통해 보여주었다. 그녀는 실험실 기반의 거짓말 연구들이 대학생 이외의 집단에도 적용될 수 있다는 것을 거듭 보여주었다. 게리 본드와 그의 동료들은 미국 내 여러 교도소의 남녀 재소자에게도 거짓말과 관련된 실험 절차를 수행해 같은 결과를 얻었다.

이렇게 인상적인 연구들이 있기는 하지만 다양한 거짓말 연구에 계속 제기되는 비판은 거의 모두가 매우 인위적인 실험실 연구를 바탕으로 한다는 점이다. 사실 대부분의 연구는 실내 게임과 놀라울 정도로 비슷하다. 이런 연구에서 최악의 경우라고 해봐야 참가자들이 거짓말을 들켜서 몇 달러 잃는 것이 고작이었다. 심리적 부담이 적당한 포커 게임 한 판 정도랄까. 그렇다면 거짓말이라는 것이 간파되었을 때 인생이 바뀔 수 있을 정도의 부담이 있는 경우 거짓말의 표시는 언어에서 어떻게 나타날까?

통제된 실험의 이점은 무엇이 무엇의 원인인지 알 수 있는 깔끔한 그림이 나온다는 점이다. 하지만 현실 세계에서 실제로 사람의 생사가 오가는 연구 프로젝트를 진행하는 것은 훨씬 더 골치 아픈 일이다. 이런 경우 연구자들은 대개 상황을 통제할 수도 없고, 어떤 사람들이 거짓말을 하고 또 어떤 사람들이 진실을 말하는지 확실히 알 수 있는 상황을 찾기 힘들 때가 많다.

거짓말 연구에 대한 논문들을 몇 편 발표한 후, 나는 그때까지 본 것 중에 가장 흥미로운 대학원 지원서를 받았다. 드니스 허들이라는 이 지원자는 지난 21년 동안 사설 조사업체를 성공적으로 운영해온 사람이었다. 은퇴할 참이었던 그녀는 언어 분석을 기반으로 손쉬운 거짓말 탐지 시스템을 만들기 위한 지식을 얻으러 대학원에 진학하고자 했다. 지원서 어디를 보아도 그녀가 기막히게 똑똑하고 지독히 끈질긴 사람이라는 것을 알 수 있었다. 우리는 곧 만났고 대학원은 그녀의 길이 아니라는 데 동의했다. 그 대신 나는 현실 세계에서 검증된, 단어 분석을 통한 거짓말 탐지기를 그녀와 함께 개발했다.

드니스의 생각은 매트 뉴먼과 내가 수행했던 모의 범죄 연구와 비슷한 환경을 현실에서 찾으려는 것이었다. 드니스는 법원에서 수없이 많은 시간을 보내면서 재판에서 증언하는 수백 명의 사람들을 보아왔다. 그들 중 많은 사람들이 거짓말을 하고 있었다. 몇 주 후 그녀와 나는 창의적인 연구를 하나 고안해 냈다. 우리(라고 했지만 사실은 드니스)는 중범죄를 저지르고 증인석에서 확실히 거짓말을 한 많은 사람들의 재판 기록을 추적했다. 미국 사법 체계에서는 중범죄로 유죄를 선고받은 피고가 이어서 위증죄로 유죄 판결을 받는 사례도 있다. 위증죄에 대한 유죄 판결은 대개 피고가 증인석에서 거짓말을 했다는 확실한 증거가 있을 때 내려진다. (미래의 범죄자들을 위해: 당신이 저지른 죄로 법정에 서게 되었고 당신에게 불리한 증거, 매우 확실한 증거가 있다면 절대로 거짓말해서는 안 된다. 그냥 이렇게 말하라. "그 질문에는 답변을 거부하겠습니다." 아마 이런 조언을 해준 나에게 감사할 것이다.)

우리는 증인석에서 거짓말을 하지 않은 것이 확실하지만 어쨌든 유죄 판결을 받은 또 다른 집단이 필요했다. 다행히도 드니스는 유죄를 선고받았지만 나중에 DNA 같은 강력한 증거 덕분에 무죄로 밝혀진 열한 명을 추적할 수 있었다. 나중에 무죄가 밝혀진 사람들은 진실을 말하는 데 서툰 사람들임이 분명했기 때문에 이들은 중요한 비교 집단이었다.

내 입장에서 보면 이것은 간단한 프로젝트인 것처럼 보였다. 그냥 공문서 기록을 구해서 그것을 컴퓨터로 분석하면 짠, 하고 결과가 나올 테니 말이다. 명성과 영예가 바로 길모퉁이에 있었다. 하지만 종종 그렇듯 이것은 내가 상상했던 만큼 간단하지가 않았다.

드니스는 무죄로 밝혀진 열한 명과 함께 흉악 범죄로 기소된 서른다섯 명의 사례까지 추적하느라 거의 1년 가까운 시간을 보냈다. 이 연구의 요건에 알맞으려면 증인석에서 증언을 했어야 했고 모든 기록이 온전히 남아 있는 사람이어야 했다. 드니스는 작은 트레일러를 몰고 연방 법원 기록 보관소를 오갔다. 그녀는 날마다 수백 페이지에 달하는 법정 기록을 복사했다. 밤에는 트레일러로 돌아와 복사물을 스캔해서 컴퓨터로 옮겼다. 보통 한 2주씩 트레일러에서 지내다가 며칠 쉬기를 반복했다. 집에 돌아간 후에는 법정 기록을 자세히 읽으면서 배심원들의 결정에 결정적인 역할을 한 부분과 논쟁의 여지가 없는 부분들을 뽑아냈다.

드니스의 노고는 결국 성과를 거두었다. 사례가 그렇게 많지는 않았지만 결과는 의미 있었다. 가장 놀라운 점은 대명사 사용에서 나타난 차이였다. 다른 연구들과 마찬가지로, 무죄로 밝혀진 피고들은 흉악 범죄나 위증죄가 있었던 사람들에 비해 1인칭 단수 대명사를 훨씬 많이 사용했다. 〈나〉라는 단어(주로 〈나는〉)는 결백하다는 신호였다. 흥미롭게도 정말 유죄였던 피고들은 3인칭 대명사를 사용하는 비율이 높았다. 이들은 비난을 자신에게서 다른 곳으로 떠넘기려고 하고 있었다. 그리고 이전의 많은 연구들에서처럼 진실을 말한 사람들은 더 어려운 단어를 사용했고, 사건을 더 자세히 묘사했으며, 더 복잡하게 생각했다는 것이 드러났다.

  우리가 발견한 이 놀라운 경향은 매우 강하게 나타났다. 나는 짜릿했지만 드니스는 실망했다. 이 사례에서 기록들을 통해 진실을 말하는 사람과 거짓을 말하는 사람을 우연히 가려낼 확률은 50퍼센트였지만 컴퓨터를 통한 정확도는 76퍼센트에 달했다. 이것은 배심원보다도 나은 수준이었지만 드니스가 기대했던 95퍼센트에는 한참 못 미치는 수치였다. 지금도 드니스는 단어에 바탕을 둔 거짓말 탐지 시스템을 만들어 내는 것이 현실적으로 가능하다는 낙관적 입장을 고수하고 있다. 그 생각이 옳을지도 모르지만, 드니스가 만들어낼 거짓말 탐지 시스템의 정확도가 80퍼센트만 되어도 엄청난 돌파구가 될 것이다.

인터넷 소개팅 사이트에 올라온
자기 소개글의 진위 여부를 확인하는 법
—

  누군가와 데이트를 하러 갈지 말지 결정하는 것은 누군가를 평생 감옥에서 보내도록 할지 말지 결정하는 것과는 무게감이 다르다. 감옥 비유는 제쳐 두더라도, 인터넷 소개팅 사이트는 당신이 어떤 사람과 평생을 보내게 될지 결정할 수 있다. 데이트 상대, 나아가 평생 함께할지 모르는 짝을 고르는 과정에서 발생하는 거짓말은 심각한 문제다. 사실 사람들은 인터넷에서 자기 자신에 대해 말할 때 가끔 거짓말을 한다.

  제프 핸콕에게 물어보자. 핸콕과 코넬 대학교의 연구팀은 뉴욕에 사는 80명의 인터넷 소개팅 사이트 회원들을 대상으로 기막힌 연구를 수행했다. 남자 반 여자 반으로 구성된 참가자들은 소개팅 사이트 네 군데 중 한 곳에 올린 자기 소개서를 바탕으로 선별되었다. 모든 소개서에는 사진, 몸무게, 키, 나이에 관한 정보와 함께 각자 관심사에 따라 자기를 소개하는 글이 포함되어 있었다. 참가자들은 실험 참가에 동의한 후 한 명씩 실험실에 와서 몇 가지 설문지를 작성했다. 그리고 사진을 찍고 운전면허증을 스캔하고 키와 몸무게를 쟀다.

보다시피 핸콕은 각각 확실하게 입증된 나이(운전면허증에 기록되어 있음), 키, 몸무게 정보를 얻었기 때문에 이들이 인터넷에 올린 정보가 얼마나 거짓에 가까운지 판단할 수 있었다. 그는 한 무리의 판정단을 섭외해서 참가자가 실험실에서 찍은 사진과 직접 인터넷에 올린 사진을 비교하게 해보았다. 남자들은 키에 대해, 여자들은 몸무게에 대해 거짓말을 하는 경향이 있었다. 이들 중 일부는 다른 사람들보다 유난히 더 잘 나온 사진을 올려놓은 사람들도 있었지만 남녀 모두 실험실에서 찍힌 사진에 비해 잘 나온 사진을 올려놓았다.

이 연구의 핵심은 소개팅 사이트 회원들 중 가장 정직한 사람과 가장 거짓스러운 사람의 자기 소개글에 사용된 단어가 다른지 판단하는 것이었다. 가장 정직한 사람들은 더 많은 단어, 더 어려운 단어, 더 긴 문장, 더 적은 감정 단어(특히 긍정적 감정을 나타내는 단어)를 사용하는 경향이 있었다. 일반적으로 정직성을 가장 잘 예측하는 것은 당연히 〈나〉라는 단어의 사용이었다.

기능어로 정직한 소개서와 거짓인 소개서를 구분할 수 있기는 했지만 소개서는 내용어에서도 차이가 있었다. 요컨대 자기 소개글을 정직하지 못하게 쓴 사람들은 자신을 묘사할 때 초점을 민감한 주제에 두지 않고 다른 곳으로 옮기는 경향이 있었다. 예를 들면 몸무게에 대해 거짓말을 한 남녀는 음식, 식당, 식사 같은 것들을 좀처럼 언급하지 않았다. 마찬가지로 가장 거짓스러운 사진을 올린 사람들은 자기 지위를 높이고 외모를 대단치 않게 생각하는 것으로 보이도록 직업과 연봉 같은 주제에 초점을 맞추는 경향이 있었다.

인터넷 소개팅 상대의 정보가 얼마나 믿을 만한지 알아내는 데 정말 컴퓨터가 필요할까? 이용할 수 있는 정보를 전부 살펴보고 정직한 사람과 거짓인 사람을 그냥 직관적으로 구분할 수는 없을까? 핸콕의 연구팀은 다소 암울한 그림을 그린다. 핸콕은 50명의 학생들에게 인터넷에 올라온 각각의 소개서가 믿을 만한지 평가해 달라고 도움을 구했다. 학생들의 정직성 평가는 동전 던지기로 믿을 만한 데이트 상대를 고르는 것보다 나을 바가 없었다. 그 이유 중 하나는 우리는 믿을 만한 사람을 가려낼 때 엉뚱한 언어적 단서를 자세히 살피는 경향이 있기 때문이다. 인터넷 소개서 평가단과 마찬가지로 우리 대부분은 쾌활하고, 긍정적이고, 단순하고, 이타적이고, 성실한 사람이 가장 정직하다고 가정한다. 우리 인간의 〈사랑 탐지기〉가 결함 있는 도구인 이유가 바로 이것이다.

이라크 전쟁 발발 전, 딕 체니 부통령의 거짓 인터뷰 판별법

—

역사를 공부하는 사람이라면 1950년 이후 미국과 이라크의 관계를 살펴보면서 의심의 여지없이 이렇게 물을 것이다. "그들은 도대체 무슨 생각이었을까?" 여기서 〈그들〉은 두 나라 모두를 가리킨다. 양국 관계에서 가장 당혹스러운 사건은 2003년 3월에 미국이 이라크를 침공하기로 한 결정이었을 것이다.

2001년 9월 11일에 세계무역센터와 미 국방부가 공격받은 직후, 조지 W. 부시 행정부는 이 공격에 이라크가 어떤 역할을 했으리라고 확신했다. 미국과 이라크 사이의 복잡한 역사를 자세히 들먹이지 않더라도 이 두 나라 사이에 이미 얼마간의 악감정이 있었다는 점을 알아야 한다. 향후 1년 반에 걸쳐 부시 행정부는 잠복 테러리스트니, 대량살상무기를 만든다느니, 서구 공격을 계획하고 있다느니 하면서 이라크에 대한 우려를 점점 더 키우기 시작했다. 뒤늦게 깨닫고 보니 이 우려의 대부분은 근거 없는 것이었다. 테러리스트를 훈련시키는 사이트도, 대량살상무기도, 누군가를 공격할 계획도 없었다. 하지만 이라크의 위험에 관해 늘어만 가던 과장된 말들은 2003년 3월 이라크 침공 및 점령을 추진하는 데 힘을 보탰다.

민주주의 정부가 전쟁을 시작하기까지의 사회적 역학은 엄청나게 복잡하다. 불안 수준이 높은 시기에는 소문도 빨리 퍼지고 사람들은 왜곡된 정보에 쉽게 현혹된다. 충분히 반복된 소문과 억측은 그 자체가 확고한 믿음으로 서서히 탈바꿈한다. 거짓과 자기기만의 경계는 순식간에 사라질 수 있다.

독립적인 감시기구인 공공청렴센터(The Center for Public Integrity, CPI)는 광범위한 문제들의 추적 보도를 뒷받침하는 무소속 비영리조직이다. CPI는 이라크 침공 이후 몇 년 동안, 9/11 테러와 이라크 전쟁 발발 사이에 핵심 정부 인사들에게서 나온 공식 발언들을 모조리 살펴보기 시작했다. 실제로 연설, 기자회견, 논평 기사, 텔레비전 및 라디오 인터뷰에서 나온 수많은 발언들은 누구나 이용할 수 있다. 연구자 입장에서는 거짓으로 입증된 부분이 강조되어 있으면 일이 훨씬 쉬워진다. 강조된 부분과 강조되지 않은 부분을 그저 비교하기만 하면 된다고 생각할 수 있으니 말이다.

인터넷 소개팅 사이트에서 발견되는 거짓말을 연구했던 제프 핸콕은 CPI의 자료를 분석했다. 코넬 대학교 연구팀은 객관적으로 거짓인 주장을 적어도 하나 포함하는 동시에 같은 수의 정직한 주장을 담은 532개의 진술을 수집했다. 2001년 9월 11일에서 2003년 9월 11일 사이에 공식 발언을 한 사람들은 부시 행정부의 고위층 정부 인사 여덟 명, 즉 부시 대통령, 딕 체니 부통령, 콜린 파월 국무장관, 도널드 럼즈펠드 국방장관, 콘돌리자 라이스 국가안보 보좌관, 폴 울포위츠 국방부 차관, 아리 플라이셔와 스코트 맥클러렌 백악관 대변인이었다.

CPI 자료의 예로는 2002년 3월 24일에 딕 체니 부통령이 CNN 심야 프로그램에서 한 인터뷰를 들 수 있다. 진행자 울프 블리처는 대량살상 무기의 흔적을 찾으려고 UN이 이라크에 파견한 무기 사찰단을 미국이 지원해 주었느냐고 체니에게 물었다. 체니는 이렇게 대답했다. (진하게 강조된 부분은 CPI에서 거짓이라고 간주한 부분이고 강조되지 않은 부분은 진실로 추정되는 부분이다.)

"울프, 우리가 한 얘기는, 당신이 다시 그 기록을 본다면 알겠지만, 핵심은 사찰단이 아니에요. 핵심은 그가 화학무기를 갖고 있고 그걸 사용했다는 겁니다. 핵심은 그가 생물학적 무기를 개발했고 가지고 있다는 겁니다. 핵심은 그가 핵무기를 추구한다는 겁니다. 중요한 건 대량살상무기고 그가 그걸 이미 사용해서 한 짓입니다. 이번 주 《뉴요커》에는 그가 1988년에도 이라크 북부의 쿠르드족에게 화학무기를 썼고 이 무기가 200개 도시와 마을을 공격했다는 충격적인 이야기가 실릴 겁니다. 기사에 따르면 10만 명 이상 죽였습니다. 기사를 믿는다면 말이에요.

이 남자는 엄청난 악당입니다. 대통령이 말했듯이. 그리고 그는 지금도 핵무기를 적극적으로 추구하고 있고, 우리가 생각하기에는 그게 바로 우리와 그 지역의 모든 사람들이 걱정하는 이유입니다. 그리고 내가 돌아다니다가 알게 된 건데, 저쪽에 있는 우리 아군들에게도 그게 엄청나게 걱정되는 문제라는 거죠."

컴퓨터의 텍스트 분석 프로그램으로 진실한 진술과 거짓 진술을 비교해 보자 다른 연구들에서 발견된 것과 같은 결과가 나왔다. 진실한 진술은 〈나〉라는 단어의 잦은 사용과 관련이 있었다. 뿐만 아니라 진실한 진술은 더 미묘한 느낌을 전달했고, 세부 사항에 더 주목했으며, 감정과 덜 연관되는 경향이 있었다. 위의 인터뷰는 이런 차이를 잘 보여주는 예다. 진실한 진술이라고 표시된 부분에서 체니는 더 자세한 정보를 언급하고, 더 복잡한 문장과, 〈나〉라는 단어를 더 많이 사용한다.

다른 연구들에서 그랬듯이 컴퓨터가 진실한 진술과 거짓 진술을 얼마나 잘 분간해낼 수 있었는지 평가할 수 있다. 핸콕의 연구팀에 따르면 진실과 거짓 진술을 우연히 밝혀낼 확률은 50퍼센트인 것에 비해 컴퓨터는 76퍼센트의 정확도로 진실과 거짓을 구분해 냈다.

하지만 이런 수치를 해석할 때는 조심해야 한다. 거짓이 존재한다는 사실을 알고 나면 진실과 거짓을 구별하기는 훨씬 쉬워진다. 사람들이 거짓말을 하는지 아닌지 알지 못하는 채로 그들의 말이 얼마나 믿을 만한지 가늠해 보려고 한다면 제대로 판단할 수 없을 가능성이 높다. 거짓을 판단하는 과정에 공통적으로 나타나는 두 가지 문제가 있다. 하나는 우리가 〈진실〉이 무엇인지 모른다는 점이다. 요컨대 어느 부분이 진실인지 모른다는 것이다. 또 하나의 문제는 우리가 진실의 〈비율〉을 모른다는 점이다. 체니의 발언 중 50퍼센트가 거짓말이라는 것을 안다면 우리는 발언의 2퍼센트만 거짓일 때에 비해 컴퓨터 분석 결과를 다르게 해석할 것이다. 이라크 전쟁이 임박한 몇 달 동안에는 믿을 만한 진실도 없었고 어디까지가 거짓인지 확실한 느낌도 없었다. 문제를 더 골치 아프게 만든 것은, 행정부에서 나온 거짓 진술을 말하는 사람이 그것을 진실로 믿고 그렇게 말했을 가능성이 높았다는 점이다.

정직한 표현에 드러나는 특징들

이 장에서는 거짓의 몇 가지 유형을 설명했다. 감정의 부정 및 지나친 자신감과 관련 있는 자기기만적 표현에서 감옥행을 피하기 위한 의도적인 거짓말까지, 거짓의 유형은 다양하게 존재한다. 이런 다양한 거짓말과 관련된 동기, 전략, 사람은 모두 상당히 다르지만 거짓말에 사용되는 언어의 패턴은 놀라울 정도로 비슷하다.

물론 모든 연구는 그 나름의 독특함이 있다. 하지만 연구가 점점 늘어감에 따라 우리는 한 발 물러서서 스퀸트 검사Squint Test를 해볼 수 있다. 스퀸트 검사는 다양한 연구에 걸쳐 확실한 거짓의 패턴이 존재하는

지 알아보는 비과학적인 방법이다. 옆의 표에서 보다시피 이 검사에서는 다섯 개의 일반적인 단어 범주를 사용한다. 각각의 단어는 옆에 있는 막대들과 관련이 있다. 맨 오른쪽에 있는 막대와 관련이 있는 단어는 정직이나 진실과 밀접한 관계가 있다. 왼쪽에 있는 막대와 관련이 있는 단어는 거짓말하거나 기만적인 사람들이 주로 사용하는 단어라는 뜻이다. 가운데 막대와 관련 있는 단어들은 거짓과 관계가 없거나 분류하기에 모호한 단어들이다.

〈나〉라는 단어를 많이 사용한다

1인칭 단수 대명사는 사실상 이 책의 거의 모든 장에서 중요하게 다뤄진다. 거짓을 탐지하려고 할 때 〈나〉라는 단어는 정직함을 가장 잘 나타내는 표시다.

〈나〉라는 단어의 사용은 사회적, 심리적으로 엄청나게 중요하다. 〈나〉라는 단어는 그 의미상 일종의 〈신원 확인〉 역할을 한다. 대화하면서 〈나〉라는 단어를 사용한다면 상대방에게 당신이 당신 자신을 의식하고 있고 당신 자신에게 주의를 기울이고 있다는 사실을 알려주는 셈이다. 하지만 이런 행동에는 약간의 약점이 있다. 특히 상대방이 당신을 판단하거나 어떤 식으로든 당신에게 해를 끼치려고 할 가능성이 있을 때 더욱 그렇다. 나는 〈나〉라는 단어의 사용이 은연중에 복종을 암시하는 행동이라고 생각할 때가 많다. 마치 지위가 낮은 개가 더 크고 위험한 개 앞에서 배를 보이면서 구르는 행동처럼 말이다. "이봐, 〈난〉 골칫거리가 아니야. 뭐든 말만 해. 〈난〉 위협적인 존재가 아니라고."

몇몇 연구에 따르면 사람들은 자기 자신에게 주의가 쏟아지는 상황

정직 및 거짓과 관련된 단어

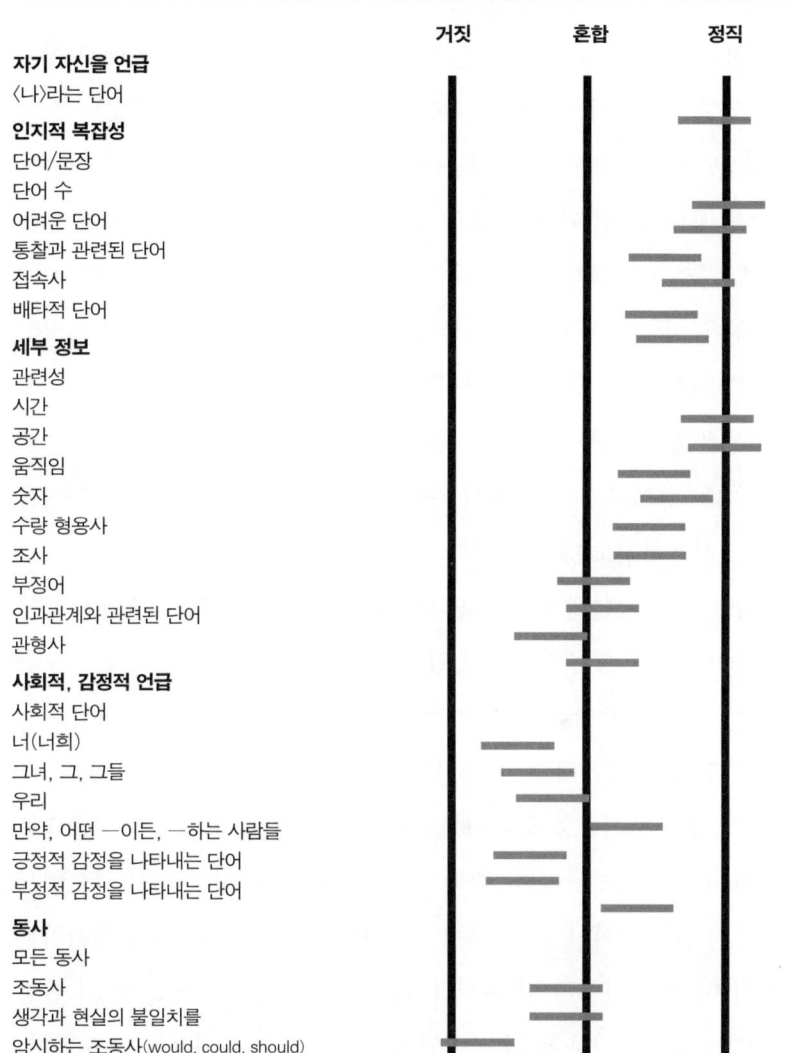

참고: 표의 왼쪽 막대에 가까운 단어들이 기만 혹은 거짓과 연관된다는 사실에 주목하라. 왼쪽에서 멀어질수록 더 믿을 수 있는 단어다. 오른쪽 막대에 가까운 단어들은 정직함의 표시다. 가운데 막대에 가까운 단어들은 진실과 거짓 어느 쪽과도 확실한 연관성이 없다.

에 처했을 때 더 겸손하고 정직해진다고 한다. 현재 노르웨이의 베르겐 대학교에 있는 로버트 위크런드는 1970년대에 자의식에 대한 이론을 제창했다. 위크런드와 동료들은 사람들이 둘 중 하나의 조건에서 일련의 절차를 수행해야 하는 창의적인 실험을 수십 개 고안해 냈다. 즉 참가자들은 거울 앞에서 혹은 거울이 보이지 않는 곳에서 주어진 질문지에 답을 해야 했다. 거울 앞에서 질문지에 답한 참가자들은 자아 존중감이 낮아지고 긍정적 기분이 대체로 덜 느껴졌다고 보고했다. 더 흥미로운 점은 이렇게 거울 앞에서 응답한 참가자들이 질문지에 더 정직하게 답했다는 점이다. 이들이 자신의 몸무게, 성적, 행동 등에 대해 대답한 내용은 실제 몸무게, 성적, 행동의 객관적 측정치와 일치하는 경향이 있었다. 그리고 거울 앞에서 질문지에 답했을 때는 〈나〉라는 단어를 더 많이 사용하기도 했다.

사람들은 왜 자신에게 주의를 기울일 때 더 정직해질까? 위크런드는 사람들이 자신에게 주의를 기울일 때 자기가 되고 싶은 이상적인 모습을 잠깐 생각해 보게 된다고 가정했다. 아마도 사람들이 평생 꿈꾸는 이상은 강하고, 정직하고, 아름답고, 용감하고, 마음 따뜻한 모습일 것이다. 사람들은 거울을 들여다봄으로써 자신이 이런 이상적인 모습을 갖추지 못했음을 깨닫는다. 결국 그들은 이상과 현실의 자신 사이에서 격차를 발견할 것이고, 그 때문에 자기 자신에 대해 좋지 않게 생각하는 동시에 더 좋은 사람이 되어야겠다는 동기가 생긴다. 위크런드의 관점에서 자의식은 우리가 늘 되고 싶었던 사람이 되려는 마음이 들게 한다.

사실 우리는 대부분 우리 자신과 다른 사람들에게 정직하고 싶어 한다. 그리고 자신에게 주의를 기울일 때 정직함을 추구하게 된다. 〈나〉라는 단어는 이렇게 자신에게 주의를 기울이는 상태를 반영한다. 수많은 연구를 살펴볼 때, 〈나〉라는 단어의 사용이 늘어나는 경우 자신에게 집중하고 있을 가능성이 높기 때문에 더 정직해진다.

인지적 복잡성을 나타내는 문장을 구사한다

사람들이 진실을 말할 때 하는 이야기는 지어낸 이야기에 비해 일반적으로 더 복잡하다. 사람들은 진실을 말할 때 더 많은 단어를 사용할 뿐만 아니라 더 길고 복잡한 문장을 구사한다. 진실을 말할 때 더 어려운 단어를 사용한다는 사실은 진실한 진술이 더 정밀하고 미묘한 차이를 잘 표현한다는 것을 암시한다. 그뿐만 아니라 진실한 진술에는 〈깨닫다〉, 〈이해하다〉, 〈생각하다〉 등 통찰과 관련된 단어가 사용되어 사려 깊다는 인상을 주기도 한다.

사람들이 진실을 말할 때 더 긴 문장을 구사하는 한 가지 이유는 접속사로 여러 구절을 잇기 때문이다. 이러한 접속사에는 〈그리고〉, 〈하지만〉, 〈왜냐하면〉과 같은 단어들이 포함된다. 또 〈―없이〉, 〈―를 제외하고〉 등과 같은 배타적 단어들도 포함된다. 앞서 설명했듯 배타적 단어는 무언가를 구분할 때 사용된다. 말하자면 어떤 일이 일어났고 어떤 일이 일어나지 않았는지, 어떤 생각을 했고 어떤 생각을 하지 않았는지, 어떤 것이 범주에 속했고 어떤 것이 속하지 않았는지 구분하여 말할 때 배타적 단어가 사용된다.

거짓말을 할 때는 자신이 하지 않고, 보지 않고, 생각하지 않은 대상에 대해 말하는 것이 놀라울 정도로 어렵다. 완전히 지어낸 이야기를 말한다면 경험해 보지 않은 일에 대해서만 말하고 있는 셈이다. 이야기를 지어내려고 할 때는 하지 않은 일들을 덧붙이느라 금방 머리가 아파질 수 있다. 그래서 거짓말은 그 사람이 했거나 보았을 만한 일들에 대한 간단하고 직설적인 진술인 경우가 많다. 이런 경우 자신이 하지 않은 일에 대한 구체적인 언급은 매우 적다.

시간, 수량, 행동 등 〈세부 정보〉를 나타내는 단어를 많이 사용한다

실제로 있었던 사건을 전달할 때는 그것이 어떤 사건이었는지, 자신은 정확히 어디 있었는지에 대한 기억을 풍부하게 떠올릴 수 있다. 더 구체적으로 말하자면 우리는 그때 우리의 몸이 정확히 어디에 있었는지 알고 있다. 우리 몸과 그 사건은 실시간으로 펼쳐지는 3차원 공간에 함께 존재했다. 따라서 실제로 있었던 일을 묘사할 때 시간, 장소, 움직임에 대한 정보를 함께 말하는 것은 당연하다. 이런 차원들은 관계성을 나타내는 단어로 표현된다. 앞의 표에서 보다시피 진실한 진술을 하는 사람들은 거짓말하는 사람들에 비해 시간(−전에, 10시 정각, 아침), 장소(−위에, −옆에, −주변에), 움직임(가다, 놓다, 뛰다) 등을 떠올리게 하는 단어들을 사용할 가능성이 훨씬 높다. 같은 차원 안에서도 〈더 많이〉, 〈더 적게〉, 〈적은〉, 〈더 큰〉과 같이 숫자와 수량을 나타내는 단어를 사용하여 더 구체적으로 말한다.

인지적 복잡성과 세부 정보를 나타내는 단어의 사용은 증인 신문에 사용된 진술에 대한 최근의 연구와도 잘 들어맞는다. 용의자 면담 분석 분야의 세계적 전문가인 앨더트 브리지는 사람들이 질문을 받는 방식에 따라 거짓말 탐지 결과가 달라진다고 말한다. 경찰, 부모, 친구 등 면담에서 혐의를 제기하는 사람들은 상대에게서 아니라고 부정하는 짧은 진술만 들을 가능성이 높다. 이런 진술은 참인지 거짓인지 가려내기가 극히 어렵다. 브리즈와 그의 동료들은 그러는 대신 조사나 면담을 할 때 조사받는 사람이 더 자유롭게 대답할 수 있게 하고, 비난하는 분위기가 되지 않게 하고, 정보 수집을 목적으로 하는 것이 좋다고 한다. 용의자가 더 자유롭게 말할 수 있게 되면 그가 한 말을 바탕으로 그가 무죄일지 유죄일지 판단하기가 훨씬 쉬워진다.

브리즈를 비롯한 법집행 관련 연구자들은 컴퓨터를 기반으로 하는 기법을 이제 막 사용하기 시작했지만 진실을 말하는 사람들이 더 복잡하고 자세하게 진술한다는 사실을 자체적으로 발견했다.

다른 사람들을 들먹이지 않는다

다양한 유형의 거짓은 낙관주의와 지나친 자신감과 관련이 있다. 당신에게 새 카펫을 사라거나, 종교나 전쟁 이야기를 하면서 자기 의견을 받아들이게 하려는 사람들은 자신의 의견이 진실이라는 확신에 가득 차 있을 때가 많다. 판매자들의 효과적인 전략 중 하나는 일단 상품을 사면 〈의심의 여지없이〉 당신도 판매자처럼 행복하고 자신감이 넘치는 사람이 될 것이라고 설득하는 것이다.

상식과 달리, 거짓스러운 사람들은 다른 사람들을 더 많이 언급하고 긍정적 감정을 나타내는 단어를 더 많이 사용한다. 거짓말쟁이라고 하면 흔히 외롭고, 교활하고, 간사하고, 자기혐오에 빠져 있고, 믿을 수 없고, 필사적으로 들키지 않으려고 하는 불안한 사람을 떠올리겠지만 그런 거짓말쟁이는 아주 드물 것이다. 내 생각에 당신이 지갑을 꽉 붙들고 조심해야 하는 사람들은 쾌활하고, 열광적이고, 외향적이고, 따뜻하고, 자신감 넘치고, 당신에게만 뭔가 볼 일이 많은 사람들이다.

그건 그렇고, 사회적 단어는 사회적 관계를 나타내는 단어들, 이를테면 〈친구〉나 〈어머니〉 같은 명사뿐만 아니라 말하고, 부르고, 듣는 행동을 표현하는 단어들도 포함한다. 거짓과 관련된 기록들을 읽다 보면 사람들이 자신의 진술을 입증하기 위해 다른 사람들을 들먹이거나 비난을 다른 사람들에게 떠넘기는 일이 그토록 많다는 데 놀라게 된다.

불필요한 동사를 사용하지 않는다

동사는 복잡하다. 스티븐 핀커 같은 언어 전문가와 몇 시간만 어울리다 보면 곧 당신의 머리는 동사의 바다에서 헤엄치고 있을 것이다. 앞의 표에서 보다시피, 영어의 경우 동사를 많이 사용하는 사람들은 비교적 적게 사용하는 사람들에 비해 더 거짓스러운 경향이 있다. 당신이 초등학교 교사라고 치고 세 학생이 똑같은 변명을 한다고 상상해 보자.

1. 제가 숙제를 끝냈는데 개가 그걸 먹어버렸어요.
   (I finished my homework but the dog ate it.)

2. 제가 숙제를 끝냈는데 개가 그걸 먹은 게 틀림없어요.
   (I had finished the homework but the dog must have eaten it.)

3. 숙제는 끝냈는데 개한테 먹힌 게 분명해요.
   (The homework was finished but must have been eaten by the dog.)

첫 번째 변명은 진실에 아주 가까워 보인다. 이 문장에는 구체적인 행동이 완전히 끝났다는 것을 나타내는 두 개의 과거형 동사가 들어 있다. 두 번째 학생의 변명에는 다섯 개의 동사가 들어 있고 이 동사들은 어떤 행동이 완전히 끝나지 않았음을 암시하는 한편 〈-임이 틀림없다.〉라는 단어를 넣어 그런 일이 일어나지 않았을지도 모른다는 것을 암시한다. 세 번째 학생의 변명은 셋 중 가장 악의적인 거짓말이다. 여기에는 여섯 개의 동사와 과거 시제가 사용되었고 〈나〉라는 단어는 한 번도 사용되지 않았다.

특히 영어에서 동사는 어떤 행위에 대해 놀라울 정도로 많은 정보를 제공한다. 영어의 동사는 어떤 행동이 진행 중인지, 부분적으로 끝났는지, 완전히 끝났는지 암시한다. 조동사는 어떤 일이 일어났을 수도 있고 일어나지 않았을 수도 있다는 것을 미묘하게 드러낸다. 개가 숙제를 먹었을 수도 있다거나 먹었음이 틀림없다고 말한다면 이는 개의 행동을 표현하는 것이기도 하지만, 그 일이 실제로 일어났다고 화자가 직접 말하는 것이 아님을 암시하는 셈이기도 하다.

거짓말임을 알아볼 수 있는 흔한 표현들

영어에서 조동사가 사용되는 방식은 우리가 다른 사람들에게 엄밀한 의미에서 거짓말을 하지는 않으면서도 그들을 속이려고 할 때 어떤 방법을 쓰는지 보여준다. 내가 가장 좋아하는 예는 다음과 같다.

"실수가 저질러졌어." 같은 수동 표현을 사용한다

캐럴 태브리스와 엘리엇 애런슨은 잘못된 정보에 대한 유쾌한 책 『거짓말의 진화Mistakes Were Made』에서 사람들이 어떻게 그토록 자주 교묘한 언어적 책략으로 책임을 모면하는지 살펴본다. 예를 들면 역사가들은 헨리 키신저 국무장관이 1970년대에 베트남 전쟁의 범위와 방향에 관해 미국 국민들을 자주 속였다는 데 일반적으로 동의한다. 몇 년 후, 태브리스와 애런슨은 한 인터뷰에서 다음과 같은 키신저의 발언을 인용한다. "내가 일한 정부들에 의해 실수가 저질러졌을지도 모르겠습니다." 이 발언에 주목하자. 보다시피 키신저는 어떤 실수도 저지르지 않았다고 한다. 실수는 아마 다른 사람이 저지른 모양이다.

질문에 대한 대답을 회피한다

앞에서 나온, 학생들이 1달러를 〈훔쳐야〉 했던 모의 범죄 실험에서 우리는 참가자들 각자에게 직설적으로 물었다. "책에 있던 1달러, 학생이 훔쳐갔어요?" 실제로 돈을 가져간 학생들은 이렇게 말했다.

"전 훔치는게 좋지 않다고 생각해요. 절도에 반대하거든요. 아주 옛날에 한 번 그런 적이 있어요. 더 어렸을 때요. 사람들이 절 잡을 거라고 생각했던 그 기분이 정말 싫었어요. 아시겠지만 저는, 그냥, 특히 1달러라면 그걸 가져가지 않았을 거예요."
"제가 왜요? 전 책을 펴볼 생각도 안 했고 거기서 1달러를 찾으려는 생각도 전혀 안 했어요. 전 그냥 세미나 준비하느라고 글을 쓰고 있었거든요."
"그런 일로 저를 의심하니 정말 기분 나쁘네요. 전 절대 그런 짓 안 해요."

진실을 말한 사람들의 가장 흔한 대답은 "아뇨, 전 그 돈 안 가져갔어요."였다. 거짓말을 한 사람들과 달리, 진실을 말한 사람들은 둘러대지 않고 질문에 직설적으로 대답했다. 이 예시들이 입증하듯, 질문에 똑바로 대답하지 않는다면 그 사람은 아무리 그럴싸하게 말하더라도 뭔가를 숨기고 있을 가능성이 높다.

"맹세컨대" 같은 수행적 표현을 사용한다

언어학자들과 철학자들은 오래전부터 수행적 표현performative이라는 언어적 장치를 흥미롭게 여겼다. 수행적 표현이란 〈진술에 대한 진술〉이다. "〈약속하건대〉(혹은 맹세컨대), 전 그 돈을 훔치지 않았어요."라는 말에서 〈약속하건대〉라는 구절이 수행적 표현이다. 이 말은 그저 "내가 당신에게 말한다.", "내가 당신에게 하려는 말은 다음과 같다."라고 말하는 셈이다. 수행적 표현의 흥미로운 점은 진실성이라는 측면에서 평가를 할 수 없다는 점이다. 〈약속하건대〉라는 말로 시작하는 문장에서 "나는 그 돈을 훔치지 않았다."라는 주장은 직접적인 단언이 아니다. 이 구절에 담긴 진실은 어떤 사람이 자기가 그 돈을 훔치지 않았음을 그저 약속한다고 말하는 것뿐이다. 이 구절은 미세한 차이를 만들어 내지만 놀라울 정도로 자주 사용된다.

빌 클린턴 대통령은 임기가 끝날 무렵 백악관 인턴 직원 모니카 르윈스키와의 성추문 때문에 언론에 시달리고 있었다. 1998년 1월 26일 기자회견에서 클린턴은 이렇게 발표했다.

"다시 이렇게 말하는데, 저는 그 여자, 르윈스키 양과 성관계를 하지 않았습니다. (I'm going to say this again: I did not have sexual relations with that woman,

Miss Lewinsky.")

순진한 사람이라면 빌 클린턴 대통령이 르윈스키와 성관계를 하지 않았다고 생각할 것이다. 실제로 "다시 이렇게 말하는데……."라는 진술은 엄밀히 말하면 맞는 말이다. 다시 말하고 있었던 것은 사실이니까. 그러니 나중에 〈그 여자〉와의 성관계를 인정하기는 했지만 기자회견에서 공식적으로 거짓말을 하고 있었던 것은 아니다.

역대 최고의 투수 중 한 명인 로저 클레멘스는 예전 팀 동료들에게서 선수생활 중 경기력을 향상시키는 약물을 복용했다는 혐의를 받았다. 나중에 약물 복용을 인정하기 몇 달 전 기자회견에서 클레멘스는 이렇게 말했다.

"아무런 조건 붙이지 않고 확실하게 진술하고 싶은데요. 저는 선수생활 중 그 어느 때도 스테로이드나 성장 호르몬, 다른 금지된 약물을 복용하지 않았고, 사실 제 평생……."

이번에도 우리는 클레멘스가 엄밀히 말해서 정직했다는 것을 알 수 있다. 그가 조건 없이 확실히 말하고 싶었던 것은 사실이다. 그 뒤로 진술한 내용은 거짓말이었지만 그의 진술 자체는 진실이었다.

* * *

우리는 모두 우리 자신에게, 친구들에게, 또 크게 보면 이 세상에게도 거짓말을 한다. 이것들 중 대부분은 다른 사람의 감정을 상하지 않게 하려거나 자신의 실제 모습보다 조금 더 나아 보이게 하기 위한 하얀 거짓말이다. 마찬가지로 우리는 친구, 정치인, 광고업자, 아니 거의 모든 사람들에게 끊임없이 속으면서 산다. 물론 거짓말은 완전히 나쁘지만은 않다. 거짓말은 우리 삶을 좀 더 재미있게 만들어 준다. 영화 「거짓말의 발명The Invention of Lying」의 주인공이자 작가 겸 영화감독인 리키 저베이스는 거짓말이 없다면 우리에게는 소설도 없고 좋은 이야기도 없을 것이라고 주장한다. 즉 거짓말과 기만이 없다면 예술, 문학, 철학, 심리학이 거의 필요하지 않을 것이라는 말이다.

다른 사람들을 속이는 기술을 담는 일차적인 수단은 언어다. 거짓말에 사용되는 단어가 일반적으로 우리가 사용하는 기능어에서 발견되는 것은 놀라운 일이 아니다. 앞서 언급했듯, 기능어는 그 본질상 사회적인 단어들이다. 기능어는 우리가 사물, 사건, 가장 중요하게는 다른 사람들과 맺는 관계에 대해 알려준다. 보았다시피 거짓말은 결국 말하는 사람과 듣는 사람의 사이에 생기는 미묘한 변화를 반영한다. 거짓이 발생하는 순간 인간관계는 변하고, 그것은 우리가 사용하는 기능어에 반영된다.

5 줄리아니
뉴욕 시장과 리어왕,

그들은
왜 갑자기 단어를
바꿔 말했을까

미식축구에 눈물이 없다는 말을 누가 했던가? 뉴욕 제트 팀 코치인 렉스 라이언은…… 지난번 재규어에게 24 대 22로 충격적인 패배를 당한 뒤 선수들에게 열변을 토했는데 감정이 북받친 나머지 눈물까지 보였다고 한다. "저희를 비난한 건 전혀 아니에요. 코치님이 엄청 감정적이었을 뿐이죠……. 울고 계셨거든요." 라이트 태클인 데미안 우디가 《뉴욕 포스트》에 이렇게 말했다. "렉스 코치님은 말로 표현할 수 없을 정도로 우리 팀을 굳게 믿고 있어요. 우리가 이 기회를 이용하지 못한다면 부끄러운 일이겠죠."

코너백 대럴 레비스는 이렇게 말했다. "전 코치님의 그런 모습을 보고 조금 속상했어요. 코치님과 똑같은 이유로 저도 속상합니다."

그렇게 감정이 격해진 미팅을 경험해본 적이 있느냐고 묻자 레비스는 이렇게 말했다. "아뇨, 회의에서 코치님이 그렇게 우는 모습은 처음 봤어요. 나중에는 오늘 아침처럼 말고 기쁨의 눈물을 더 많이 흘릴 날이 왔으면 좋겠네요."

— 2009년 11월 17일자 《뉴욕 포스트》, 마이크 캐니차로

어떻게 보아도 이번 주 뉴욕 제트 팀은 곤경에 빠진 것으로 보인다. 월요일에 코치 렉스 라이언이 선수들에게 말하면서 감정이 북받쳐 눈물을 흘렸다니 말이다. 계획적인 연출이었든 아니든, 라이언 코치가 동기를 부여하고 팀을 하나로 뭉치게 하려고 눈물을 보였다는 것은 팀이 삐걱거린다는 공식적 신호다.

— 2009년 11월 20일자 뉴저지뉴스룸닷컴, 샘 히치콕

사람들이 감정적으로 행동하는 상황은 우리의 관심을 끈다. 성인인 미식축구 코치의 눈물은 그의 팀과 경쟁 팀에게, 넓게 보면 미식축구를 관람하는 대중들에게도 중요한 이슈다. 《뉴욕 포스트》의 기사 원문에서는 라이언 코치가 감정적인 모습을 보인 후로 그의 팀이 다가오는 뉴잉글랜드 패트리어츠와의 경기를 더욱 철저히 대비하여 보스턴행 버스를 탈 준비가 되었다고 전했다. 며칠 후 유명한 뉴저지뉴스룸 사이트에 올라온 기사에서는 같은 사건을 팀이 파멸로 치닫고 있다는 조짐으로 보았다. 그리고 실제로 그랬다. 그 주 일요일에 뉴욕 제트는 패트리어츠에게 31 대 14로 참패했다. 그 다음 주에는 눈물 소식이 없었다.

감정은 사람들이 세상을 보고 그에 대해 생각하는 방식을 바꾸게 한다. 사람들로 하여금 더 열심히 일하게 하거나 절망 속에 포기하도록 동기를 부여할 수도 있다. 감정은 우리의 시각을 넓힐 수도 있고 같은 주제를 계속 곱씹게 함으로써 시야를 좁힐 수도 있다. 감정은 우리의 생각을 이끌어주고 다른 사람들과 대화하고 어울리는 방식에도 영향을 미친다. 우리는 자신의 감정을 알아야 할 뿐만 아니라 다른 사람들이 무슨 생각을 하는지, 무엇을 계획하고 있는지 이해하기 위해 그들의 감

정을 읽을 수 있어야 한다.

사람들이 울거나, 소리를 지르거나, 자지러지게 웃고 있을 때는 그들의 감정을 읽기가 쉽다. 그렇지 않을 때는 표정, 말투, 비언어적 행동 등을 통해 감정이 더 미묘하게 전달된다. 하지만 대개의 경우 사람들은 어떤 감정을 느끼더라도 내색하지 않는다. 모든 사람들은 데이트 상대, 부모, 교사, 상사, 고객이 자신을 맘에 들어 하는지 아닌지 알 수 없었던 경험이 있을 것이다. 가까운 관계에서 어느 한쪽이 상대의 중요한 감정적 단서를 알아차리지 못하는 바람에 관계가 틀어진 적도 있었을 것이다. 우리는 대개 다른 사람들의 이메일, 메신저 대화, 트위터, 편지 등을 읽으면서 상대방이 전달하려고 의도한 감정적 단서를 놓쳤을 가능성이 있다.

이 장에서 던지는 핵심 질문은 사람들이 쓰는 단어를 통해 그들의 감정을 어떻게 알아챌 수 있느냐는 것이다. 이것은 얼핏 보면 간단한 일처럼 보인다. 사람들은 행복하면 행복한 단어를 사용할 것이다. 슬프면 슬픈 단어를 사용할 것이다. 이렇게 쉬우면 얼마나 좋을까. 사람들이 사용하는 감정을 나타내는 단어를 세어봄으로써 순조롭게 그의 감정을 가늠할 수도 있지만 이런 접근법으로는 핵심을 놓치게 된다. 바로 감정이 사람들의 생각하는 방식에 영향을 미칠 수 있기 때문이다. 사람들이 생각하는 방식을 가늠하는 방법을 알아낼 수 있다면 감정을 이해하고 연구하는 방법은 더 다양하게 생각해낼 수 있다. 그리고 바로 그런 방법이 존재한다. 기능어는 사람들이 생각하는 방식을 추적할 수 있는 좋은 수단이다. 따라서 이 기능어들이 사람들의 감정 상태 또한 들여다볼 수 있는 통찰을 제공한다는 사실은 그리 놀랍지 않을 것이다.

행복할 때는 〈구체적 명사〉를,
슬픔과 분노에 차 있을 때는 〈인지적 단어〉를 많이 쓴다

감정을 파악하고자 한다면 행복, 슬픔, 분노라는 뚜렷한 세 가지의 감정을 고려하는 것부터 시작하는 것이 좋다. 우리는 이 세 가지 감정이 각각 뚜렷한 신체적, 심리적 느낌을 동반하는 흔한 감정 상태라는 데 모두 동의한다. 이 감정들은 또한 세상을 다르게 보게 하는 역할도 한다. 감정과 단어에 대해 생각하려면 시인들이 어떻게 시를 쓰는지 살펴보는 것이 도움이 될 것이다. 어쨌든 시인들은 자신의 감정 반응에 대해 글을 쓰는 데 많은 시간을 할애하기 때문이다. 시인들은 행복, 슬픔, 분노에 대해 쓸 때 기능어를 각각 다르게 사용할까? 시 부문에서 퓰리처상을 받은 최초의 여성인 에드나 세인트 빈센트 밀레이Edna St. Vincent Millay의 작품들을 몇 가지 살펴보자. 밀레이는 20세기 중반까지 주로 사랑, 상실, 관계에 대해 쓴 자유로운 영혼으로 칭송받는다. 다음 페이지에 나오는 표를 통해 여러 편의 시에서 밀레이가 단어를 사용하는 방식을 비교해 보자.

예시로 든 밀레이의 작품들은 연구자들이 발견한 점들을 명확히 보여준다. 사람들은 긍정적인 경험에 대해 쓸 때 〈우리〉라는 단어를 특히 많이 사용한다. 그리고 행복한 사람들은 구체적인 명사를 사용하고 특정한 시간과 장소를 표시하는 등 보다 구체적으로 글을 쓴다. 또 다른 연구에 따르면 긍정적인 기분은 더 열린 태도로 세상을 바라볼 수 있도록 시야를 넓혀 준다. 한편 슬픔은 일반적으로 주의가 자신의 내면을 향하게 한다. 대명사는 사람들이 주의를 기울이는 대상을 따라 사용되

밀레이의 시에 등장한 감정을 나타내는 단어들

행복의 예 「추억Recuerdo」	슬픔의 예 「잠시 동안에Interim」	분노의 예 「마녀 같은 아내Witch-Wife」
우리는 매우 힘들었고, 우리는 매우 즐거웠고,	아, 나는 지쳤다. 나는 고달프다.	그녀는 발그레하지도 창백하지도 않네,
우리는 배 위에서 밤새 오락가락했다.	그것은 너무나 벅차다—나는 살과 피에 불과하다,	그리고 그녀는 결코 온전히 내 것이 되지 않겠으며,
우리는 숄로 감싼 머리를 향해 인사를 건넸다. "좋은 아침이에요."	그리고 나는 자야만 한다. 당신은 다시 죽었지만,	그녀는 그 손길을 동화에서 배웠고,
그리고 우리 중 누구도 읽지 않을 조간신문을 샀다.	나는 살과 피에 불과하여 자야만 한다.	그 입에서 나오는 말은 밸런타인에게서 배웠네.
그리고 그녀는 그 사과와 배 때문에 눈물을 흘렸다. "신이 축복하시길!"		그녀는 필요한 것보다 더 많은 머리칼을 가졌으니,
그리고 우리는 지하철 요금만 남기고 돈을 모두 그녀에게 줘 버렸다.		햇빛 아래 이것이 문제로구나!
		그리고 그녀의 목소리는 한 줄 오색 구슬이며,
		걸음은 바다 속으로 이끄네.

는데, 사람들은 감정적 및 신체적으로 크게 고통스러울 때 〈나〉라는 단어를 많이 사용한다. 다른 감정들과 달리 슬픔은 과거를 돌아보고 미래를 생각하는 것과 관련이 있다. 다시 말해서 사람들은 다른 강렬한 감정에 비해 슬픔이나 우울함을 느낄 때 과거와 미래 시제 동사를 더 많이 사용한다.

분노는 부정적 감정으로 분류되지만 슬픔과는 완전히 다른 특성이 있다. 사람들은 화가 났을 때는 다른 사람에게 집중하고 자기 자신은 보지 않는다. 이때는 2인칭과 3인칭 대명사를 자주 사용할 뿐만 아니라 현재 시제로 생각하고 말한다.

슬픔이나 분노를 느끼게 하는 일이 일어나면 우리는 그 일이 왜 일어났는지 알고 싶어 하는 경향이 있다. 이럴 때 우리는 인과관계에 대해 생각하고 스스로 돌아보게 되므로 그것을 반영하는 인지적 단어를 사용한다. 자부심과 사랑 같은 긍정적 감정을 느낄 때는 이런 일이 일어나지 않는다. 대개 행복하고 만족할 때는 자기반성을 하는 것이 아니라 기쁨이 밀려오도록 놓아둔다. 요컨대 부정적 감정은 생각이 깊어지게 하고, 긍정적 감정은 우리를 행복한 바보로 만든다.

자살한 시인들이
그렇지 않은 시인들에 비해 훨씬 많이 사용한 단어

매년 성인의 5퍼센트 이상이 주요 우울증(major depression, 경도 우울증에 비해 일상에 지장을 줄 정도로 증상이 심한 우울증)을 경험한다. 우울증 삽화(depressive episode, 우울증이 일시적으로 나타나기 시작하는 시기)는 신체적 건강 문제, 사회생활과 직장생활의 붕괴, 높은 자살 위험 등과 관련이 있다. 우울증 발병 가능성에 영향을 주는 것으로 알려진 몇 가지 요인으로는 인생의 중대한 변화, 유전적 원인, 사회적 고립 등을 들 수 있다. 특히 잘 알려진 우울증 이론에 따르면 사람들은 우울해질 때 병적인 수준으로 자신의 감정에 집중하는 경향이 있다고 한다. 이들은 초조함, 슬픔, 자신이 쓸모없다는 느낌을 곱씹는 한편 그들을 둘러싼 세상에 대한 관심을 점점 거두어들인다.

대명사가 사람들의 관심의 초점을 반영한다는 사실을 떠올려보라. 우울증에 걸린 사람들은 자신의 내면에 관심을 쏟게 된다는 사실을 고려하면 우울증 삽화는 자기 자신을 가리키는 대명사, 특히 〈나는〉, 〈나를〉, 〈나의〉 같은 1인칭 단수 대명사의 잦은 사용과 관련이 있을 수밖에 없다. 우울증이 심할수록 말이나 글에서 〈나〉라는 단어를 사용할 가능성이 높다. 가장 놀라운 점은, 부정적 감정을 나타내는 단어보다 〈나〉라는 단어의 사용이 우울증을 더욱 정확히 예측한다는 사실이다.

우울증 비율은 작가들에게서 특히 높게 나타나고 뛰어난 시인들에게서 우울증 경향이 가장 뚜렷이 나타난다. 최근의 연구들에 따르면, 시인들은 다른 예술가들에 비해 더 이른 나이에 사망하고 자살하는 비율 또한 20퍼센트에나 달한다고 한다. 시를 쓰는 작업이 매우 스트레스 받는 일이기는 하지만, 이보다 더욱 설득력 있는 설명은 우울증에 걸리기 쉬운 사람들이 자신의 심한 감정 기복을 이해하려는 노력 때문에도 시를 쓰게 된다는 견해다. 이 설명은 가끔 조울증이라고도 언급되는 양극성 우울증에도 적용된다. 양극성 장애가 특히 위험한 이유는 뚜렷한 원인 없이 극단적인 감정 기복에 빠지는 경우가 많고 분명한 유전적 기초가 있기 때문이다. 다른 형태의 우울증과 달리 양극성 장애로 진단받은 사람들은 자살할 가능성이 훨씬 더 높다.

존스 홉킨스 의대의 존경받는 과학자인 케이 레드필드 제이미슨은 예술적 기질과 양극성 장애의 긴밀한 연관성에 대해 많은 책을 썼다.

연구를 통한 그녀의 발견에 따르면 양극성 장애와 일치하는 증상이 있는 시인들이 이상할 정도로 많다고 한다. 제이미슨은 이 사실을 시인들의 회고록이나 작품, 혹은 가족, 친구, 전기 작가들의 말을 통해 알게 되었다. 그렇다면 시인들의 작품을 컴퓨터로 분석하여 양극성 장애와 자살 경향을 확인할 수 있을까? 우리는 이제 임상 심리학자가 된 섀넌 스터먼과 협력하여 시인 열여덟 명의 시를 분석했다. 이 시인들 중 아홉 명이 자살했다. 우리는 자살한 시인들이 그러지 않은 시인들에 비해 시에서 〈나〉라는 단어를 훨씬 많이 사용했음을 발견했다. 특히 놀라운 점은 부정적 감정을 나타내는 단어 사용에서는 두 집단이 차이가 없었다는 점이다. 비록 표본이 되는 시인들의 수는 적었지만 이 차이는 통계적으로 놀라울 정도로 컸다.

자살한 시인과 그러지 않은 시인들의 언어를 면밀히 살펴보기 시작하자 눈에 띄는 점이 있었다. 〈나〉와 관련이 있는 대명사의 사용으로 미루어 보면, 자살한 시인들은 그러지 않은 시인들과 달리 심리적으로 자신의 슬픔과 불행 쪽에 더 가까운 듯했다.

예를 들면, 실비아 플라스Sylvia Plath의 유명한 시 「미친 소녀의 사랑 노래Mad Girl's Lovesong」를 살펴보자. 실연을 슬퍼하는 내용의 이 시는 이렇게 시작한다.

내가 눈을 감으면 온 세상이 거꾸러진다.
내가 눈꺼풀을 들어 올리면 모든 것이 다시 태어난다.
(내 생각에 나는 당신을 내 머릿속에서 만들어낸 것 같아.)

이러한 실비아 플라스의 슬픔을 존경받는 시인 드니스 레버토프Denise Levertov의 시 「결혼의 아픔The Ache of Marriage」 첫 줄에 나오는 단어들과 비교해 보자.

결혼의 아픔
사랑하는 이여, 허벅지와 혀가
결혼의 아픔으로 무겁구나.
그것은 이빨 사이에서 욱신거린다.

두 작품 모두 같은 주제를 다루고 있지만 플라스의 〈나〉라는 단어의 사용은 그녀가 상실을 끌어안고 있다는 것을 암시한다. 반면에 레버토프는 적당한 거리에서 그 고통을 견뎌내고 있는 듯하다. 마치 더 멀리 있는 (그리고 더 안전한) 제3자의 시각에서 고통을 지켜보고 있는 것 같다. 실제로 이 인상적인 두 시인의 작품집을 읽어보면 상실, 단절, 우울함을 그대로 끌어안느냐는 문제에서 두 사람이 어떻게 다른지 명백히 드러난다. 이런 이유로 플라스가 더 인기 있는 시인일지도 모른다. 1인칭 단수 대명사라는 수단을 활용하여 독자들을 강렬한 감정 가까이 끌어옴으로써 그녀의 절망을 느낄 수 있게 하니까.

줄리아니 뉴욕 시장과 리어왕,
그들이 사용하는 단어는 왜 갑자기 바뀌었을까
―

실패나 거절에서 오는 상실감은 슬픔 및 우울과 밀접한 관련이 있다. 2000년, 《뉴욕 타임스》 1면에는 기자들이 당시 뉴욕 시장이던 루돌프 줄리아니에게서 발견했다는 그의 뚜렷한 성격 변화에 대한 기사가 실렸다. 내 경험상 사람의 성격은 자주 바뀌지 않기 때문에 나는 이 기사에 흥미를 느끼고 그 일을 더 깊이 파보기 시작했다.

 시장으로 재직한 8년 동안 루돌프 줄리아니는 무신경한 깡패, 분노와 독선으로 부글부글 끓어오르는 남자, 따뜻함, 연민, 매력 덩어리 등 극단적으로 다양하게 묘사되었다. 이런 상반되는 평가들은 줄리아니가 임기 동안 변해감에 따라 같은 사람들에게서 나온 말이었다. 뉴욕 시민의 대다수가 동의하는 한 가지는 줄리아니가 유능한 시장이라는 점이었다. 줄리아니는 뉴욕을 재정 위기에서 구했고 범죄를 줄였으며 관광 산업을 부흥시켰다. 줄리아니는 시장으로서의 성공에 힘입어 2000년 상원의원 자리를 놓고 힐러리 클린턴에 맞서 선거운동을 시작했다.

 하지만 2000년 늦은 봄, 줄리아니의 인생은 2주 만에 완전히 뒤집혔다. 그는 전립선암 진단을 받고서 힐러리 클린턴과의 상원의원 선거전에서 물러났고, 전국 방송에서 아내와의 이혼을 발표했고(아내에게 말하기도 전에), 며칠 후에는 나중에 결혼식을 올린 주디스 네이선과의 특별한 우정을 인정했다. 5월 중순쯤에는 친구의 아파트에서 지내며 항암 치료를 받았다. 6월 초쯤 되었을 때 친구, 지인, 언론사 기자, 오랜 적들을 비롯한 모든 사람들은 줄리아니가 더 진실하고 겸손하고 따뜻해진 것 같다는 사실을 알게 되었다.

우울증을 예측하는 가장 믿을 만한 지표 중 하나는 트라우마 사건의 경험이다. 사실 사람들은 어느 때건 큰 충격을 받을수록 우울증과 질병을 겪을 가능성이 높아진다. 줄리아니의 언어를 살펴보면 그의 성격 변화를 확인할 수 있을까? 다행히 뉴욕 시장이던 줄리아니는 기자회견을 자주 열었기 때문에 우리는 그것을 분석할 수 있었다. 구체적으로 우리는 줄리아니가 감정의 격변을 겪는 과정에서 그의 기능어 사용이 이전과 달라졌는지가 궁금했다.

줄리아니는 시장으로 일하던 초반 몇 년에 비해 〈나〉라는 단어의 사용이 급격히 늘었고, 어려운 말을 적게 사용했으며, 긍정적 및 부정적 감정을 나타내는 단어들을 더 많이 사용했다. 1인칭 복수 대명사인 〈우리〉라는 단어의 사용에도 변화가 생겼다. 앞서 살펴보았듯 〈우리〉라는 단어는 사람들이 거만하고, 감정적으로 거리가 있고, 지위가 높을 때 자주 사용된다. 남자들은 특히 〈우리〉라는 말을 거리감 있게 사용하거나 영국 왕실에서 쓰는 방식으로 사용한다. 이를테면 "우리 그 자료 분석해야 해."라거나 "우리는 더 높은 세금을 그냥 참고 받아들이지 않을 것입니다."와 같이 〈우리〉를 사용한다. 하지만 이 사례에서 줄리아니의 언어는 차갑고 거리감 있는 성격에서 더 따뜻하고 친근한 성격으로 바뀌는 그의 흥미로운 변화를 보여주었다.

줄리아니 프로젝트의 첫 단계가 끝났을 때 나는 그 결과가 왠지 묘하게 친숙해 보였다. 그 다음 순간 머릿속을 스치는 것이 있었다. 바로 셰익스피어의 「리어왕」이었다. 극중에서 리어왕은 딸들에게 자신에 대한 사랑과 존경을 공개적으로 선언하라고 요구하는 오만한 지배자로 등장한다. 그가 가장 사랑하는 딸 코딜리어는 아버지의 요구를 거부하고 결국 잉글랜드를 떠나 프랑스 왕과 결혼한다. 이후 전쟁, 싸움, 맞대응, 비극이 이어진다. 마지막 장에서 치명적인 부상을 입은 리어왕은 사랑하는 딸의 시체를 마주한다. 그는 변한다. 상실의 트라우마를 겪은 후 그에게서는 따뜻함과 인간미가 묻어나온다. 줄리아니와의 연관성이 보이는가? 셰익스피어가 리어왕을 통해 보여준 그의 처음과 마지막의 언어를 읽어보자.

1막 1장, 리어왕의 말

"알다시피 우리는 왕국을 셋으로 나누었다. 그리고 늙은 이 몸에서 모든 근심과 국사를 떨치고 젊고 기운찬 사람들에게 넘겨주어 홀가분하게 죽음을 기다리려고 확고하게 결심했노라. 나의 사위 콘월과 그에 못지않게 사랑하는 올버니여, 우리는 장래의 불화를 지금 미리 막기 위해서 유언을 발표하여 딸들의 몫을 나눠주려고 이런 시간을 마련했다……. 말해 다오, 딸들아(지금부터 우리는 통치권과 영토의 이권, 모든 국사에서 손을 뗄 것이다), 우리는 너희들 중 누가 우리를 제일 사랑한다고 할 수 있겠느냐? 타고난 효심이 다른 훌륭한 가치들을 이기는 쪽으로 우리의 가장 큰 재산이 갈 것이니라."

5막 3장, 리어왕의 마지막 말

"아, 너희는 돌 같은 인간들이로다. 나에게 너희의 혀와 눈이 있었다면 나는 그것으로 하늘의 천장을 무너뜨렸을 텐데. 그 아이는 영원히 가버렸구나! 나는 사람이 죽었는지 살았는지 아노라. 그 아이는 죽어서 흙이 되었구나……. 너희 살인자들아, 반역자들아, 모두 천벌을 받아라! 나는 그 아이를 구할 수 있었는데, 이제 그 아이는 영원히 가버렸구나! 코딜리어야, 잠시만 그대로 있거라. 뭐라고 말하느냐? 그 아이의 목소리는 늘 부드럽고 온화하고 나직했지……. 그날 나는 잘 드는 내 검과 함께였지. 내가 그놈들을 몰아냈을 텐데. 나는 이제 늙어서 똑같은 고난에도 이렇게 못쓰게 돼버렸다네. 자네는 누군가? 내 눈이 영 좋지가 않아. 있는 그대로 털어놓겠네……. 바라건대 이 단추를 풀어주게. 고맙네, 경. 이게 보이는가? 그 아이를 보게!"

이 두 문단을 분석하면 줄리아니 시장이 보인 변화와 흥미로울 정도로 비슷한 결과가 나온다. 사실 줄리아니와 리어왕이 오만했던 시기에 사용하던 대명사와 어려운 단어들을 트라우마 이후 따뜻하고 정직해진 시기의 단어들과 비교하면 당혹스러울 정도다. 오만했던 시기에는 리어왕과 줄리아니 둘 다 〈나〉라는 단어와 감정을 나타내는 단어를 적게 사용한 동시에 〈우리〉라는 단어와 어려운 단어를 많이 사용했다. 하지만 이 양상은 두 사람이 인생을 바꿀 만한(리어왕의 경우에는 인생이 끝날 만한) 개인적 격변을 겪고 나서 완전히 뒤집힌다. 이처럼 삶은 예술을 모방하고 과학은 그것을 기록한다.

줄리아니의 이야기는 2000년의 개인적 위기 이후 흥미롭고도 중요한 또 다른 방식으로 펼쳐졌다. 고비를 겪은 후 1년 정도가 지났을 무렵 줄리아니가 임기 마지막 몇 달 동안 시장으로서 업무를 수행하고 있을 때 9/11 테러로 세계무역센터 쌍둥이 빌딩이 붕괴하고 3천 명 가까이 사망하는 사고가 일어났다. 당시 줄리아니는 어느 모로 보아도 미국과 뉴욕의 강력하고 인정 많은 지도자의 모습을 보였다.

줄리아니는 테러 이후 첫 주에 열린 기자회견에서 진실한 따뜻함과

리어왕과 줄리아니 시장의 언어: 총 단어 수에 대한 비율

	리어왕 1막	줄리아니 시장 1년차	리어왕 5막	줄리아니 위기 이후
나는, 나를, 나의	2.0	2.1	7.4	7.0
우리는, 우리를, 우리의	12.0	2.5	0	1.0
어려운 단어	18.9	17.0	7.4	12.5

참고: 셰익스피어의 분석 자료는 리어왕의 첫 번째와 마지막 대사이고, 줄리아니의 자료는 임기 초반 4년과 전립선암 발표 직후 두 달 동안의 기자회견 내용을 바탕으로 한다. 수치는 리어왕의 대사와 줄리아니의 기자회견에 사용된 총 단어 수에 대한 해당 단어의 비율이다.

품위를 보여주었다. 그의 언어를 분석해 보니 새로운 단어 사용 패턴이 나타났다. 〈나〉라는 단어(3퍼센트)와 〈우리〉라는 단어(3.2퍼센트)는 적당한 빈도로 사용되었다. 하지만 〈우리〉라는 단어 사용의 변화는 빈도가 아니라 다른 측면에서 나타났다. 임기 초반에 그가 사용한 〈우리〉라는 단어는 딱히 눈에 띄지도 않았고 사회 전반을 의미하는 말이었다. 하지만 테러 이후의 〈우리〉라는 단어는 뉴욕 시민들이나 정부의 특정 집단을 언급할 때 쓰이는 등 가리키는 대상이 훨씬 뚜렷해졌고 친밀한 느낌을 주었다.

줄리아니 연구 프로젝트는 감정 상태와 기능어, 특히 대명사 사용과의 연관성을 보여준다는 점에서 자살한 시인들에 대한 연구 결과를 보완해 준다. 감정은 다른 사람들과의 사회적 관계를 반영하기도 하고 그에 영향을 미치기도 한다. 대명사는 본래의 특성상 말하는 사람과 상대방 사이의 관계에 따라 사용된다. 대명사와 다른 숨어 있는 기능어들은 대부분의 사람들이 의식적으로는 인식하지 못하는 〈감정 탐지기〉 역할을 한다.

**개인의 고통이 최고조에 달했을 때
우리가 쓰는 단어에서는 〈낯선 삭막함〉이 느껴진다**
—

사람들이 감정적 고통에 대처하는 방법에는 최소한 두 가지가 있다. 인정하기와 회피하기. 자살한 시인들, 가공의 인물인 리어왕, 실제 인물인 줄리아니 시장은 모두 그들의 고통과 상실을 인정했다. 사회적인 측면에서 보면 이들은 〈나〉라는 단어를 더 많이 사용함으로써 연약해 보였다. 자신의 내면에 집중하는 행위는 고통을 더 키우고 다른 사람들에게 그 감정적 고통을 알릴 수 있다.

고통에 대처하는 또 하나의 흔한 전략은 회피하거나 어느 정도 거리를 두는 것이다. 드니스 레버토프의 시 「결혼의 아픔」을 떠올려보면 레버토프는 그 경험에서 거리를 두고 그것을 덜 개인적인 방식으로 표현했다. 또 다른 회피 전략들로는 원치 않았던 감정적 경험을 마음속에서 아예 몰아내려는 시도가 있다. 실제로 고통으로부터 거리를 두는 행동은 특히 단기적으로 감정을 다스리는 데 매우 효과적인 방법이 될 수 있다. 키우던 강아지가 죽었다는 나쁜 소식을 업무 회의 직전에 듣는다면 마음 한구석에서는 바닥에 엎드려 통곡하고 싶더라도 아무 일도 없었던 것처럼 감정을 추스르고 회의를 계속해야 한다.

단기적으로 마음의 고통을 피하는 요령은 있는 것 같다. 댄 웨그너와 그의 연구진들은 일련의 기발한 실험실 연구를 통해 사람들이 감정적 사건에 대한 생각을 멈출 수 없다는 사실을 보여주었다. 이럴 때는 생각을 멈추기보다는 다른 곳으로 주의를 돌릴 필요가 있다. 웨그너의 조언에 따르면 회의 전에 안 좋은 일이 생긴다면 차라리 회의 생각을 해야지, "강아지 생각은 하지 말자, 강아지 생각은 하지 말자."라고 중얼거려서는 안 된다는 것이다.

그렇다면 사람들이 트라우마 경험을 인정하고 받아들이는 전략 대신 자기도 모르게 회피 전략을 사용하는 경우는 언제일까? 학자들은 최근에 와서야 사람들이 충격적인 일을 겪으면서 반응하는 방식을 추적할 수 있게 되었다. 그 결과 사람들이 감정적 격변에 대처할 때는 대부분 단기적으로 인정과 회피 전략을 함께 사용하는 경향이 있다는 사실이 몇 가지 기술 혁신의 결합을 통해 분명해졌다.

몇 년 전 나는 헥터라는 친구의 집을 빌려 가족과 함께 그곳에서 휴가를 보냈다. 헥터는 자기 집 자동응답기에 녹음되는 메시지 중에 급한 일이 있으면 연락을 해달라고 했다. 우리가 머문 지 며칠 지났을 때 한 남자가 헥터에게 조용하고 담담한 말투로 음성 메시지를 남겼다.

헥터, 놀런이야. 마거리트가 어젯밤 죽었다고 말하려고 전화했어. 요 며칠 상태가 계속 나빠졌거든. 지난주에 전화 줘서 고마워. 정말 감사하고 있어. 월요일에 추도식이 있을 거야. 나중에 다시 전화할게. 연락해. 잘 지내고. 안녕.

나는 놀런이나 마거리트가 누구인지, 그들이 어떤 관계인지도 몰랐다. 하지만 놀런이 완전히 실의에 빠져 있다는 것은 누가 봐도 알 수 있었다. 나는 메시지를 다시 들으면서 놀런이 그토록 비탄에 잠겨 있었다는 것을 내가 어떻게 알았는지 알아내려고 했다. 그는 슬프거나 괴롭다는 말을 전혀 하지 않았다. 울거나 목소리가 떨리지도 않았다. 하지만 그의 언어에서 풍기는 삭막함은 왠지 낯설었다.

대명사 전문가인 나로서는 놀런이 메시지에 〈나는〉과 같은 단어를 한 번도 사용하지 않았다는 점에 아연실색했다. 사실 나는 놀런의 음성 메시지를 들은 이후 몇 년 동안 친구들에게서 가까운 사람의 죽음을 알리는 전화를 적어도 세 번은 받았다. 그리고 그들 역시 놀런처럼 〈나〉라는 단어를 거의 사용하지 않았다.

최근에 나는 사람들이 부모, 배우자, 형제자매의 죽음을 겪은 날 올린 블로그 게시물의 앞부분을 모아 목록을 만들었다. 그들이 그 죽음을 겪기 전에 올린 게시물에 쓰인 단어와 이 목록을 비교해 보니 역시 위와 같은 양상이 나타났다. 고통이 최고조에 달한 몇 시간 동안에는 대다수가 〈나〉라는 단어를 전에 비해 훨씬 적게 사용했고 부정적 감정을 나타내는 단어 또한 적게 사용했다. 이들의 언어는 전보다 간단해졌고, 더 쉬운 단어와 짧은 문장을 사용했으며, 인지적 단어도 더 적게 사용했다.

충격적인 상실을 겪은 직후에는 갈피를 잡지 못하고 멍해지며 극도의 고통을 느끼는 경우가 많다. 사람들은 고통을 줄이는 한 방법으로 주의를 자신에게서 다른 곳으로 돌린다. 깊은 슬픔을 느끼는 사람들은 자신의 감정과 자기 자신에게 신경을 덜 쓰게 된다. 그러는 대신 이들은 죽은 사람, 가족, 죽음과 관련된 세부 사항들에 더 관심을 쏟는다.

집단적 트라우마를 겪을 때,
9/11 테러 이전과 이후 블로그 글 비교하기
—

사람들이 감정적으로 감당하기 힘든 소식을 들은 후 몇 분에서 몇 시간 동안은 그 개인적인 트라우마에서 심리적으로 거리를 둔다는 것은 이치에 맞는 얘기다. 그렇다면 많은 사람들이 한꺼번에 집단 트라우마를 겪을 때는 이런 현상이 더 큰 규모로 일어날까? 미국에서 에이브러햄 링컨과 존 F. 케네디의 암살, 1941년 진주만 공습, 9/11 테러 소식을 들었을 때, 사람들은 자신이 어디에 있었고 무엇을 했는지 평생 기억했다. 그렇다면 사람들은 트라우마를 문화적으로 공유하게 되었을 때도 개인적인 사건을 겪을 때처럼 자기 자신에게서 감정적으로 거리를 두려고 할까?

이전의 문화적 격변과 달리 9/11 테러 사건이 일어났을 때는 꽤 많은 사람들이 블로그를 자주 이용하던 때였다. 우리 연구팀 중 컴퓨터를 상당히 잘 다루는 마이클 콘은 테러가 일어난 지 몇 주 후 내 사무실에 들러 한 가지 제안을 했다. 수천 개의 블로그에 올라온 글들을 분석하여 테러 이전에서 테러 이후 몇 주 몇 달 후까지 사람들의 글과 생각이 어떻게 달라지는지 추적해 보자는 것이다.

나는 마이클 콘, 머사이어스 멜과 함께 당시 인기 있던 블로그 사이트 LiveJournal.com과 협력하여 천 명 이상의 블로거가 올린 게시물을 모았다. 이들은 9/11 두 달 전부터 두 달 후까지 일주일에 최소 서너 번씩 글을 올렸다. 우리는 미국에 사는 광범위한 연령대의 블로거를 선택했다. 요컨대 우리가 모은 자료는 다양한 주제에 대해 글 올리기를 좋아하는 평범한 사람들의 글이었다. 7만 건 이상의 블로그 게시물을 분석해 보니 테러 전후와 그 사이에 대명사와 감정을 나타내는 단어 사용에서 놀라운 변화가 드러났다.

누군가 죽은 직후의 음성 메시지와 블로그 게시물처럼, 블로거들이 9월 11일 사건을 알게 되자마자 〈나〉라는 단어의 사용 비율이 뚝 떨어졌다. 옆 페이지에 있는 첫 번째 그래프를 보면 기준점인 9월 11일 이후 〈나〉라는 단어의 사용 비율이 6.2퍼센트에서 대폭 줄어든 것을 알 수 있다. 통계적인 관점에서 볼 때 이것은 입이 딱 벌어지고 숨이 멎을 정도의 변화라고 할 수 있다.

이게 다가 아니다. 〈나〉라는 단어의 감소와 동시에 〈우리〉라는 단어의 사용 비율이 훌쩍 뛰어올랐다. 두 번째 그래프에서 보듯이, 〈우리〉라는 단어의 사용은 9/11 사건 전후로 거의 두 배가 되었다. 3장에서 논의했듯 〈우리〉라는 단어는 다양한 유형으로 존재한다. 여기서 사용된 〈우리〉라는 단어의 유형은 미국인들을 의미하는 〈우리〉와 가족을 가리키는 〈우리〉가 결합된 것이다.

실제로 이 같은 현상을 보여주는 두 가지 예가 있다. 예전 남자친구와 마주쳤을 때의 어색함과 다른 남자에게 끌리는 마음에 대한 글을 올리던 25세 여성은 9/11 소식을 접하고 크게 동요했다.

나는 건물들이 쓰러지는 것을 보았고 세계무역센터가 무너져 내리는 것을 보면서 울었다……. 내 슬픔은 분노…… 그리고 두려움으로 바뀌었다. 우리의 조국이 더 이상 안전하지 않다는 생각. 나는 우리가 안전의 상실에 화가 나는 만큼 인명 손실에도 화가 났다고 생각한다.

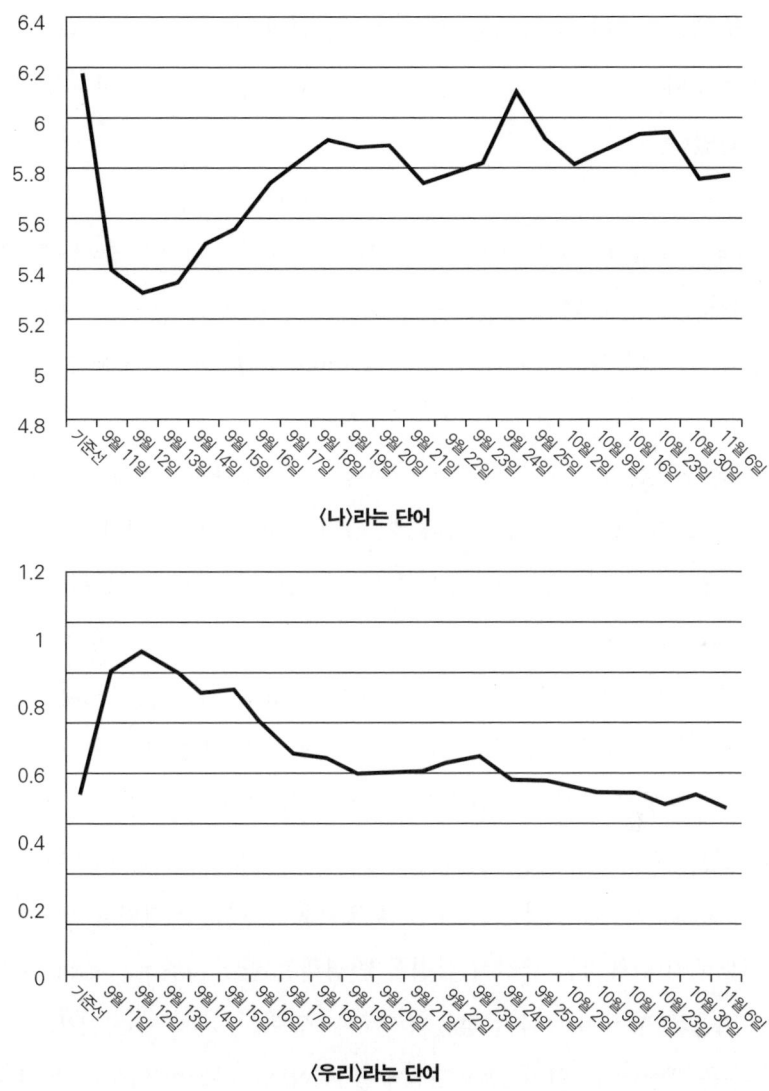

〈나〉라는 단어

〈우리〉라는 단어

참고: 이 그래프들은 2001년 9월 11일을 기준으로 두 달 전에서 두 달 후까지 1,084명의 블로거들이 일상적으로 올린 게시물에서 〈나〉라는 단어와 〈우리〉라는 단어가 차지하는 비율을 나타낸다.

아래의 글을 올린 한 남자는 평소 철학과 문화적 주제에 대해 열심히 쓰던 사람이었다. 사건 전날에도 철학자 아인 랜드와 자유의지론에 대해 장문의 글을 썼다. 사건 다음날 그는 사회적 책임의 완벽한 본보기가 되었다.

우리가 도움이 되려면 무엇을 할 수 있을까? 아마도 지금은 혈액은행이 엄청나게 붐빌 테고 며칠 동안 계속 그럴 것이다. 그런 것이 당신을 멈추게 해서는 안 된다. 당신이야말로 필요한 사람이다. 당신이야말로 도울 수 있다.

세계무역센터 건물 붕괴 직후 24시간 동안 올라온 블로그 게시물 중 92퍼센트가 그 사건을 언급했다. 이 사건은 사람들로 하여금 다른 사람들을 자신의 가족, 공동체, 국가의 테두리 안으로 받아들이도록 강력히 촉구했다.

블로그에서 사용된 감정을 나타내는 단어에 대한 연구는 대명사에 대한 연구 결과와 상통했다. 긍정적 감정을 나타내는 단어의 순간적인 감소와 부정적 감정을 나타내는 단어의 폭발적인 증가 이후 감정을 나타내는 단어 사용은 평소대로 돌아갔다. 게다가 사람들은 테러가 일어나기 전보다 긍정적 감정을 더 많이 표현했다. 이러한 경향을 포착하기 위해 우리 컴퓨터는 긍정적 감정을 반영하는 단어(사랑하다, 행복한, 축복)의 비율과 함께 부정적 감정을 반영하는 단어(미워하다, 울다, 걱정하다)의 비율을 계산했다. 옆의 그래프에서 볼 수 있듯, 사건이 일어나기 전 두 달 동안에는 일반적으로 긍정적 감정을 나타내는 단어가 훨씬 많이 사용되었다. 이는 원래 사람들이 서로 꽤 긍정적인 방식으로 의사소통을

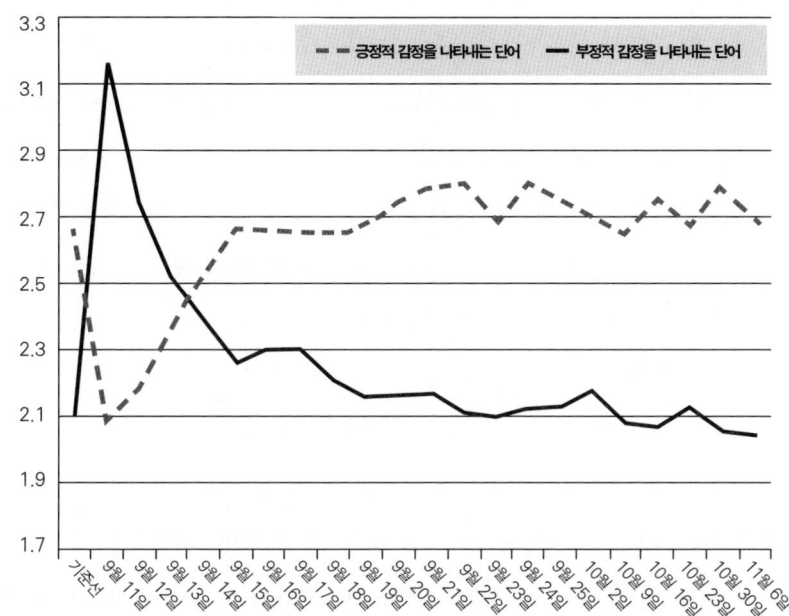

참고: 이 그래프는 블로거 1,084명이 긍정적인 감정과 부정적인 감정을 나타내는 단어를 사용한 방식을 나타낸다. 기준선은 9/11 이전 두 달 동안의 게시물을 바탕으로 한 평균치다. 9월 25일까지는 매일, 그 이후부터 11월 6일까지는 일주일 간격으로 사용 비율을 측정했다.

해왔다는 의미다.

하지만 테러 공격 이후 7만 건의 게시물에서 부정적 감정의 표현이 급증하여 이틀 정도 지속되었고 이후 11일 정도에 걸쳐 사건 이전의 수준으로 되돌아갔다. 한편 긍정적 감정을 나타내는 단어에서는 훨씬 더 놀라운 양상이 나타났다. 긍정적 감정을 나타내는 단어의 사용 빈도는 9월 11일에 급격히 떨어졌다가 4일 동안 사건 이전의 수준으로 되돌아갔다. 그런데 사건 이후 10일이 지나자 긍정적 감정은 사건 이전보다 더 높아졌다.

9/11 연구에서 마지막으로 중요한 점이 하나 더 있었다. 사건 후 5일에서 6일이 지나는 동안 블로거들은 전보다 훨씬 높은 비율로 인지적 단어를 사용했다. 인지적 단어에 인과적 사고를 반영하는 단어(왜냐하면, 야기하다, 영향을 끼친다)와 자기성찰(이해하다, 깨닫다, 의미한다)을 반영하는 단어가 포함된다는 점을 떠올려보라. 일반적으로 인지적 단어는 사람들이 자기 삶에서 무슨 일이 일어나고 있는지 이해하려고 애쓰고 있음을 보여준다.

예상치 못한 사건 직후 인지적 단어가 증가하는 현상은 이해할 수 있는 일이다. 다들 무슨 일이 왜 일어났는지 알고 싶어 하기 때문이다. 그런데 9/11 테러 일주일 후부터 두 달 동안 블로거들의 인지적 단어 사용 비율은 전례 없는 수준으로 낮아졌다. 아니, 사람들이 생각하고 있음을 나타내는 지표는 9/11 테러 이전보다 훨씬 더 적어졌다.

이러한 결과들이 무엇을 암시하는지 생각해 보자. 블로거 천 명을 대상으로 한 분석은 평범하고 정상적인 사람들이 거대한 감정적 격변 이후 어떤 생각을 하게 되는지 보여준다. 9/11 테러 이후 며칠 내로 대다수의 블로거들이 쇼핑 계획, 남자친구, 포르노, 애완동물 등 다시 일상적인 주제로 돌아왔다는 사실에 주목하자. 하지만 어떤 주제를 다루든 공통적인 양상이 나타났다. 당시 블로거들의 언어에서 나타나는 특징적인 양상을 요약하면 다음과 같다.

공통의 트라우마는 사람들을 화합하게 한다. 공통의 트라우마가 있을 경우 사람들은 타인에게 관심을 더 많이 쏟고 자신을 공통의 정체성의 일부로 언급한다. 〈우리〉라는 말을 〈당신과 나〉라는 뜻의 따뜻한 의미로 사용하는 경우가 늘어나는 데서도 이런 측면을 엿볼 수 있다.

또한 공통의 트라우마는 사람들이 자기 자신에게서 다른 곳으로 관심을 돌리게 한다. 이 경우 사람들은 슬프기는 해도 우울하지는 않다. 정말로 우울한 사람들은 〈나〉라는 단어를 적게 사용하는 것이 아니라 더 많이 사용한다는 사실을 상기하자.

공통의 트라우마는 여러 측면에서 긍정적인 경험이다. 9/11 이후 적어도 두 달 동안은 사람들이 긍정적 감정을 더 많이 표현했고 사건 이전 몇 달 동안에 비해 사회적으로 더 연결되어 있었다.

공통의 트라우마는 사람들을 더 어리석게 만든다. 뭐, 더 어리석어지지는 않을지 모르지만 덜 분석적인 상태가 되는 것은 분명하다. 사건 직후 일주일까지 사람들은 더 단순한 스타일로 글을 썼고, 이것은 그들이 그 주제에 대해 깊이 생각하지 않았음을 보여준다. 실제로 이때 사람들은 더 수동적이고 새로운 정보를 순순히 받아들이는 상태인 듯했다.

트라우마 경험에 대한 사람들의 반응은 시간이 지남에 따라 변한다. 사람들이 자신의 세상에 대해 생각하고, 느끼고, 주의를 기울이는 방식은 감정적 격변을 겪은 후 몇 시간, 며칠, 몇 주 안에 대대적으로 변한다.

공동체의 언어가
이타적이고 따뜻해질 때
—

진화 심리학자들은 9/11 연구 결과가 진화론적으로 어떻게 이해될 수 있는지에 주목한다. 사바나에서 작게 무리지어 다니던 집단이 다른 무리에게 공격을 당한다면 한데 뭉쳐서 외부에 주의를 기울이고 앞으로의 공격에 대비하는 것이 매우 중요하다. 이것은 개인과 집단의 생존 가능성을 높이는 데 도움이 될 수 있는 적응 반응이다.

집단에 직접 위협이 되지는 않지만 구성원들이 공통으로 경험하는 감정적 사건이 일어날 때도 구성원들의 언어에서 이와 같은 양상이 나타날까? 답은 〈그렇다〉인 듯하다. 나는 지금까지 경력을 쌓아오면서 수많은 대규모 격변의 사회적, 심리적 효과를 연구했다. 이들 격변에는 1980년 워싱턴의 세인트 헬렌스 화산 폭발, 1989년 샌프란시스코 베이에어리어에서 일어난 로마 프리에타 지진, 1991년 1차 걸프전, 1997년 다이애너 비의 죽음, 1999년 텍사스 A&M 대학교에서 전통 행사 준비로 모닥불을 쌓아올리다가 열두 명의 학생이 비극적인 죽음을 맞은 사건 등이 포함된다.

모든 연구에서 9/11 연구의 결과를 뒷받침하는 공통적인 내용이 발견되었다. 가장 두드러진 현상은 모든 유형의 격변이 사람들을 단합하게 한다는 점이다. 이런 경우 사람들은 더 이타적이고, 다른 사람들에게 더 관심을 쏟고, 다른 사람들과 능동적으로 관계를 맺으려고 한다. 세인트 헬렌스 화산이 워싱턴 주 야키마 지역에 모래 같은 화산재를 4인치나 뿌려댄 지 몇 주 지난 후 야키마 사람들을 인터뷰해 봤더니 주민들의 대부분은 그 사건을 끔찍한 경험이었다고 대답했다. 하지만 그들은 큰 손실에도 불구하고 자신들의 삶에서 그런 일이 일어난 것을 다행으로 여겼다. 이들 중 대다수가 그때까지 모르고 살던 이웃들과 만나 이야기를 나눈 일에 대해 언급했다.

텍사스 A&M 대학교 공동체는 상징적인 대형 모닥불의 붕괴로 발생한 학생 열두 명의 죽음에 동요했다. 당시의 인터뷰, 블로그, 신문 기사 등을 통해 드러난 이 공동체의 언어 역시 이타적이고 따뜻했다. 그뿐만 아니라 A&M 대학교의 사회적 유대는 그 어느 때보다도 긴밀해졌다. 다음해에 학생들의 신체 건강을 추적한 결과, 질병으로 학생 보건소를 찾은 학생은 모닥불 사고가 일어나기 전년도에 비해 40퍼센트 줄었다는 사실이 발견되었다. A&M과 가까운 텍사스 대학교 오스틴 캠퍼스에서는 그런 현상이 발생하지 않았다.

인정하기 정말 힘든 일이지만, 끔찍한 경험은 우리에게서 최고의 모습을 이끌어낼 수 있다. 트라우마는 그 본질상 몇몇 생명을 파괴하는 동시에 다른 이들을 풍요롭게 할 수 있다.

분명하지만 직관에 약간 어긋나는 한 가지 연구 결과가 있다. 고통에 쏟았던 관심을 다른 데로 돌리는 것이 건강한 행동일 수 있다는 사실이다. 청구서를 지불하거나, 다른 사람들을 돕거나, 비디오 게임을 하거나, 집을 청소하는 행동은 모두 심각하게 충격적인 소식에 대처하는 유서 깊은 방법이다. 그 사건에 대해 사람들에게 말하고 싶다면 말하라. 혼자 있고 싶다면 혼자 있으라. 어떤 한 가지 대처법이 모든 사람에게 효과를 발휘한다는 확실한 증거는 없다.

1990년대에는 트라우마를 겪은 사람들에게 사건 직후 72시간 안에 그에 대한 깊은 감정을 털어놓게 하는 선의의 심리학적 개입이 인기를 끌었다. 위기상황 스트레스 해소(Critical Incident Stress Debriefing, CISD)라는 이 프로그램은 꽤 합리적인 것으로 보였고 구급대원, 대기업, 전 세계 정부 부서에서도 이 방법을 적용했다. 하지만 좋은 의도에도 불구하고 여기에는 몇 가지 심각한 문제가 있었다. 수많은 연구가 수행된 이후 지금은 CISD가 도움이 되기보다 오히려 해롭다는 견해가 일반적이다. 사람들이 트라우마를 겪은 직후 몇 시간 동안 인터넷에서 단어를 사용하는 스타일을 살펴보면 감정적 사건을 겪자마자 깊은 감정을 다루는 것은 건강한 행동이 아님을 알 수 있다.

대개의 사람들은 감정적 격변을 겪은 후 사회적 지지를 필요로 한다. 우리 연구팀들과 내가 블로그를 연구하면서 목격한 가장 인상적인 일 중 하나는 사람들이 타인에게 얼마나 지지를 구하고 받는지에 대한 것이었다. 감정적 격변을 겪은 후 괴로움에 빠진 사람이 자신의 감정 상태를 언급하기만 해도 친구들과 낯선 사람들에게서 격려의 메시지가 쏟아져 들어온다.

신디 청은 다이어트 블로그에 사용된 단어를 분석하는 박사 논문을 쓰면서, 다이어트 블로그 커뮤니티의 회원 수백 명을 대상으로 다이어트에 성공하는 요인이 무엇인지 몇 달에 걸쳐 추적했다. 블로거 중에는 다이어트의 세부 사항에 치중하는 사람들도 많았지만 대다수는 자신의 인간관계, 인생 경험, 감정적 문제에 대해서도 글을 썼다. 다이어트 전문가 중에는 먹은 음식, 섭취한 칼로리, 하루의 운동량을 철저히 기록하는 것이 살을 빼는 최고의 방법이라고 추천하는 사람도 많다. 하지만 신디 청의 연구에 따르면 그렇지 않다. 신디의 발견에 따르면 다이어트 성공을 가장 잘 예측하는 지표는 온라인 소셜 네트워크 참여 여부다. 요컨대 다른 사람들과 메시지나 게시물을 더 많이 주고받을수록 살 빼는 데 성공할 가능성이 높았다. 게다가 개인적이고 감정적인 문제에 대해서도 글을 쓴 사람들은 음식과 다이어트에 대해서만 글을 쓴 사람에 비해 훨씬 성공적으로 살을 뺐다.

트라우마는
단어를 통해 치유되어야 한다

블로그 자료가 암시하듯, 사람들은 대부분 초기에는 친구와 가족을 갈 구함으로써 트라우마 경험에 대처한다. 이때 사람들은 그 경험에 대해 상당히 다양한 방식으로 말하거나 글을 쓰는데 이 과정에서 감정에 대해서는 깊이 논의하지 않기도 한다.

사람들이 항상 자신들이 원하는 대로 혹은 필요에 맞게 감정적 사건에 반응할 수 있다면 치료사와 의사가 덜 필요해질 것이다. 아주 개인적인 일이더라도 트라우마는 지극히 사회적인 면이 있다. 강간이나 습격을 당해도 다른 사람들이 자신을 예전과 다르게 대하리라는 두려움이나 수치심 때문에 그 일에 대해 말하기를 주저할 것이다. 따라서 그 경험에 대해 드러내놓고 말하려는 자연스러운 반응이 억눌러진다. 그와 동시에 그 사람은 가족이 걱정하거나 우울해하지 않도록 강하고 행복해 보여야 할지도 모른다.

수치스럽거나 자신의 평판을 해칠 수 있는 사건은 오랫동안 비밀에 부쳐질 때가 많다. 나는 이것을 일찍이 발견하고, 17세 이전에 트라우마가 될 만한 성경험을 한 적이 있는지 묻는 항목을 설문지에 넣었다. 수천 명의 성인을 대상으로 한 조사에서 여자의 경우 22퍼센트, 남자의 경우 11퍼센트가 그런 경험이 있다고 답했다. 특히 충격적인 점은 이렇게 답한 집단이 그런 경험이 없는 사람들에 비해 건강 상태가 훨씬 나빴다는 사실이다. 이후 수행된 연구들에 따르면 문제는 그런 성적인 트라우마가 거의 모두 비밀이라는 점에 있었다. 어떤 유형의 사건이든 사람들이 혼자서만 알고 있는 일은 신체적, 정신적 건강에 해로울 가능성이 높았다.

중요한 감정적 격변에 대해 말하지 않는 것은 자연스러운 행동에 어긋나는 일이다. 우리는 감정적 사건을 겪으면 대화를 나누고 싶어진다. 우리는 끔찍한 사고를 목격하거나, 가장 좋아하는 스포츠 팀이 중요한 경기에서 이겼다는 것을 알게 되거나, 가장 친한 친구가 남편과 막 이혼했다는 사실을 들으면 그에 대해서 말하고 싶은 욕구를 느낀다. 예상 밖의 속상한 사건에 대해 말하고 싶은 이 욕구는 인간의 본질적 욕구다. 이것은 지금까지 연구되었던 모든 문화에서 발견된다. 사람들은 감정적 경험에 대해 말함으로써 그 일에 대해 더 잘 알게 된다. 말하기는 우리가 복잡한 경험을 이해할 수 있는 일차적 수단 중 하나인 듯하다. 거꾸로, 감정적인 사건에 대해 말할 수 없을 때 사람들은 그 일에 대해 생각하고 심지어 집착하거나 곱씹는 경향이 있다.

단어는
우리를 보여주는 〈광고판〉이다

이 장의 첫머리에서 다룬, 중요한 경기에서 진 후 선수들 앞에서 눈물을 보인 뉴욕 제트 팀의 렉스 라이언 코치가 기억나는가? 라이언 코치의 감정적인 모습은 그가 자기 팀과 그 잠재력에 대해 다르게 생각하게 되었음을 보여준다. 이와 마찬가지로 중요한 점은 그의 눈물이 선수들에게 강력한 사회적 신호였다는 점이다. 당신은 코치의 헌신에 감동했다는 한 선수의 말, 그리고 코치의 눈물이 팀을 단합시켰다는 말도 기억할 것이다. 한편 또 다른 기사를 보면 똑같은 눈물 사건이었지만 그 기자에게는 뉴욕 제트 팀이 무너지고 있다는 신호를 보낸 것으로 보였다.

감정은 단순히 사건에 대한 반응이라고만 할 수는 없다. 다양한 감정들은 우리의 사고방식을 바꾸고 다른 사람들에게 반응하는 방식에도 영향을 미칠 수 있다. 감정은 사람들을 가까워지게 하거나 멀어지게 할 수도 있다는 점에서 굉장히 사회적이다. 감정은 다른 사람들의 동기, 목표, 의도에 대한 의미 있는 신호이기도 하다. 기능어와 감정 상태는 긴밀하게 연결될 수밖에 없다. 감정은 우리가 세상을 다르게 생각하게 하고, 기능어는 이런 생각의 변화를 반영하기 때문이다.

생각과 감정의 관계는 여러 세기 동안 철학과 심리학에서 뜨거운 논쟁거리였다. 아리스토텔레스와 플라톤은 논리와 감정도 근본적으로 다른 과정이라고 주장했다. 17세기 학자 데카르트는 한 발 더 나아가 감정이 합리적으로 생각하는 능력을 훼손한다고 주장했다. 미국 초기의 심리학자 윌리엄 제임스 역시 감정과 열정이 어떻게 판단을 흐리는지 강조했다. 지그문트 프로이트는 근본적인 감정의 문제들이 성격과 행동을 움직이는 원동력이라고 주장했다.

이제 우리는 감정과 이성에 대해 매우 다르게 생각하기 시작했다. 이것은 뇌과학에서 발견된 점들 덕분이기도 하다. 이런 새로운 관점을 가장 설득력 있게 대변하는 사람 중 하나는 안토니오 R. 다마지오다. 다마지오는 전두엽이 손상된 사람들의 행동에 대해 연구하고 글을 써온 신경과학자다. 전두엽은 원시적인 감정 담당 영역과 추상적 논리 및 언어와 관련된 영역에서 보내는 정보를 통합한다. 이 통합은 상당히 광범위하게 일어나므로 감정과 생각을 뚜렷하게 구별하는 것은 이치에 맞지 않는다.

다마지오는 『데카르트의 오류 *Descartes' Error*』라는 책에서 사람들이 경쟁적인 카드놀이를 하는 과정을 설명한다. 뇌가 손상되지 않고 건강한 사람들은 결정을 내릴 때 보상과 처벌에 매우 민감하다. 하지만 전두엽이 손상된 사람들은 실패할 때 느끼는 감정을 무시하는 듯하다. 다마지오는 손실과 관련된 감정이 우리로 하여금 더 합리적으로 행동하도록 도와준다고 결론짓는다. 즉 감정은 생각하는 데 필요한 정보를 제공한다.

이 장의 핵심 메시지는 우리가 세상에 대해 생각하는 방식에 감정이 영향을 미친다는 것이다. 우리의 감정은 생각에 영향을 미치고, 생각은 우리가 기능어를 사용하는 방식에 반영된다. 한 발 더 나아가, 기능어는 다른 사람들이 어떻게 생각하고 느끼는지 파악할 수 있게 해준다. 또한 우리가 사용하는 기능어는 우리의 감정 상태, 생각하는 패턴, 주의를 기울이는 대상 등을 다른 사람들에게 알려주는 일종의 완곡한 〈광고〉 역할도 한다.

6

내가 쓰는 단어로

**나의 성격과 욕구를
알아챌 수 있을까**

당신은 어떤 사람인가? 당신 자신 말이다. 지금 이 단어들을 읽고 있는 바로 당신이라는 사람은 당신의 성격, 가치관, 기술, 일, 친구, 인간관계, 소유물, 그리고 당연히 당신이 사용하는 단어들의 총합이다. 잠시 읽기를 멈추고 낯선 사람에게 당신 자신을 어떻게 묘사할지 생각해 보자. 하지만 조심해야 한다. 이 장에서는 기능어 선택이 당신의 추측보다 당신에 대해 더 많은 정보를 드러낸다는 것을 보게 될 것이다.

대개의 인터넷 소개팅 사이트는 회원들에게 자기 소개글에 뭔가 자신을 드러낼 수 있는 것을 쓰라고 권한다. 마침 나와 제자들은 연구의 일환으로 인터넷 소개팅 사이트에 올라온 자기 소개서를 수천 편 모아 왔다. 다음은 그 중 몇 가지 예다.

"전 좋은 사람이에요. 굉장히 건실하고요. 호들갑 떠는 성격도 아니고, 열심히 일하고, 다정하고, 솔직하고, 공감 잘하고, 힘이 되어주고, 직관적이고,

호기심이 많죠. 전 얄팍한 사람이 아니에요. 저는 얄팍한 관계는 맺지 않아요. 좋은 친구들과 즐거운 삶이 있죠."

— 후안, 27세 남성

"저는 덩치가 좋은 편입니다. 요리 잘 하고요, 직업 끝내주고요, 집 있고, 지극히 도덕적이고, 결정도 잘 내리고, 담배도 안 피우고, 딸린 아이 없고, 결혼 생각 있습니다. 저는 자전거, 카약, 스노보드, 롤러블레이드, 수영, 제트스키, 하이킹, 승마를 좋아합니다. 음악, 영화, 연극, 코미디 클럽 같은 것에도 관심이 많습니다."

— 마커스, 39세 남성

"두 딸의 아빠입니다. 나에겐 집, 트럭, 개, 아이들이 있어요. 야외에 나가기 좋아하고 미식축구와 딸들을 사랑해요."

— 토니, 31세 남성

"전 낭만적이고, 적극적이고, 열정이 있고, 재미를 추구하는 여자예요. 저에게 엄청나게 중요한 것들은 가족, 친구, 친절, 진실함, 그리고 특히 웃음이죠. 전 매일 하는 명상과 건강한 라이프스타일을 통해 영적인 삶과 일에 전념하는 상태를 균형 있게 유지해요. 전 매일을 기념하며 살아요."

— 마거릿, 53세 여성

"난 스스로 굉장히 다방면에 관심이 많은 사람이라고 생각해요. 나는 거의 어디에서나 즐겁게 놀 수 있고 뭐든 한 번씩은 시도해 보죠(컨트리 라인댄스만 빼고요). 난 살아오면서 독특한 경험도 좀 해봤고 인생이 나에게 뭘 가져다줄지 계속 탐색할 거예요. 난 고풍스러운 물건, 뜨개질, 코바늘뜨기를 아주 좋아하고 13년 된 자동차를 끔찍이 아껴요. 창문이 말을 안 들어서 어쩌다 내킬 때만 좀 열리고 브레이크 등이 들어오게 하려면 테이프로 전선 몇 개를 감아줘야 하지만 버릴 생각은 없어요. 난 메이크업 아티스트라서 여성스러운 면도 있어요."

— 지지, 31세 여성

"저를 제일 잘 아는 사람들은 저보고 마음이 따뜻하고, 너그러운 친구고, 독립적이고, 재치 있다고 하지만 가끔은 고집도 있다고 해요."

— 미라, 34세 여성

이들의 개인 광고들을 읽다보면 영화 장면들을 보는 것 같기도 하다. 각각의 글들은 〈무엇을〉, 〈어떻게〉 말했는지에 따라 글쓴이에 대해 하나의 이야기를 해준다. 예를 들어 맨 앞의 세 남자들을 비교해 보자. 스물일곱 살인 후안은 솔직함, 공감 능력, 힘이 되어주는 성격 등 사회적인 측면들로 자신을 묘사한다. 그런 후 좋은 친구들이 있다는 사실을 언급하며 마무리한다. 서른아홉 살인 마커스는 소유물과 행동으로 자신을 묘사한다. 다른 사람들과의 관계나 감정은 느껴지지 않는다. 하지만 그는 덩치가 좋다. 서른한 살인 토니의 묘사는 이상하게 마음에 와 닿는다. 그는 약간의 소유물과 개, 하지만 가장 중요한 딸들과 함께 사회적으로 고립되어 지내는 삶을 몇 안 되는 단어로 전달한다.

세 여자들이 쓴 글 역시 똑같이 무언가를 알려준다. 쉰세 살인 마거릿은 성격적 특성보다 자신을 움직이는 중심 가치관에 대해 더 많이 말한다. 지지는 이야기꾼이다. 아마 그녀는 첫 만남에서 자신의 독특한 경험들에 대해 이야기할 것이다. 고장 난 자동차 창문에 대한 괴상한 이야기조차 그녀의 일부다. 마지막 여성인 미라는 자기 자신에 대한 자신의 시각을 믿지 못하는지도 모른다. 그래서 다른 사람들이 자신의 성격에 대해 어떻게 생각하는지 말해 준다. 이 사이트의 모든 남녀 회원이 의식적으로 자신을 홍보하고 있지만 그들이 어떤 사람인지는 슬쩍 보일 뿐이다.

다양한 이 개인 광고들은 각자의 정체성을 조금씩 드러낼 뿐만 아니라 사람들이 성격에 대해 놀라울 정도로 다르게 생각한다는 것을 보여 준다. 어떤 사람들에게는 소유물, 직업, 기술, 성격적 특성이나 두드러진 특징, 가치관 등이 가장 소중한 본질일 수 있다.

여섯 사람의 광고를 다시 보면 각자 사용하는 기능어가 크게 다르다는 점을 알 수 있다. 우선 성별에 따라 단어 사용에 차이가 나타난다. 여자들은 대명사(특히 〈나〉라는 단어), 조동사, 인지적 단어를 훨씬 많이 사용한다. 남자들은 명사를 더 많이 사용한다. 하지만 남자들끼리 여자들끼리도 그 사이에 큰 차이가 존재한다. 감정을 나타내는 단어와 기능어의 거의 모든 영역에서 사람마다 특유의 단어 사용 패턴이 있다. 우리는 이런 다양한 패턴 덕분에 통찰력을 발휘하여 이들의 세계를 들여다볼 수 있다.

이 사이트에 광고를 올린 사람들은 십중팔구 누군가와 데이트를 했을 것이다. 아마도 자기가 어떤 사람인지에 대해 상대와 더 많이 공유했을 것이고 만남을 이어가는 동안 자신과 관련 있는 정보가 드러나리라고 예상했을 것이다. 그리고 데이트하는 동안 틀림없이 자신의 일상, 최근 날씨, 음식, 옷, 관심을 끄는 다른 주제들에 대해 이야기했을 것이다. 이와 같은 일들은 면접장에서, 직장 동료와 처음 만났을 때, 아니면 그냥 파티에서 누군가와 대화할 때에도 일어날 수 있다. 우리는 항상 직접적으로든 간접적으로든 사람들의 성격에 대한 정보를 얻으려 한다. 그렇다면 현대 심리학에는 사람들이 자기 자신에 대해 하는 이야기를 빠르고 효율적으로 범주화하는 방법이 있으리라고 기대하는 사람도 있을지 모르나 그런 생각은 옳지 않다.

사람들이 하는 말을 듣고 그들의 성격을 연구하는 것은 무지무지하게 어려운 일이다. 모든 사람들의 이야기는 내용과 형식 모두 제각각이다. 소개팅 사이트에서도 자기 소개글을 몇 페이지씩 쓰는 사람이 있는가 하면 한두 문장만 쓰고 마는 사람도 있다. 직업과 재산 얘기만 늘어놓는 사람과 인생의 목표를 펼쳐 보여주는 사람을 어떻게 비교할 수 있겠는가? 아니, 애초에 사람들은 다른 사람들의 자기 묘사를 어떻게 정리하고 분류하는 것일까? 지금까지의 역사로 보면 연구자들은 자기 묘사적인 글을 읽고 평가할 사람들을 잔뜩 섭외해서 글쓴이의 성격, 글쓰기 스타일, 목표, 관심사 등을 판단하게 했다. 이 과정은 느리고 믿을 만하지 못했으며 비용 또한 아주 많이 들었다.

하지만 최근 내 동료들과 다른 연구자들은 제각각인 성격 묘사의 글을 분석하는 데 상당한 기대를 모으고 있는 컴퓨터 프로그램을 활용하기 시작했다. 짐작하다시피, 사람들 간에 나타나는 기능어 사용의 다양한 패턴은 사람들의 성격과 사고방식을 드러내 보여준다.

글을 쓰는 스타일이 다르면 성격도 다를까?

1980년대 초반, 서던 캘리포니아 대학교 언어학과의 한 젊은 대학원생인 더글러스 바이버는 문학 장르에 따라 언어 사용이 어떻게 다른지 조사해 보기로 했다. 예컨대 소설, 비소설, 희곡, 추리물, 연애소설은 작가가 단어, 문법, 문장 배열을 다루는 스타일이 각각 어떻게 다른가? 이 학생은 당시 언어학에서 흔히 쓰이지 않던 통계적 방법인 요인 분석 factor analysis(곧 살펴볼 것이다.)이라는 기법을 사용하여 마침내 『말하기와 글쓰기에서 나타나는 다양한 차이 Variation Across Speech and Writing』라는 중요한 책을 펴냄으로써 이 의문에 답했다. 물론 영문학자들은 오래전부터 추리소설과 연애소설의 차이, 즉 구성이 다르다는 사실을 알고 있었다. 하지만 컴퓨터 프로그램을 기반으로 한 바이버의 기법은 연애소설이 추리물을 비롯한 문학의 다른 장르에 비해 대명사 사용이라는 측면에서 더 개인적이고 현재형 동사를 더 많이 사용한다는 점을 밝혀냈다. 사실 바이버는 모든 문학 장르에 특유의 언어학적 특징이 있다는 것을 발견했다.

나는 1990년대 중반에 바이버의 책을 접하고 그의 견해에 매료되었다. 바이버는 주로 품사 분석을 통해 훌륭한 작품과 그저그런 작품이 갈리는 방식에 초점을 두었지만, 일반 사람들의 글을 그와 같은 방식으로 살펴봄으로써 사람들 간의 차이를 알아보지 못할 이유는 없었다. 이 무렵 나는 세상에서 가장 창의적인 성격심리학자이자 예전 동료였던 미주리 대학교의 로라 킹과 팀을 이루었다. 바이버가 단어를 분석하여 문학의 갈래들을 구분했듯, 로라와 나는 사람들의 일상적인 글을 이용하여 사람의 갈래를 나눌 수 있을지 궁금했다. 다시 말해서 글을 쓰는 스타일이 다르면 성격도 다를까?

첫 단계는 사람들이 비슷비슷하게 보편적인 주제로 쓴 수백 편 혹은 수천 편에 달하는 글 표본을 얻는 것이었다. 마침 나는 해마다 많은 학생들이 수강하는 심리학 입문 과목을 가르치고 있었다. 학기가 시작되면 내 강의를 수강하는 학생들은 의식과 생각의 특성에 대해 배운다. 현대 심리학의 선구자 중 한 명인 윌리엄 제임스William James는 1890년에 생각을 흐름stream에 비유하면서 생각의 속성에 대해 광범위하게 적었다. 하나의 생각이나 느낌은 자연스럽게 다른 생각과 느낌으로 이어지고 그것이 또 다른 생각과 느낌으로 이어진다. 각각의 생각이나 감각은 조금 전에 떠올랐거나 조금 후에 떠오를, 완전히 상관없는 생각과 감각을 일깨운다. 제임스는 여기서 더 나아가 우리의 마음이 의식의 흐름을 따라 떠내려가기 때문에 한 번에 하나의 생각만을 의식할 수 있다고도 주장했다.

윌리엄 제임스 이후로 많은 연구자들이 사람들에게 생각이 떠오르는 대로 계속 말하거나 글을 쓰게 하는 식으로 의식의 흐름을 실험했다. 나 역시 몇 년째 우리 학생들에게 20분 정도 생각의 흐름에 따라 글을 쓰게 하여 윌리엄 제임스를 이해하는 동시에 의식의 속성도 더 잘 이해하게 해주었다. 학생들은 이 연습을 해야 하고 온라인으로 글을 제출하지만 글을 평가받지는 않는다. 우리는 학생들이 연구에 사용해도 좋다고 허가한 글을 거의 8천 편 가까이 보유하고 있다.

의식의 흐름대로 쓰는 글이 어떤 건지 이해하려면 당신이 생각과 감정을 따라가면서 글을 쓴다고 할 때 어떻게 쓸지 상상해 보면 된다. 지시사항은 간단하다. 떠오르는 생각과 감정에 대해 끊임없이 글을 쓰기만 하면 된다. 멈추지 말고 그냥 계속 쓰기만 하라. 다음은 대학생들이 의식의 흐름에 따라 쓴 글 중 상당히 표준적인 두 가지 예다.

1: 냉장고에서 이상한 소리가 나고 있다. 사람들이 시끄럽게 떠들면서 복도를 오간다. 누군가 음악을 엄청 크게 틀어놓았다. 배에서 꼬르륵거리는 소리가 난다. 간식이 좀 먹고 싶은 것 같다. 머리가 근질근질하다. 입이 마른다. 뭐라도 마시고 싶다. 내 방엔 병에 든 생수가 좀 더 있어야 한다. 손톱을 다시 칠해야 한다. 색이 벗겨지고 있다. 내 손가락에 낀 반지 호수를 조절해야겠다. 내 손에는 너무 크다.

2: 나는 기분이 별로 좋지 않다. 나는 닉이 집에 안전히 들어갔는지 궁금하다. 이따가 내가 전화해서 잘 있는지 확인해 봐야겠다. 나는 심리학 시험이 걱정된다. 오늘 저녁에 읽어야 할 부분이 있었는데 몸이 안 좋다. 나는 집에 가고 싶다. 내 가족들과 강아지들이 보고 싶다. 버즈는 정말 귀엽고 레드는 짖기만 하지만 난 그래도 걔를 사랑한다. 목요일에 시험 봐야 할 때는 아프지 않았으면 좋겠다.

두 예시에서 학생들은 바로 그 순간 그 장소에 존재하는 상태로 글을 쓰고 있다. 즉 이들은 당면한 현재의 경험을 구성이나 분석 없이 적고 있다. 우리는 이런 유형의 사고를 즉시성immediacy의 예라고 할 때가 많다. 누구나 가끔 이런 식으로 생각한다. 심지어 말을 할 때도, 즉 피곤하거나 친한 친구를 만나 생각 없이 떠들 때도 그렇다. 이때는 쉽고 짧은 단어와 현재 시제를 사용하고 인칭 대명사 중에서도 특히 〈나〉라는 단어를 많이 쓴다.

우리는 수백 편의 글에서 다양한 유형의 기능어를 추려냈다. 그런 다음에는 요인 분석이라는 통계적 기법을 사용하여 기능어가 어떻게 무리지어 나타나는지 알아보았다. 의식의 흐름에 따라 쓴 글들을 분석하자 세 가지 요인이 발견되었고 이 세 가지 요인은 각각 매우 다른 글쓰기 방식을 의미했다. 즉 학생들의 글은 형식적, 분석적, 서술적 스타일로 나뉘었다. 문학, 노래 가사, 대입 지원 에세이, 자살하기 전에 남기는 유서 등 일반적으로 거의 모든 글쓰기의 갈래에서 이와 같은 양상들을 발견하게 된다.

형식적 스타일로 쓰는 사람들

기능어를 분석했을 때 가장 일관성 있게 발견되는 요인인 형식성은 딱딱하고, 웃음기 없고, 약간 거만한 경향으로 나타난다. 형식적 사고(formal thinking, 논리나 형식에 치중한 사고방식)는 즉시성과 반대라고 생각하면 된다. 형식성formality이 매우 높은(즉시성이 낮은) 사고와 글은 보통 어려운 단어와 많은 명사, 숫자, 관형사, 조사를 포함한다. 이와 동시에 형식성이 높은 글에는 〈나〉라는 단어, 동사(특히 현재형 동사), 영어의 경우에는 생각과 현실의 불일치를 암시하는 조동사(would, should, could 등), 그리고 일반적인 부사(정말로, 매우, 아주 등)가 매우 적다. 컴퓨터에서 형식성이 매우 높다고 분석한 글의 예는 다음과 같다.

샌들이 땅에 끌리는 소리가 들린다. 텔레비전과 라디오의 희미한 소리가 알아들을 수 없게 웅성거리는 소리와 박자에 뒤섞인다. 거실에 있는 텔레비전에서 독백이 흘러나온다. 아파트 안에서 나는 온갖 소리 속에서 웅 하는 트루에어 공기청정기 소리가 나의 주의를 잡아끈다. 우주적 난제가 머릿속에 떠오른다. 우주에는 왜 엔트로피가 있는 것인가?

즉시성의 사례에 비해, 형식성이 높은 글을 쓰는 사람은 훨씬 더 지적이고 약간 거리감이 느껴진다. 그리고 뭔가 진지한 일을 하고 있다는 느낌이 든다. 흥미롭게도 바이버가 장르 분석에서 처음으로 발견한 요인도 형식성이었다. 학술적인 글과 일반적인 비소설은 즉시성이 높은 연애소설에 비해 형식성이 높은 경향이 있다.

글쓰기와 말하기에서 나타나는 형식성은 중요한 문제들과 관련이 있다. 형식적 사고를 주로 하는 사람들은 지위와 권력에 관심이 더 많고 자기반성적인 경향이 낮은 편이다. 이들은 덜 형식적인 글을 쓰는 사람들에 비해 음주와 흡연을 적게 하고 정신적으로 더 건강하지만 자기 자신과 다른 사람들에게 덜 정직한 경향도 있다. 또 사람들은 나이가 들어가면서 글쓰기와 말하기 스타일이 즉각적인 쪽에서 형식적인 쪽으로 변한다. 결국 기능어의 첫 번째 측면인 형식성은 사회적, 심리적으로 엄청난 의미를 함축하고 있다.

분석적 스타일로 쓰는 사람들

분석적 사고 analytic thinking는 자신의 세계를 이해하려고 노력하는 사람들을 알아볼 수 있게 해준다. 분석의 특징은 구별하는 것이다. 이를테면 사람들이 어떤 행동을 했는지 안 했는지, 어떤 시험에 붙고 어떤 시험에 떨어졌는지 구별하는 것이다. 분석적 사고에 영향을 미치는 단어에는 배타적 단어(-를 제외하고, -없이), 부정어, 인과관계와 관련된 단어(왜냐하면, 이유, -때문이다), 통찰과 관련된 단어(깨닫다, 알다, 의미하다), 불확실한 단어(어쩌면, 아마도), 확신하는 단어(전적으로, 항상, 늘), 수량을 나타내는 단어(약간의, 많은, 더 큰) 등이 포함된다. 분석적 스타일의 글쓰기는 다음과 같다.

모든 사람이 각자 다르다는 걸 늘 알고는 있었지만, 내가 평소 잘 어울리지 않는 몇몇 친구들과 함께 있었기 때문에 이런 생각이 머릿속에 떠오른 것 같다. 어떤 사람에게는 보통이고 간단한 일이 다른 사람에게는 낯설고 복잡하다니 이상하다. 내가 왜 이런 식으로 생각하는지 아는 사람은 보통 내가 만난 대부분의 사람과는 다른 것 같다. 어떤 사람들은 정말로 관심이 필요하고 그들은 관심을 받기 위해서라면 뭐든지 할 것이다. 나는 이런 사람들이 비난받아야 할지 잘 모르겠다. 그들은 그런 식으로 행동하는 법밖에 모를 것이기 때문이다.

이 글을 쓴 여자는 세상을 분석하려고 눈에 띄지 않게 애쓰고 있다. 잘 쓴 글은 아니지만, 그녀는 어떤 집단에 속하는 사람들이 다른 집단 사람들과 왜 다른지 이해하려고 하고 있다. 분석적 사고는 그 사람이 인지적으로 복잡하다는 것을 보여준다. 말하거나 글을 쓸 때 구별을 하는 사람은 대학에서 더 높은 성적을 받고, 더 정직한 경향이 있으며, 새로운 경험을 열린 태도로 대한다. 이들은 또한 분석적으로 사고하는 경향이 낮은 사람에 비해 글을 더 많이 읽고 자기 자신을 더 복합적인 관점으로 본다.

서술적 스타일로 쓰는 사람들

어떤 사람들은 타고난 이야기꾼이다. 그들 스스로도 어찌할 수 없다. 단순한 언어적 관점에서 보면 이들이 이야기를 늘어놓고 있음을 알려주는 기능어는 대개 사람을 나타내는 단어(모든 종류의 인칭 대명사, 특히 3인칭 대명사), 과거형 동사, 접속어(–하면서, 그리고, 함께 등 어떤 대상을 포괄하는 단어) 등이다. 다음은 서술적 사고를 보여주는 귀여운 예다.

음, 그래서 내 친구 크리스는 이번 주말에 미식축구 경기를 보러 우리 동네에 왔다. 크리스가 정말 끝내주게 놀고 싶다고 생각했기 때문에 우리는 금요일 밤에 놀러 나갔고 크리스는 술에 절어버렸다……. 크리스는 파티에서도 토하고 우리가 가는 곳마다 화장실에서 토하고 있었다! 우린 와플 가게에서 쫓겨났다……. 쫓겨나다니! 정말 장난 아니고, 와플 가게에서 쫓겨나는 사람이 어디 있담. 완전 미쳤었다.

와플 가게에서 쫓겨나다니! 정말 미쳤다. 떠오르는 대로 생각과 감정을 적으라고 해도 최소한 20퍼센트 정도의 사람들은 어떤 종류의 이야기든 하지 않고서는 못 배긴다. 실제로 분석 결과 서술적 사고narrative thinking 요인이 높게 나오는 사람들은 사회적 스킬이 더 뛰어나고, 친구가 많고, 자신을 더 외향적이라고 평가한다.

이러한 발견들의 의미를 간단히 생각해 보자. 우리는 사람들이 사용하는 기능어들을 모아 통계적으로 의미 있는 범주로 나눔으로써 그들이 어떻게 생각하고, 자신의 세계를 어떻게 조직하고, 다른 사람들과 어떻게 관계를 맺는지 파악하고 있다. 그들이 사용한 거의 눈에 띄지 않는 이 기능어들은 각각의 사람들에 대한 가장 중요한 본질을 드러낸다.

생각하는 방식에 대한 연구에 몰두하는 동안, 로라 킹과 나는 사람들이 생각하고 글 쓰는 스타일이 놀라울 정도로 일관성 있다는 점을 발견했다. 예를 들면 학생들이 의식의 흐름대로 글을 쓰는 스타일은 신경계의 작용 방식에 대한 리포트를 쓰는 스타일과도 연관성이 있었다. 어릴 때의 생각하는 방식이 일생 동안 지속된다는 것을 암시하는 연구들도 있다. 실제로 10대 초반에 쓴 일기나 학교 숙제를 보게 된다면 글을 쓰거나 생각하는 방식이 그리 크게 변하지 않았다는 사실을 깨닫게 될 가능성이 크다. 다시 말해서 단어 사용 스타일은 우리의 정체성을 보여주는 일부다.

그런가 하면 우리는 누구와 함께 있는지, 무엇을 하고 있는지, 자신에 대해 어떻게 느끼는지에 따라 생각하는 방식이 계속 변하기도 한다. 나중에 다시 논의하겠지만, 우울함에 빠진 사람은 형식적 사고의 수준이 매우 높은 상태에서 매우 낮은 상태로 변하기도 한다. 그리고 삶에 있어서 중대한 결정을 내리려는 사람은 이메일, 블로그, 일상적인 대화에서 분석적 사고의 경향이 높아진다는 것이 드러나기도 한다.

결국, 우리는 누군가의 글쓰기나 말하기 스타일을 연구하여 그가 어떤 사람인지 더 잘 이해할 수 있다. 한 예로 이 장을 시작하면서 보았던 소개팅 사이트에 올라온 다양한 자기 소개글들을 다시 생각해 보자. 이제 당신은 생각하는 방식에 대한 지식이 있으므로 형식적 사고의 경향이 가장 높은 사람이 누구인지(마커스와 미라), 분석적 사고의 경향이 높은 사람이 누구인지(후안과 미라), 서술적 사고의 경향이 높은 사람이 누구인지(마거릿과 지지) 알 수 있다. 하지만 이러한 분석은 얼마 안 되는 단어에 바탕을 둔 것이므로 조심스럽게 해석해야 한다. 단어를 더 많이 모을수록 결론이 더 믿을 만해진다. 사랑과 연인관계에 대한 연구를 다루는 8장에서는 커플의 글쓰기와 말하기 스타일을 바탕으로 두 사람의 사고방식이 잘 맞는지 알아보고 어떤 관계가 오래 지속될 가능성이 높은지 예측할 수 있는 방법을 알아볼 것이다.

**내가 말하는 단어들은
나의 행동과 생각의 〈잔여물〉이다**
—

내 동료인 샘 고슬링은 그가 〈행동의 잔여물〉이라고 부르는 것을 연구하는 획기적인 성격 연구자다. 샘은 사람들의 사무실, 침실, 블로그, SNS, 웹사이트, 수집 도서 목록, 즐겨 듣는 음악 목록 등을 보고 그 사람의 성격을 맞혀 보려고 한다. 그는 사람들은 어디를 가든 성격의 조각들을 남기고 다닌다고 생각한다. 완고하고 성실한 사람은 대개 사무실과 침실이 깔끔하고 음악 목록이 고상하게 정리되어 있다. 심지어 이메일도 자세한 체계에 따라 분류되고 저장된다.

우리가 말하고 글로 쓰는 단어들도 행동의 잔여물로 여겨질 수 있다. 기능어는 사람들이 타인과 관계 맺는 방식, 자기 세계에 대해 생각하는 방식, 심지어 자기 자신에 대한 전반적 인식을 알려주는 훌륭한 지표다. 같은 이유로 내용어 역시 사람들에 대한 귀중한 단서를 알려줄 수 있다. 왜 한 친구는 항상 자기 고양이 얘기를 하고, 또 다른 친구는 새로 시작한 다이어트 얘기를 하지 못해서 안달일까? 대화의 내용은 말하는 사람의 가치관, 목표, 더 넓은 수준에서는 성격 등을 포함하여 그 사람에게 중요한 문제가 무엇인지 드러내준다.

말의 내용은 사람들이 어디에 관심을 쏟는지 알려준다. 언어를 연구하기 몇 년 전, 나는 사람들이 평소에 자신의 세계를 어떤 시각으로 보는지 궁금해졌다. 즉 사람들이 걸어 다니면서 주변 환경에 주의를 기울이는 방식은 각자 다를까? 우리는 똑같은 사건이나 사물을 얼마나 다른 시각으로 볼까? 나는 이와 관련된 간단한 실험을 위해 야구모자에 작은 비디오카메라를 달았다. 우리 학생들 중 몇몇은 내 연구에서 모르모트가 되어주는 데 동의했다. 모든 실험 참가자가 받은 동일한 지시는 다음과 같았다.

카메라가 달린 야구모자를 쓴 다음 복도 끝에 있는 계단으로 내려가 건물에서 나간다. 학교와 가까운 중심 상점가 쪽으로 두 블록 걸어간다. 모퉁이에 있는 가게에 들어가서 껌 한 통을 산다. 가게에서 나와 심리학과 건물로 향하는 특정한 뒷길을 통해서 실험실로 걸어 돌아온다. 평소대로 행동하고 모자에는 신경 쓰지 않는다.

전체 경로는 학생들 다섯 명과 내가 각각 약 10분씩 걸리는 거리였다. 모두 지시를 따랐고 지시된 경로를 따라 보이는 풍경은 사실상 모두 같았다. 하지만 녹화된 영상을 틀고 사람마다 주변을 어떻게 둘러보며 걸었는지 보면서 우리는 모두 놀랐다. 자아 존중감이 낮은 편인 한 학생은 내내 땅만 보며 걸었고 지나가는 사람들의 얼굴을 보는 일이 거의 없었다. 나이가 어린 편인 두 학생은 이성을 유심히 살폈다. 껌 진열대 앞에 얼어붙은 듯 서서 한참 가격을 비교하는 학생도 있었다. 특히 인상 깊었던 영상은 나보다 머리 하나는 더 큰 남학생의 영상이었다. 그 학생은 내가 상상해본 적 없는 시각으로 다른 사람들의 머리 꼭대기를 내려다보았다.

우리 학생들은 대부분 어떤 영상이 누구의 것인지 알아맞힐 수 있었다. 서로의 관심사, 가치관, 성격, 심지어 키마저 알고 있었기 때문이다. 학생들은 사물, 사람, 세상을 각자 다른 방식으로 보는 경향이 있었다. 사람마다 다른 정보를 받아들였으므로 이들의 뇌에서도 이 여정을 각자 다른 방식으로 처리했다. 내가 학생들과 개별적으로 자세한 면담을 했다면 이들은 그 경험을 묘사하는 데 각자 다른 내용어를 사용했을 것이다. 그리고 우리가 그 내용어를 분석했다면 학생들이 어떤 사람인지에 대한 정보를 발견했을 것이다. 기능어 사용을 분석했을 때와 마찬가지로 말이다.

물병에 대한 묘사를 통해 자신에 대해 알아보기

카메라 모자 실험 이후 몇 년이 지났을 무렵, 나는 대학원 신입생이었던 신디 청과 대화를 나누고 있었다. 캐나다 원주민인 신디는 평생을 토론토에서 지냈다. 막 텍사스로 이사 온 신디는 자신이 있는 장소가 그때까지 보거나 상상한 그 어떤 곳과도 다르다는 사실을 깨달았다. 항상 가혹할 정도로 뜨거운 날씨 때문이었는지는 몰라도, 신디는 어디

신디의 물병

를 가든 물 한 병을 가지고 다녀야겠다는 생각이 들었다. 내 생각에 신디는 언제든 눈이 멀 정도의 모래폭풍이 불어 닥칠 수 있으니 대비하는 것이 중요하다고 생각한 듯하다. 우리가 언어와 인지의 특성에 대해 대화를 나누던 중 사람들이 그녀의 물병을 다양한 시각으로 본다는 이야기가 나왔다. 왜 그랬는지 논의의 방향이 그 물병으로 모아졌다. 실제로 우리는 그 물병의 사진을 찍고 다른 사람들에게 의견을 물어보았다.

2002년의 그 논의 이후로 수천 명의 사람들이 이 물병을 보고 5분 정도 걸리는 간단한 물병 프로젝트에 참여했다. 지시사항은 간단하다. "이 사진을 본 적이 없는 사람에게 이것을 묘사해 준다고 생각하고 사진에서 보이는 것에 대해 5분 동안 글을 쓰면 됩니다. 끊지 말고 계속 써나가야 합니다." 이 그림을 보고 당신이라면 5분 동안 뭐라고 쓸지 상상해 보라.

물병에 대해 사람들이 쓴 글은 매우 다양했다. 다음은 그 중 몇 가지를 발췌한 것이다.

이것은 물병처럼 생긴 투명한 플라스틱 통이고 병 꼭대기에는 흰색 뚜껑이 있고 빨간색 라벨이 붙어 있고 처음에 보이는 두 글자는 아마 OZ인 것 같고 마지막 두 글자는 KA다. 라벨은 빨간색이고 글자 위에 그림이 있다. 파란 네모도 있는데 작아서 읽기 힘든 글자가 적혀 있다. 성분과 제조회사 정보는 작은 노란색 글자로······.

— 61세 여성

빨간 라벨이 있는 작은 플라스틱 물병이다. 꼭대기는 흰색이다. 물병 안에 물이 약간 들어 있다. 병의 3분의 1 정도 물이 담겨 있다. 빛이 오른쪽에서 들어와서 병의 그림자가 왼쪽에 진다. 병의 일부분은 빛 때문에 빛나고······.

— 25세 여성

이것은 투명하고 색이 없는 물병이다. 높이는 8인치쯤 되고 손으로 잡아도 손가락이 하나 남을 정도로 작다. 돌려 따는 뚜껑이 있어서 그것을 딸 때까지 물을 신선하게 유지해 주고 물이 쏟아지는 것도 막아주어서 마시지 않을 때는 닫아놓을 수 있다······. 비어 있기도 하다. 그 안에 물이 없기 때문에, 당신이 목이 마르지 않길 바란다. 하지만 그래서 무게가 가볍기도 하고 들고 다니기도 쉽다. 병이 비어 있으면 쳐서 쓰러뜨리기도 쉽다.

— 60세 남성

이 사람들은 각자 물병의 다른 측면들을 강조한다. 첫 번째 사람은 인쇄된 단어와 글자에 치중하다시피 한다. 두 번째 사람은 병이 드리우는 그림자를 묘사한다. 세 번째 사람은 병을 들었을 때의 느낌, 그 안의 물을 마시는 느낌, 목이 마른 느낌, 가벼움 등 주로 감각을 전달한다.

물병 프로젝트는 성격에 대한 내 생각에 많은 영향을 미쳤다. 물병을 묘사하는 사람들이 많아짐에 따라 신디와 나는 그들의 설명을 새로운 방법으로 분석하기 시작했다. 물론 처음에는 사람들의 기능어 사용과 우리가 그들의 성격에 대해 아는 바를 연결했다. 예를 들면 대명사를 많이 사용하는 사람일수록("나는 당신이 목이 마르지 않길 바랍니다."와 같은 문장) 사교적인 성향이 강한 것으로 밝혀졌다. 〈나〉라는 단어는 소심하거나 걱정이 많거나 우울한 사람들에게서 조금 더 사용되었다. 형식적 사고의 경향을 보이는 사람들은 설명할 때 관형사와 조사를 많이 사용했고 더 체계적이고 나이가 많은 편이며 성실한 경향이 있었다.

하지만 이 분석에는 뭔가 빠져 있었다. 예시를 다시 읽어보자. 세 사람은 기능어를 각각 다르게 사용하지만 더 놀라운 것은 그들이 주의를 기울이는 〈대상〉이다. 왜 어떤 사람은 색에 주목하고 어떤 사람은 물병을 손에 들었을 때의 느낌에 집중하는 걸까? 사람들이 사물을 설명하는 방식은 그들이 생각하고 인지하는 방식에 대해 약간의 정보를 알려준다. 예컨대 내가 이 물병에 대해 5분간 글을 썼을 때에는 물병의 느낌이 어떨지는 생각조차 떠오르지 않았다.

우리는 사람들이 이 사진을 보고 어떻게 느끼는지 분석하기 위해 더 효율적인 방법이 필요했다. 몇 주 후 신디는 복도에서 나를 멈춰 세우더니 해결책이 있다고 말했다. 간단하고 독창적인 방법이었다. 나중에 의미 추출 기법Meaning Extraction Method으로 알려진 이 기법은 물병 프로젝트를 통해 우리가 수집한 모든 글에서 가장 흔히 사용된 내용어에 의존하는 방법이었다.

이 방법이 어떻게 작동하는지 이해하려면 앞서 살펴본 세 사람의 물병 설명을 다시 읽어보라. 예상했겠지만 가장 흔히 쓰인 단어는 기능어다. 게다가 내용어의 수는 기능어보다 훨씬 적다. 세 편의 글은 총 110단어로 되어 있는데, 가장 많이 쓰인 40개의 단어 중에 내용어는 14개 들어 있다. 물, 병, 빨간, 작은, 하얀, 뚜껑, 투명한, 쉬운, 빈, 라벨, 왼쪽, 글자, 빛, 플라스틱이 그 14개의 내용어다. 만약 물병에 대해 쓴 완결된 글이 1,500편 정도 있다면 그 중 내용어는 훨씬 더 많을 것이다. 실제로 우리는 그 1,500편의 글에 총 20만 단어가 쓰였지만 그 중 자주 쓰인 내용어는 175개밖에 없었다는 사실을 발견했다.

1,500편의 글을 모두 살펴보고 공통적으로 많이 사용된 175개의 내용어를 사람마다 얼마나 자주 쓰는지 알아보는 과정을 한 번 상상해 보라. 그 다음 단계에서 우리는 함께 자주 쓰이는 내용어들끼리 어떻게 저절로 무리를 지어 나뉘는 것처럼 보이는지 밝혀낸다. 이 단계가 왠지 요인 분석처럼 보인다면 정답이다. 기억하다시피 요인 분석은 물병에 대한 글을 쓴 사람들이 다양한 내용어 중 어떤 것들을 함께 묶어 사용하는지 수학적으로 측정할 수 있다. 우리는 〈노란색〉이라는 단어를 사용하는 사람이 파란색, 녹색, 흰색 등 색을 나타내는 다른 단어들도 함께 사용하고 하늘, 산, 라벨과 같은 단어도 사용한다는 사실을 발견했다. 이 단어 묶음을 살펴보면 사람들이 물병에 붙은 라벨을 설명할 때 쓰는 단어라는 것을 금방 알 수 있다.

또 다른 묶음에는 원기둥, 형태, 원뿔, 꼭대기, 큰, 넓은 같이 물병의 형태와 관련된 단어들이 포함된다. 빛, 회색, 그림자, 반사, 배경, 벽, 탁자 등과 같이 배경과 빛을 주제로 하는 단어들로 구성된 또 다른 묶음도 튀어나온다. 심지어 뚜껑의 밀봉 처리된 부분이 뜯겼는지, 물병을 손에 들면 어떤 느낌일지, 혹은 물병에 든 물을 마시면 어떤 느낌일지에 주목하는 사람임을 알려주는 단어의 묶음도 있다. 이것은 앞서 살펴본 세 번째 글의 주제와 매우 비슷하다.

컴퓨터와 요인 분석 전문가가 아니라면 당신은 아마도 이렇게 생각할 것이다. "뭐야! 색에 대해 얘기하는지 형태에 대해 얘기하는지 분간하는 데 컴퓨터 프로그램이 왜 필요해? 딱 보면 아는 걸." 장담하건대 컴퓨터는 딱 봐도 모른다. 의미 추출 기법은 거의 마법과도 같다. 이 기법은 엄청난 양의 비슷한 문서에 존재하는 주제들을 자동으로 뽑아낼 수 있다. 사람과 달리 컴퓨터는 사람들의 글에 은근하게 내재하는 주제들을 발견할 수 있다.

심리학적 관점에서 보면, 우리는 의미 추출 기법을 통해 어떤 유형의 사람들이 물병의 어느 측면에 주목하는지 알 수 있다. 가장 표면적인 수준에서만 봐도 색깔에 주목하는 사람이 있고 그렇지 않은 사람이 있다는 것을 알 수 있다.

우리는 또한 물병의 다른 측면을 강조하는 사람들의 행동을 탐색하기도 했다. 가장 흥미로운 사례는 물병 왼쪽에 드리우는 그림자와 빛에 대해 쓰는 사람들이다. 대학생 중 그림자에 대해 쓰는 사람들은 생각이 깊고 예술적이며 외모에 신경을 덜 쓰는 경향이 있다. 그리고 이들은 더 높은 성적을 받고 전시회에 더 많이 가며 컴퓨터 게임을 더 많이 한다. 술을 많이 마시거나, 해야 할 일 목록을 만들거나, 청소기를 돌리거나, 망가진 물건을 수리하거나, 목욕을 하거나(하지만 다행히 샤워는 다른 사람들만큼 자주 한다.), 드라이어로 머리를 매만지는 일은 비교적 적다.

또 다른 양상들도 나타난다. 라벨에 적힌 단어에 주목하는 사람들은 여성이고 글을 더 많이 읽는 사람일 가능성이 높다. 물병의 감촉과 느낌에 흥미가 있는 사람들은 온갖 유형의 신체적 증상을 호소하는 경향이 있다. 또 물병의 표면에 대해 쓰는 사람들은 다른 사람들에게 벽을 세우는 것으로 보인다. 이들은 덜 싹싹하고 다른 사람들과 허심탄회한 대화를 잘 나누지 않으며, 중요한 감정적 격변을 겪으면 그에 대해 다른 사람들에게 말하지 않는 쪽을 선호한다.

물병처럼 별로 중요하지 않은 것에 대한 묘사가 이토록 많은 것을 알려줄지 누가 생각이나 했겠는가? 그런데 이런 양상은 통계적으로는 믿을 만한 분석 결과지만 반드시 이런 양상이 나타난다고 할 수는 없다. 즉, 친구에게 물병을 묘사해 보라고 한 뒤 그 친구가 사진 속 그림자를 언급했다고 해서 냉큼 드라이어를 사주는 건 터무니없는 짓이라는 말이다. 그 대신 이런 발견들은 언어를 분석할 때 사용할 수 있는 힌트 정도로 여기는 것이 좋다. 그리고 더 나아가 사람들에게 더 복잡한 대상을 묘사해 보라고 한다면 무엇을 알 수 있을지도 한 번 상상해 보자.

다른 사람을 통해 자신을 발견하기

나는 물병 테스트를 아주 좋아한다. 연구 결과에 들뜬 학생들과 나는 다른 사진으로도 실험해 보았다. 이번에는 더 복잡하고 사회적으로 관련 있는 자극을 원했기 때문에 실제 인물의 평범한 사진이 필요했다. 나는 사진을 구하려고 책상 서랍을 탈탈 털었다. 뚝딱 찾아낸 사진은 나와 아내가 몇 년 전 연 파티에서 찍힌 소중한 두 친구의 사진이었다. 나는 그들에게 허락을 받고 이 사진을 연구에 사용하기 시작했다.

이 가든파티 프로젝트의 결과를 알아보기 전에 먼저 옆의 사진을 보자. 이 사진을 실제로 볼 수 없는 다른 사람에게 설명해 준다는 생각으로 몇 분 동안 이 사진을 설명하는 글을 써보라.

이 사진은 누구보다도 우리 대학원생인 케이트 니더호퍼의 마음을 특히 사로잡았다. 케이트의 연구 관심사는 전통적인 사회심리학과 비즈니스 및 마케팅의 세계에 걸쳐 있었다. 사진을 본 케이트는 사람들이 그것을 묘사하는 방식을 통해 그들의 구매 패턴을 예측할 수 있을지 궁금해 했다. 더 넓게는 사람들의 일상적 행동에 세상을 보는 방식이 드러나는지도 알고 싶어 했다.

수백 명의 사람들이 이 사진을 묘사했다. 묘사의 유형은 엄청나게 다양했다. 다음은 그 중 몇 가지 예다.

이 집은 여자네 집이다. 여자는 행복한 결혼생활을 하고 있다. 지금 이 남자는 그녀에게 이야기나 천박한 농담을 하고 있다. 왜냐하면 그녀는 남자의 말을 듣고 놀란 것이 분명하기 때문이다. 그녀는 집에서 만든 아이스티를 마시고 있다. 이 두 사람은 상대와 결혼한 것이 아니지만 둘 다 기혼자다.

— 최근 약혼한 22세 여성

부인은 갓 딴 맥주를 조금 따른 다음 집 안에서 나왔다. 그녀는 이미 술을 많이 마신 상태여서 행동이 부자연스러워 보인다. 남자는 그녀를 만나는 것보다 그녀 손에 들린 맥주를 가로채는 데 더 관심이 있다. 그는 그녀의 손에서 맥주를 낚아채서 자리를 뜨고 싶어 한다.

— 과음하는 것으로 밝혀진 19세 남성

바비큐 파티가 열리는 집 뒷마당에서 두 사람이 이야기하고 있다. 여자는 소매가 길고 단추로 잠그는 데님 셔츠(아마 갭Gap 제품인 듯)를 넣어 입었고 소매는 팔뚝까지 두 번 접어 올렸다. 그녀는 평범한 갈색머리를 (층을 내서) 턱 바로 밑에서 자른 스타일이다. 그녀는 검은 벨트(구찌인가?)를 맸고 오른쪽 손목에 빨간 팔찌를 차고 있다.

— 매달 의류비로 500달러 이상을 쓰는 25세 여성

내가 쓰는 단어로 나의 성격과 욕구를 알아챌 수 있을까   227

사진 속의 두 사람은 정치에 대한 깊은 토론을 하고 있다. 여자는 남자가 공화당 지지자라는 사실에 놀라움을 표현하고 있다. 그녀는 남자가 주장하는 논리에 충격을 받는다⋯⋯. 남자는 〈더 작은 정부〉라는 이상을 자신이 이해하고 있으며 자기가 보기에 작은 정부에 공화당이 가장 크게 기여했다고 느낀다는 것을 (손짓으로) 보여주고 있다.

— 정치 문제에 적극적인 21세 여성

의미 추출 기법은 이 사람들의 글에서 일관되게 나타나는 몇 가지 주제를 뽑아냈다. 사람들이 공통적으로 많이 다룬 주제는 두 사람의 사회적 관계(연인 사이, 부부 사이), 의상 분석(간단한 묘사에서 패션 관찰까지), 액세서리(두 사람의 시계, 남자의 안경, 여자의 립스틱), 여자가 마시는 음료(술, 차, 여자가 취했는지), 마당(꽃, 나무, 트램펄린), 집(창문, 판자, 지붕), 그 외에 두 사람과 관련된 정보(여자의 표정, 두 사람의 인종과 나이) 등이다. 물병 실험에서와 마찬가지로 사람들이 다룬 각각의 주제는 결국 서로 관련 있는 단어들의 묶음인 셈이다.

보다시피 사람들이 글을 쓴 주제들은 사실 각자의 삶과 관련이 있었다. 연애 중인 사람들, 특히 여자들은 사진 속의 두 사람이 연인일 가능성에 대해 쓰거나 그들이 끼고 있는 반지를 결혼반지라고 하는 경우가 많았다. 옷과 액세서리에 상당한 돈을 쓴다는 사람들은 두 사람의 옷과 액세서리에 대해 쓰는 경향이 매우 높았다. 원예가들은 꽃과 나무에 대해 언급했고, 술을 지나치게 마신다고 밝혀진 사람들은 사진 속 여자가 맥주를 마시고 있다거나 취한 상태라고 추측하는 경향이 높았다.

단어 사용이 구매 행동을 예측할 수 있다는 생각은 구글을 비롯한 검색 엔진 회사에게는 그리 새로운 소식이 아니다. 당신이 gmail을 사용한다고 해보자. 친구가 아침으로 레이진 브랜이라는 시리얼을 먹는다는 내용의 이메일을 당신에게 보낸다면 아마 이메일 페이지에 과일 스낵, 냉동 망고, 콜레스테롤을 낮추는 약 등 몇 개의 맞춤 광고가 나타날 것이다. 오늘 나는 가족 중 한 명에게 이메일을 하나 받았는데 40세인 지인이 무분별하고 변덕스럽게 행동하는데 어떻게 해야 하느냐고 나에게 조언을 구하는 내용이었다. 이때 뜬 광고는 사춘기 여드름 치료, 10대를 위한 최고의 책 등과 같은 것들이었다. 하긴 〈무분별한〉, 〈변덕스러운〉 같은 단어가 통계적으로 10대와 관련이 있기는 하다.

내가 쓰는 단어를 통해
나의 〈성취 욕구〉, 〈권력 욕구〉, 〈소속 욕구〉를 알 수 있다

물병 사진과 가든파티 사진을 이용하는 방법은 이보다 훨씬 더 오래된 심리학적 개념을 변형한 것이다. 지그문트 프로이트와 칼 융 그리고 특히 프로이트의 딸 안나 프로이트의 주장에 따르면, 사람들은 본래 자신의 생각과 감정을 다른 사람들과 사물에 투사한다고 한다. 약속을 지키지 못해 자기 자신에게 화가 난 사람은 우연히 마주친 오랜 친구에게 이렇게 말할 수도 있다. "무슨 일이야? 약간 화가 난 것 같아 보이는데." 사람들은 자신의 분노를 인지하지 못하는 대신 투사라는 방어기제를 통해 다른 곳에서 분노를 발견할 가능성이 있다.

1920년대 초반, 젊은 정신분석학자인 헤르만 로르샤흐Hermann

Rorschach는 이 개념을 확장했다. 로르샤흐는 사람들에게 의미가 모호한 잉크 얼룩을 보게 하고 무엇이 보이는지 묘사하게 하는 방법을 개발했다. 이 로르샤흐 검사의 바탕에는 사람들의 깊은 감정과 관심사가 잉크 얼룩에 투사되리라는 생각이 있었다. 예컨대 부모의 학대를 계속 두려워하며 살던 사람은 잉크 얼룩을 흉포한 곰 모양으로 볼 수 있는 반면, 행복한 가정에서 살아온 사람은 같은 잉크 얼룩을 나비로 볼 수 있다. 로르샤흐의 초기 연구 이래로 수천 명의 치료사들이 로르샤흐 검사를 이용하여 사람들의 심리 상태를 탐색했다. 하지만 로르샤흐 검사에 의문을 품는 연구자들도 많은데, 그 이유는 사람들의 반응이 그리 믿을 만하지 못하고 검사를 진행하는 치료사에 따라 크게 달라지기 때문이다. 나는 로르샤흐 검사의 수행과 채점 체계를 컴퓨터로 개선할 수 있을지가 궁금하기 그지없다.

1930년대에는 또 다른 투사 검사인 주제 통각 검사(Thematic Apperception Test, TAT)가 하버드 대학교의 헨리 머레이와 크리스티아나 모건에 의해 만들어졌다. TAT는 잉크 얼룩에서 가장 먼저 보이는 것을 바로바로 말하게 하는 대신 의미가 모호한 일련의 그림을 바탕으로 〈이야기〉를 만들게 했다. 그림을 보고 만든 이야기가 참가자의 삶에 내재하는 다양한 문제를 반영한다는 것이었다. 옆의 그림은 표준적인 TAT 자극 중 하나다. 대개 사람들은 몇 초 정도 그림을 본 다음 이 장면이 어떤 내용이라고 생각하는지 설명하라는 요청을 받는다.

당신도 직접 해보라. 위의 그림을 보고 무슨 일이 일어나고 있는지 묘사하는 짧은 이야기를 한 번 만들어 보라. 이 그림에서 두 사람은 각각 어떤 생각과 행동을 하고 있는가? 전에는 어떤 일이 있었고, 앞으로는

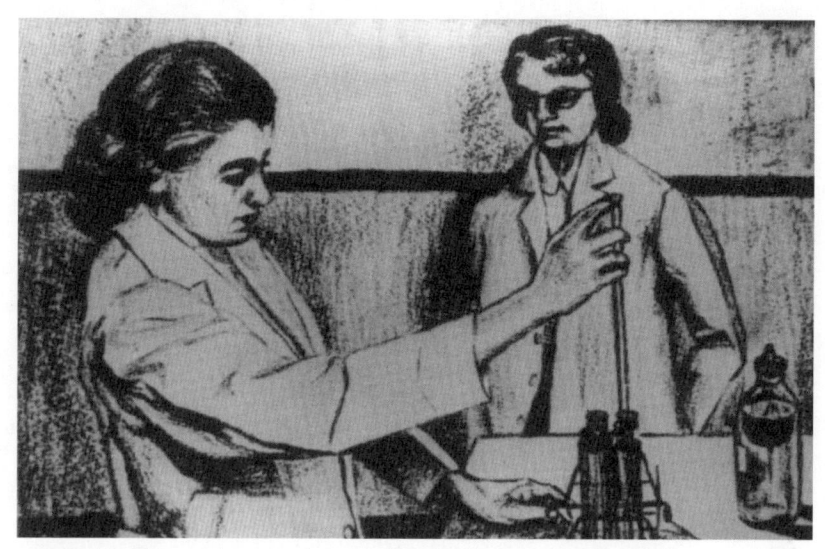

어떤 일이 일어나겠는가?

이 TAT를 응용한 기법 중 기본 심리적 욕구를 조사하는 데 쓰이는 것도 있다. 데이비드 맥클리랜드가 헨리 머레이의 영향을 받아 개발한 모형은 모든 사람은 세 가지 기본 욕구에 따라 움직인다고 가정했다. 여기서 세 가지 기본 욕구는 성취 욕구, 권력 욕구, 소속 욕구다. 맥클리랜드는 TAT에 쓰이는 다양한 그림을 이용하여 각각의 욕구가 행동에 영향을 미치는 정도를 측정했다. 앞서 본 그림은 세 가지 욕구와 모두 관련이 있지만 처음에는 성취 욕구와 권력 욕구를 판단하기 위해 쓰였다. 이 그림에 대한 두 가지 반응은 다음과 같다.

이것은 보수적인 관리자인 셜리와 입사한 지 얼마 안 된 신입사원 소니아의 충돌에 대한 이야기다. 관리자인 셜리는 소니아가 열정적으로 일해서 돋보이는 상황이 맘에 들지 않아 기분이 좋지 않다. 긴장이 풀리지 않은 셜리의 모습은 그녀가 실험에 집중하는 것이 아니라 확립된 자기 위치를 위협받는 바람에 자신이 매우 싫어하게 된 사람에게 집중하고 있다는 것을 보여준다. 소니아는 맡은 일을 성공하고 그 대가로 새로운 부서의 실험 과학자 자리를 얻는다. 셜리는 조직에 있었던 오랜 세월 동안 충실한 사람임을 입증해 왔지만 그렇게 인정받은 적이 결코 없었다.

— 64세 남성

이날 아침 일찍 일어난 줄리는 연구실에서 힘든 하루를 보내겠다는 것을 알고 있었다. 줄리의 어머니는 그녀의 보호자로서 매우 엄격하고 구닥다리인 사람이었고 줄리의 생각에 시간을 내줄 가치가 없다고 생각했다. 화학물질을 섞은 지 몇 분 후 비커가 녹았고, 화학물질들은 부글거리는 거품이 되어 온 사방에 흘러내리며 닿는 것마다 못 쓰게 만들었다. 그녀의 어머니는 딸에게 소리를 질렀다. 하지만 이번에 줄리는 엄마의 성질을 받아주는 데 넌더리가 났다. 결국 그녀는 엄마에게 자신이 몇 년 동안 어떤 감정을 느꼈는지 말하기로 했다. 희한하게도 어머니는 말을 들어주었다. 두 사람은 마음이 후련해져서 여러 가지를 털어놓았고 좋은 관계를 맺을 기회를 얻었다.

— 17세 여성

이 글들과 TAT에서 나오는 대개의 이야기에서는 뭔가 명백하게 나타나는 점이 있다. 첫 번째 이야기는 직장에서 자기보다 젊은 사람에게서 위협과 무력감을 느끼는 사람의 이야기다. 맥클리랜드는 이 이야기가 권력에 대한 억제된 욕구를 암시한다고 말한다. 사실 맥클리랜드에 따르면 억제된 권력 동기를 발견하는 한 가지 방법은 그 사람이 부정어를 얼마나 자주 사용하는지 알아보는 것이다. 첫 번째 글을 쓴 64세의 신사는 부정어를 다섯 번 사용했다. 이것은 꽤 인상적인 횟수다. 그 사람이 자기 인생에서 겪고 있는 경험이 이 이야기에 반영되었을 가능성이 있을까?

이와 같은 맥락에서, 두 번째 글을 쓴 17세의 여성은 엄마와 갈등을 겪고 있지 않을까? 대충 추측해 보자면 당연히 그렇다고 볼 수 있다. 두 번째 글에는 글쓴이의 높은 소속 욕구와 함께 보통 수준인 성취 욕구와 권력 욕구가 암시되어 있다.

사람들의 욕구를 알기 위한 채점법은 약간 복잡하다. 지금까지 이와 같은 글들은 전문적인 훈련을 받은 평가자들이 한 구절 한 구절 읽고 점수를 매겼다. 하지만 최근에는 컴퓨터 프로그램이 개발되어 성취 욕구(예: 이기다, 지다, 성공하다, 실패하다, 시도하다), 권력 욕구(예: 위협, 상사, 직원, 이끌다, 따르다, 주인, 복종하는), 소속 욕구(예: 사랑하다, 친구, 외로운)를 암시하는 단어들을 체계적으로 분석한다. 〈이기다〉와 〈지다〉처럼 뜻이 반대인 단어들이 같은 욕구를 반영할 수 있다는 점에 주목하라. 성취에 집착하는 사람들은 성공을 염원하는 동시에 실패를 두려워할 수 있다. 성취 욕구가 낮은 사람들은 아예 성공-실패라는 차원에 따라 생각하지도 않는다.

성취 욕구, 권력 욕구, 소속 욕구에 대한 연구들은 중요한 결과들을 내놓았다. 예를 들면 억제된 권력 욕구가 있는 사람들은 혈압이 높다는 점이 발견되었다. 미시건 대학 교수이며 욕구 상태 분석에 있어서 선도자 격인 데이비드 G. 윈터David G. Winter는 세계 지도자들의 연설을 분석하여 리더십의 유형과 전쟁을 선포할 가능성을 비롯한 여러 행동들을 정확히 예측했다. 예컨대 존 F. 케네디와 조지 W. 부시의 취임 연설을 분석한 결과 둘 다 권력 욕구와 소속 욕구가 극도로 높았던 것으로 드러났다. 윈터의 관점에서 보면 강력한 지도자가 주요 결정을 내릴 때 유대가 깊은 지인들에게 의존하려는 경향이 있는 경우 이 두 가지 욕구의 결합은 치명적으로 위험할 수 있다. 예건대 2001년 초반, 윈터는 부시의 취임 연설을 분석한 뒤 부시의 언어가 반대 의견을 배척하는 끈끈한 추종자 집단의 공격성과 그 양상이 일치한다고 경고했다.

어딜 가든
우리는 단어라는 단서를 남긴다
—

로르샤흐와 TAT뿐만 아니라 물병과 가든파티 검사 같은 기법들의 목표는 모두 사람들이 사용하는 단어들을 보고 그들의 행동이나 성격을 추론하려는 것이다. 이 기법들은 일반적으로 통제된 실험실이라는 환경에서 사용된다. 실험에 참가한 사람들은 같은 그림을 보고, 같은 지시를 받고, 같은 방식으로 글을 쓰거나 말하도록 요청받는다. 모든 사람의 상황이 사실상 같다면 언어 사용에서 나타나는 차이가 사람들의 차이를 반영할 수밖에 없다.

하지만 연구자들의 불만 중 하나는 연구 결과가 실험실의 인위적 제약을 넘어 어떻게 널리 적용될 수 있을지 알 수가 없다는 점이다. 예를 들어 물병 실험에서 그림자에 대해 쓴 학생들은 더 예술적이고 우수한 심리학과 학생이자 청결과 질서에 덜 집착하는 경향이 있었다. 이 결과를 어떻게 해석할 수 있을까? 아마 우리는 사람들이 특정한 장면을 해석하고 있을 때에만 명백히 나타나는 인지 유형을 우연히 발견했는지도 모른다. 다시 말해서 물병 실험에서 발견된 점들은 몇몇 사람들이 물체의 시각적 특성 중에서 음영을 어떻게 탐지해 내는지에 대해서 알려준다. 어떤 사람들에게는 그림자를 인식하게 하고 어떤 사람들에게는 다른 특징에 대해 쓰게 하는 것은 특정한 사진 속 특정한 조명 상태의 특정한 물병 때문인지도 모른다.

그렇다면 시각을 넓혀서, 사람들의 일상 언어를 살펴보는 것만으로도 똑같은 정보를 얻을 수 있을까? 이 일상 언어에는 이메일, 트위터 및 페이스북 등의 SNS 게시물, 문자 메시지, 대화 기록, 블로그 게시물, 전문적인 글, 연설문 등이 포함될 것이다. 답은 〈그렇다〉이다. 그리고 바로 이것이야말로 이 책의 핵심이다. 분석적이거나 단정적으로 생각하는 사람들은 별 재미없는 물병을 묘사하거나 가든파티나 누군가의 배탈에 대해 말할 때 관형사, 조사, 부정어를 사용하는 경향이 있다. 물론 말하고 생각하는 방식은 상황에 따라 변한다. 격식을 차리는 상황에서는 다들 더 딱딱하게 말하고 광란의 파티장에서는 더 거칠게 말하는 경향이 있다. 그렇기는 하지만 우리가 어딜 가든 어떤 상황에서든 성격은 그대로이므로 우리는 우리가 사용하는 기능어의 지문을 조금이라도 남기게 된다.

단어를 바꿔 쓴다고 해서
사람이 변하는 것은 아니다
—

이 장에서 살펴본 실험 결과를 기반으로 하면 다른 사람들을 더 잘 〈읽는〉 것이 가능할까? 언어에 대한 이해는 당신이 더 유능하거나 좋은 사람이 되는 데 도움이 될까? 이 두 개의 질문에 대한 답은 〈조건이 붙지만, 그렇다〉인 것으로 하자.

사람들이 순간 내뱉는 단어를 통해 그들의 속마음 알아내기

2장에서 소개한 상원의원 존 케리의 이야기가 기억나는가? 그의 참모들은 연설에서 〈우리〉라는 단어를 더 많이 사용하고 〈나〉라는 단어를 적게 사용하라고 설득했다. 지극히 똑똑한 이 참모 집단은 연설에서 〈우리〉라는 단어를 사용하는 사람이 청중에게 더 가까운 느낌을 줄 수 있다고 〈잘못〉 판단한 것이다. 이 사례는 사람들이 사용하는 언어를 분석해 그들의 성격을 읽고자 하는 사람들에게 좋은 교훈이 될 것이다. 즉, 언어 분석의 제1원칙은 〈자신의 감을 믿지 말라.〉는 것이다.

사람들이 일상생활에서 실제로 사용하는 단어들을 조사하여 그 사람을 파악하고 싶다면 그들이 사용하는 단어를 실제로 〈세어봐야〉 한다. 이 작업은 손으로 할 수도 있지만 그것은 느리고 고통스럽기까지 한 과정이다. 그 대신 컴퓨터 프로그램을 사용할 수도 있다. 물론 단순히 단어를 세기만 하는 과정은 성격 해독의 첫 단계에 불과하다.

다른 사람들에 대해 알고 싶은 것이 무엇인가? 이 장에서 간단히 언급했듯 어떤 사람이 형식적, 분석적, 서술적 스타일 중 어디에 해당하는지 밝혀내기는 꽤 쉽다. 의미 추출 기법 같은 방법을 통해 사람들이 어디에 관심을 쏟는지 파악하는 것은 더 어려울 수 있다. 다행히 우리 뇌는 기능어보다 내용어를 훨씬 잘 듣기 때문에 실제로 단어를 세는 단계가 덜 필요하다.

 사람들이 무엇에 관심을 기울이는지 알고 싶다면 무슨 말을 하는지 잘 들어보라. 내 친구 중에 자기의 지적 능력을 확신하지 못하는 친구가 있다. 그는 틀림없이 똑똑하지만 대화를 할 때마다 자기가 실제로 얼마나 똑똑한지 입증하는 정보를 흘린다. 지난번에 나와 두어 번 만났을 때도 그는 기내 잡지에서 해본 지능검사 결과가 어땠는지, 자기가 한 똑똑한 말에 대해 동료가 뭐라고 했는지, 똑똑한 사람들이 어떻게 다큐멘터리를 보는지(오, 다큐멘터리도 보신다고 한다!)에 대해 말했다. 이것이 이 친구의 삶을 주도하는 중심점이고 이 사실은 그의 거의 모든 대화에서 드러난다.

 사람들이 가장 중요하게 여기는 주제를 파악하는 두 번째 방법은 그들이 대화를 어떻게 이끌어 가는지 지켜보는 것이다. 몇 년 전, 나는 오랜 친구 두 명과 저녁을 먹었다. 한 명은 통찰력 있는 임상 심리학자였고 다른 한 명은 건축가였다. 이야기를 나누던 중 임상 심리학자인 친구가 문득 건축가 친구에게 이렇게 말했다. "너 경제적으로 문제가 있는 모양이구나." 건축가는 난데없는 친구의 말에 깜짝 놀라 말문이 막혔다. 하지만 그는 최근 위험한 투자 때문에 전 재산을 잃었다고 괴로운 듯이 인정했다. 나는 건축가인 친구가 경제적으로 힘든 문제를 겪고 있다는 기미를 대화하면서 전혀 알아차리지 못했기 때문에 임상 심리학자 친구의 말에 깜짝 놀랐다.

나중에 나는 임상 심리학자인 친구에게 건축가 친구가 경제적 문제를 겪는다고 생각한 이유를 물었다. 그 친구는 자기에겐 뻔히 보였다면서 웃었다. 건축가 친구는 식사하는 동안 몇 번이나 대화 주제를 바꾸었고 그 주제는 항상 돈, 재정적 손실, 투자 같은 것들과 관련이 있었다. 건축가도, 나도 그렇게 꾸준히 대화의 주제가 바뀌었는지 알지 못했다. 그 이후에 내가 배운 점은 누군가 대화의 방향을 바꾼다면 그것이 그 사람 머릿속을 보여주는 강력한 표시라는 것이다.

내가 사용한 단어를 분석해 나에 대해 새롭게 알아가기

당신이 하루 종일 사용한 단어를 모두 알 수 있다면 당신은 당신 자신에 대해 무엇을 알 수 있을까? 나는 내가 사용한 단어를 연구해서 이 질문에 대답할 수 있었다. 그리고 이것은 적어도 내게는 꽤 유익한 작업이었다.

우리 연구팀이 일상 언어를 연구하는 한 가지 방법은 어린아이, 대학생, 부부, 노인들의 일상적인 말들을 기록하는 것이다. 전에 우리 대학원생이었던 머사이어스 멜은 전자 활성화 기록 장치(Electronically Activated Recorder, EAR)의 개발에 중요한 도움을 주었다. EAR은 며칠에 걸쳐 12분에서 14분마다 한 번씩 사람들의 말 중 30초 분량을 녹음하도록 설계된 전자 기록 장치다. 이제 국제적으로 존경받는 연구자가 된 머사이어스는 EAR이 사용자들에게 험한 취급을 받아도 견뎌낼 수 있도록 완벽하게 만드는 데 수천 시간을 투자했다.

EAR의 시험 사용 단계에서는 며칠간 우리 연구팀 전원이 EAR을 직접 착용한 후 자신들이 한 말 중 녹음된 모든 내용을 기록했다. 나 역시 이 과정을 몇 번 거쳤다. 내가 EAR을 착용하고 첫 주말을 맞았을 때 내 아들은 열두 살이었다. 내 생각에 그 주말에는 별 일 없이 그저 집안일을 하거나 가족끼리 외출하며 평소처럼 지냈다. 그런데 며칠 후 나는 EAR에 녹음된 내용을 재생하면서 내가 아들에게 말하는 방식을 듣고 마음이 좋지 않았다. 내 말투는 차갑고 무심할 때가 많았는데 이는 아이에게 맞추었던 것일까?(아니면 아이가 내 냉담함에 맞추었거나.) 아들과의 대화에서 나는 어려운 단어를 사용했고 관형사를 많이 사용했으며 대명사, 특히 〈나〉라는 단어를 상대적으로 적게 사용했다. 반면 아내와 딸에게 말할 때 내가 사용한 언어는 더 따뜻하고 이해하기 쉬웠다.

내 말투를 듣고, 내가 사용한 단어가 종이에 적힌 것을 보는 경험은 나에게 많은 영향을 미쳤다. 그 후 나는 아들에게 더 따뜻하고 여유 있는 마음으로 대하려고 의식적으로 노력했다. 내가 대명사와 관형사 사용 스타일을 바꾸려고 노력한 것이 아니라는 사실에 주목하라. 그 대신 나는 행동과 태도를 바꾸었고 기능어가 이 변화를 따라 바뀌리라고 생각했다.

나는 나의 이메일, 강의, 논문, 추천서 등에서 내가 사용한 단어도 몇 년에 걸쳐 분석해 보았다. 결과는 가끔 예상대로이기도 했고 그렇지 않기도 했다. 그리고 예상이 들어맞지 않을 때마다 나는 나 자신에 대해 무언가를 배운다. 사실 내가 보는 나의 행동과 객관적으로 보는 나의 행동이 일치하지 않는 순간들을 볼 때가 늘 가장 놀라운 법이다. 이런 경험은 내가 어떻게 해야 할지, 즉 나 자신을 보는 시각을 바꾸어야 할지, 내 행동을 바꾸어야 할지, 내가 사용하는 단어를 바꾸어야 할지 의문을 품게 만들기도 한다.

그리고 이렇게 하여 우리는 이 책에서 반복되는 주제로 돌아온다. 우리가 쓰는 단어는 우리의 심리 상태에 어느 정도 영향을 미치는가, 아니면 그저 심리를 반영하기만 하는가? 단어 사용 스타일을 바꿈으로써 심리 상태를 바꿀 수가 있을까? 예컨대 존 케리의 참모들이 〈우리〉라는 단어를 덜 사용하고 〈나〉라는 단어를 더 사용하라고 조언했다면 케리는 2004년 대선에서 이겼을까? 그가 사용하는 단어를 바꿨다면 공식적인 연설 방식과 딱딱한 몸짓도 바뀌었을까? 나는 여기에 대해 심각하게 회의적인 입장이다. 단어를 바꿔 사용하도록 훈련할 수는 있지만 그 단어가 성격이나 행동, 감정 상태에 영향을 미친다는 강력한 증거는 없다. 그보다는 존 케리가 긴장을 풀고 더 인간적이고 진실한 사람이 되려고 했다면 단어가 그에 따라 변했을 것이다. 한 사람이 사용한 단어는 그 사람을 충실하게 반영하지만 단어 그 자체만으로 사람이 바뀌지는 않는다

그가 사용하는 단어를 통해 보는 오사마 빈 라덴

오사마 빈 라덴과 같이 유명한 인물의 언어를 살펴보자. 빈 라덴은 성인기의 대부분에 걸쳐 인터뷰, 연설, 편지, 기사 등에서 언어의 기록을 남겼다. 그 언어가 아랍어든 영어로 번역된 것이든, 그는 자신감이 하늘을 찌르고 오만하기까지 한 것으로 보인다. 그는 〈나〉라는 단어는 매우 적게, 〈우리〉라는 단어와 〈당신들〉 혹은 〈당신〉이라는 단어는 많이 사용했다. 그의 동지인 아이만 알 자와히리와 같은 아랍 극단주의 집단의 여느 지도자와 달리, 빈 라덴은 분명히 완

고하고 적대적으로 날이 선 이야기꾼이다(과거형 동사, 사회적 언급 등 서술적 사고의 특징이 높게 나타났다). 우리가 그를 종합적으로 분석한다면, 그는 권력 욕구가 높고 성취 욕구가 보통이며 소속 욕구가 낮은 사람이라고 할 것이다. 신디 청의 의미 추출 기법은 빈 라덴이 실제로 집착하는 대상이 자국인 사우디아라비아에 대한 분노에서 미국의 이라크와 아프가니스탄 급습으로 바뀌었음을 보여준다. 흥미롭게도 그는 이스라엘에 대한 관심이 알카에다의 다른 동료들에 비해 매우 적은 것으로 나타났다. 그가 해질녘 해변에서 오래 산책하기를 좋아하는지에 대한 자료는 없다.

7 성별에 따라,
나이에 따라,
권력에 따라

단어는
어떻게 달라지는가

사람들 간의 차이와 언어에 대한 논의를 시작하는 데 있어 성별은 더없이 좋은 주제다. 단어를 사용하는 스타일은 성별에 따라 다를까? 짐작했겠지만, 답은 〈그렇다〉이다. 이것은 확실히 밝혀진 사실이니 다음 질문에 답해 보자.

일상적인 대화, 이메일, 비공식적인 여담, 블로그 게시물, SNS 게시물, 대단히 격식 있는 글쓰기까지 포함하여 살펴볼 때 남녀 중 어느 쪽이 다음의 단어들을 더 많이 사용할까? 아래에 나오는 질문에 알맞은 답을 골라보자.

1. 1인칭 단수(예: 나는, 나를, 나의)
   a) 여자가 더 많이 사용한다.
   b) 남자가 더 많이 사용한다.
   c) 차이가 없다.

2. 1인칭 복수(예: 우리는, 우리를, 우리의)

   a) 여자가 더 많이 사용한다.

   b) 남자가 더 많이 사용한다.

   c) 차이가 없다.

3. 긍정적 감정을 나타내는 단어(예: 사랑하다, 재미, 좋은)

   a) 여자가 더 많이 사용한다.

   b) 남자가 더 많이 사용한다.

   c) 차이가 없다.

4. 인지적 단어(예: 생각하다, 이유, 믿다)

   a) 여자가 더 많이 사용한다.

   b) 남자가 더 많이 사용한다.

   c) 차이가 없다.

5. 사회적 단어(예: 그들은, 친구, 부모)

   a) 여자가 더 많이 사용한다.

   b) 남자가 더 많이 사용한다.

   c) 차이가 없다.

이 문제들은 모든 사람에게 매우 쉬운 문제일 것이다. 우리가 하루라도 남녀 모두에게서 수많은 단어를 듣지 않고 보내는 날은 없다. 사실 우리는 평생 남녀 모두에게서 무수한 단어를 들으며 살아왔다. 이런 문제를 틀리는 사람도 있을까?

하지만 밝혀진 바에 따르면, 대부분이 이 문제를 틀린다. 심리학의 다양한 주요 분과를 연구하는 저명한 학자들과 세계 각지의 언어학자들도 다 틀린다. 당신의 고등학교 시절 국어 선생님이라도 별로 다르지 않을 것이다. 당신은 어떤가? 답은 1:a, 2:c, 3:c, 4:a, 5:a다. 여자들은 1인칭 단수 단어, 인지적 단어, 사회적 단어social words를 더 많이 사용하다. 1인칭 복수나 긍정적인 감정을 나타내는 단어는 남녀 간에 별다른 차이가 없다. 당신이 여느 사람들과 같다면 당신은 5번 사회적 단어에 대한 문제만 맞히고 나머지는 대부분 틀렸을 것이다.

다음의 정답 해설을 살펴보면 좀 더 도움이 될 것이다.

1. 여자들은 남자들에 비해 〈나〉라는 단어를 더 많이 사용한다. 사람들은 자기가 주로 신경 쓰는 부분에 따라 대명사를 사용한다. 불안하거나, 남의 시선을 의식하거나, 괴로워하거나, 우울한 사람은 자기 자신에게 더 많은 관심을 쏟는다. 연구에 따르면 평균적으로 여자들은 남자들에 비해 자신을 더 의식하고 자신에게 초점을 맞춘다. 일상의 대화, 블로그, SNS 등에서 여자들은 〈나〉라는 단어를 훨씬 더 많이 사용한다.

2. 〈우리〉라는 단어의 사용 빈도는 남녀가 같다. 〈우리〉라는 단어는 영어뿐 아니라 다른 언어권에서도 가장 불가사의한 단어 중 하나다. 누군가 〈우리〉라고 말하면 사람들은 그가 자기 자신과 가까운 사람들을 지칭하는 거라고 자연스럽게 가정한다. 사람들이 순간적으로 화면에 나타난 〈우리〉라는 단어를 본 후 더 따뜻하고 아늑한 기분을 느끼고 다른 사람들과 더 긴밀하게 연결되어 있다고 느낀다는 유명한 심리학 연구들도 있다.

3장에서도 살펴봤듯이, 〈우리〉라는 단어는 완전히 상반되는 두 가지 뜻으로 쓰인다. 우선 아내와 나, 우리집 개와 나, 우리 가족 등을 의미하는 〈따뜻하고 아늑한 우리〉가 있다. 당신은 여기서 〈우리〉라는 단어의 따뜻한 기운을 느낄 수 있다. 가끔은 이와 같은 〈우리〉라는 단어에 끈끈한 집단 정체성이 포함되기도 한다.

하지만 또 다른 〈우리〉는 냉정하고 거리감이 느껴지며 대체로 〈인간미 없는 우리〉다. 나의 대학원생들은 이 〈우리〉라는 단어를 아주 잘 안다. 바로 내가 "다들 알겠지만, 〈우리〉 이 자료 꼭 분석해야 합니다."라고 할 때 쓰는 단어다. 또 내 아들은 아빠가 이렇게 말할 때 거의 따뜻함을 느끼지 못한다. "우리 이 쓰레기 내놓아야지." 이럴 때 나는 내가 실제로 그 자료를 분석하겠다는 의도는 전혀 없다. 마찬가지로 아들에게도 같이 쓰레기를 버리러 가자고 제안하는 것이 아니다. 사람들은 〈너〉라는 뜻으로 〈우리〉라는 단어를 사용할 때가 많다. 이 단어는 주변 사람들에게 공손하게 명령할 때 쓰인다.

〈너〉라는 뜻으로 쓰이는 냉정한 〈우리〉는 약간 변형되어 영국 왕실에서 쓰이기도 한다. "우리는 재미가 없느니라." 빅토리아 여왕이 했다는 이 말은 여왕 자신이 즐겁지 않다는 뜻이다. 영국의 마거릿 대처 수상은 첫 손주가 태어난 직후 언론에 이렇게 발표했다. "우리는 할머니가 되었습니다." 왕족과 공직자, 고위 인사들은 〈나〉라고 말해야 할 때 왕실에서 쓰는 〈우리〉를 슬쩍 사용하기도 한다.

마지막으로, 특히 정치인들이 즐겨 사용하는 완전히 모호한 의미의 〈우리〉가 있다. "우리는 이 나라를 바꿔야 하고 그럴 자격이 있습니다! 우리는 세금을 너무 많이 내고 있고 그것에 대해 어떤 조치를 취해야 합니다!" 나는 가끔 제자들과 둘러앉아 〈우리〉가 도대체 누구인지 알아내기 위해 정치인들의 연설을 분석할 때도 있다. 여기서 〈우리〉는 가끔 〈당신들〉이라는 뜻이거나 〈나〉, 〈당신들과 나〉, 〈나에게 맞장구 쳐주는 지구상의 모든 사람들〉이라는 뜻이기도 하다.

〈우리〉가 이렇게 재미있는 단어인 이유는, 이 단어가 다른 사람들에게 가까이 다가가는 수단으로 쓰이는 경우가 반이고 말하는 사람을 책임에서 벗어나게 해주는 데 쓰이는 경우가 반이기 때문이다. 확실히 성별에 따라 〈우리〉의 사용이 다르기는 하다. 여자들은 〈따뜻한 우리〉를 더 많이 사용하고, 남자들은 〈거리감이 느껴지게 하는 우리〉를 사용하는 경향이 있다. 하지만 평균적으로 〈우리〉라는 단어를 사용하는 빈도는 남녀 모두 같다.

3. 긍정적 감정을 나타내는 단어의 사용 빈도는 남녀가 같다. 일상 대화에서 부정적 감정을 나타내는 단어를 여자들이 조금 더 사용하기는 하지만 긍정적 감정을 나타내는 단어는 남녀 모두 같은 비율로 사용한다.

4. 여자들은 남자들에 비해 인지적 단어를 더 많이 사용한다. 인지적 단어는 다양한 사고 과정을 나타내는 단어로서 통찰력을 보여주는 단어(이해하다, 알다, 생각하다), 인과적 사고를 나타내는 단어(왜냐하면, 이유, 근거), 이와 관련 있는 여러 차원들의 단어를 포함한다. 여자들이 이러한 단어를 더 많이 사용한다는 사실은 여자는 남자보다 합리적이지 못하고 철학적 사고를 할 수 없다고 믿은 아리스토텔레스의 뺨을 후려갈기는 셈이다. 하지만 이런 현상은 단순하게 설명할 수 있다. 그리고 사회적 단어를 이용하여 더 명확히 설명할 수 있다.

5. 여자들은 남자들에 비해 사회적 단어를 더 많이 사용한다. 사회적 단어는 다른 사람들과 관련이 있는 모든 단어를 말한다. 분명 당신도 이 문제의 정답은 맞혔을 것이다. 실제로 여자는 다른 사람들에 대해 더 많이 생각하고 더 많이 말한다.

단어 사용에서 나타나는 다양한 남녀 차이는 꽤 일관성 있는 양상을 보인다. 남녀는 만나면 무슨 이야기를 할까? 여자들은 다른 사람들에 대해 훨씬 많이 말하고 남자들은, 뭐랄까, 카뷰레터와 같은 사물과 실체에 대해 훨씬 많이 말한다. 다른 사람들과 카뷰레터 중 설명하는 데 인지인 노력이 더 많이 필요한 복잡한 주제는 어떤 것일까? 인간관계는 로켓 과학 같은 것이 아니다. 아니, 그보다 훨씬 더 복잡한 문제다. 우리는 최고의 과학자들을 모아 달에 사람을 보낼 수 있다. 남자든 여자든 두 사람이 한 시간만 얘기를 나누면 카뷰레터 문제를 해결할 수 있다. 하지만 문제에 관심이 있는 사람들은 물론이고 최고로 창의적이고 성실한 과학자조차 제니퍼 로페즈가 어떤 남자를 왜 좋아하는지, 혹은 지금 남편과 얼마나 오래 결혼생활을 유지할지를 설명하거나, 이해하거나, 합의에 다다를 수는 없다.

남자들의 단어 vs. 여자들의 단어

남녀 간 차이에 대해 조금 전에 풀어본 문제들은 시작에 불과하다. 여자와 남자는 언어의 여러 차원에서 다양한 차이를 보이고 이 장에서는 그것들에 대해 계속 논의할 것이다. 성별과 언어에 대한 또 다른 문제에 대비하기 위해서는 남녀가 다음과 같은 측면에서도 다르다는 점을 알아두는 것이 중요하다.

남자들이 더 많이 사용하는 단어	여자들이 더 많이 사용하는 단어
어렵고 거창한 단어	인칭 대명사
명사	동사

조사	부정적 감정(특히 불안)과 관련된 단어
숫자	부정어
한 문장당 단어 수	확실성 있는 단어(항상, 완전히)
욕설	회피성 어구("내 생각엔", "-라고 생각한다.")

여기에 추가로 소개한 차이는 이미 살펴본 양상을 뒷받침한다. 남자들은 자기가 마주치는 사물의 수를 세고, 이름을 붙이고, 체계화함으로써 자기 세계를 여러 범주로 나눈다. 반면 여자들은 주제를 개인적 문제로 바꿔 생각할 뿐만 아니라 주제가 어떻게 변하는지에 초점을 맞추면서 더 역동적인 방식으로 이야기한다. 따라서 변화에 대해 말하려면 동사가 더 많이 필요하다.

마지막으로, 여자들이 사용하는 언어에서 가장 많이 연구된 측면은 회피성 어구hedge phrase이다. 회피성 어구는 보통 "내 생각에는", "내가 보기에는", "잘은 모르겠지만"과 같은 형태로 문장 첫머리에 온다. 아래에 나오는 질문에 대한 두 가지 대답의 의미를 생각해 보자.

"밖에 날씨가 어때?"
1. "내 생각엔 추운 것 같아."
2. "추워."

"추워."라는 대답과 달리 "내 생각엔 추운 것 같아."라는 대답은 단순히 바깥 기온에 대한 대답에 그치는 것이 아니다. "내 생각엔"이라는 구절은 "다른 의견이 있을 수도 있고 당신이 다르게 생각할 수도 있지만, 내가 개인적으로 생각하기에는 바깥 날씨가 추울 수도 있다는 말이다. 물론 내가 틀릴 수도 있고 당신이 나와는 다르게 느낀다고 해도 나는 기분 나빠 하지 않겠다."라는 뜻이다. 그렇다면 "내 생각엔"이라는 말은 다양한 관점의 존재를 암시하는 동시에 추위에 대한 판단이 궁극적으로 사실이 아니라 〈의견〉이라는 점을 알린다. 반면 "추워."라는 말은 바깥 날씨가 춥다는 말이다. 명백한 〈사실〉이다. 이걸로 얘기 끝이다.

여자들의 사회적 관심이 더 크다는 점과 같은 맥락에서, 여자들이 남자들에 비해 회피성 어구를 더 많이 사용한다는 점은 그리 놀랍지 않다. 여자들은 다른 여자들과 이야기할 때도 남자들과 이야기할 때만큼 회피성 어구를 많이 사용한다는 점이 재미있다.

**공식적인 자리에서는 남자처럼,
편안한 분위기에서는 여자처럼 말한다**
—

남녀의 단어 사용이 다르기는 하지만 그 차이는 미묘한 수준에 그칠 때가 많다. 우리가 1만 4천 건 이상의 표본을 사용한 대규모 연구에서 발견한 바에 따르면, 여자들이 사용하는 단어 중 인칭 대명사는 약 14.2퍼센트를 차지하는 데 비해 남자들의 인칭 대명사 사용 비율은 12.7퍼센트에 그쳤다. 통계적 관점에서 본다면 이것은 엄청난 차이다. 사회과학자의 눈에서(적어도 내 눈에서는) 뜨거운 기쁨의 눈물이라도 흘러내리게 할 정도로 큰 통계적 차이에 해당한다.

하지만 감동적일 정도로 큰 통계적 차이라고 해서 일상에서도 반드시 의미 있는 효과를 발휘한다고 볼 수는 없다. 계산이 편하도록 1분에 백 개 정도의 단어를 말하는 사람이 있다고 해보자. 비율로 따지면 일반적인 여자는 인칭 대명사를 1분에 14.2번, 일반적인 남자는 12.7번 말하는 셈이다. 이 말은 1분마다 여자가 남자보다 대명사를 약 1.5번 더 사용한다는 뜻이다. 이 숫자는 하루 종일 합산된다. 예컨대 일반적인 남녀는 하루에 각각 1만 6천 개 정도의 단어를 말한다. 1년이면 여자는 남자에 비해 대명사를 8만 5천 번 더 말하는 셈이다. 이는 믿을 수 없을 정도로 큰 차이다. 하지만 그게 중요한가? 여자들이 남자들보다 대명사를 12퍼센트 정도 더 사용한다고 해도 우리 뇌는 그 차이를 감지하게끔 되어 있지 않다. 일반적인 사람은 12퍼센트의 차이를 의식적으로도 발견할 수 없고 글로 써놓아도 그 차이를 알아볼 수 없다. 숨어 있는 단어를 발견하려고 한다면 일일이 손으로 세거나 컴퓨터로 그 귀찮은 일을 해야 한다.

 우리야 남녀의 언어 사용의 차이를 그다지 잘 인식하지 못하지만 컴퓨터는 여자와 남자의 글을 얼마나 잘 구별해낼 수 있을까? 가령 성별을 알 수 있는 블로거 19,320명 정도가 작성한 10만여 건의 게시물을 우리가 자료로 보관하고 있다고 해보자. 그리고 기능어 사용을 기준으로 게시물의 작성자가 여자인지 남자인지 구분하도록 컴퓨터 프로그램을 설정했다고 생각해 보자. 짐작했겠지만 이것은 우리가 실제로 한 작업이다. 전반적으로 컴퓨터는 72퍼센트의 정확도로 작성자의 성별을 맞힌다(우연히 맞힐 확률은 50퍼센트다). 글이 쓰인 스타일뿐만 아니라 내용도 살펴본다면 정확도는 조금 더 올라 76퍼센트 정도에 이른다. 정확도가 55-65퍼센트 정도인 사람의 추측에 비해 컴퓨터 프로그램의 정확도가 훨씬 높다는 사실은 주목할 만하다.

 이 모든 통계들은 일반적으로 남녀가 단어를 다르게 사용한다는 사실을 알려준다. 하지만 사람의 귀로는 이 미묘한 차이를 쉽게 잡아낼 수 없다. 그리고 당연히 내가 보여준 것보다 훨씬 더 복잡하다. 사람들은 모두 자기가 처한 상황에 따라 단어 사용 스타일을 바꾼다. 예컨대 공식적인 자리에서는 대명사를 훨씬 덜 사용하고 사회적 단어를 더 적게 사용한다. 즉 이런 상황에서는 사람들이 대부분 전형적인 남자처럼 말한다는 뜻이다. 편안한 분위기에서 가족과 함께 지낼 때는 모두가 더 여자처럼 말한다. 요컨대 어느 정도까지는 단어를 사용하는 스타일이 성별에 따라 다르게 나타난다. 하지만 우리가 사용할 단어를 선택하는 데는 말할 때의 맥락이 훨씬 더 큰 영향을 미친다.

영화 속 남녀 주인공들의 단어 차이

책을 읽는 사람으로서, 당신은 문자로 쓰인 단어에 모종의 애정이 있을 것이다. 그리고 잘 쓴 구절과 못 쓴 구절을 쉽게 가려낼 수도 있을 것이다. 나는 가르치는 사람으로서, 누군가가 좋은 작가가 되려면 무엇이 필요한지 오랫동안 궁금하게 생각해 왔다. 아니, 그보다 위대한 작가는 어떻게 되는 것일까? 소설가 스티븐 킹은 『유혹하는 글쓰기 On Writing』라는 유쾌한 책에서 말하기를, 연습과 노력이 있으면 괜찮은 작가에서 좋은 작가가 될 수 있다고 주장한다. 하지만 아무리 노력하고 훈련하더라도 좋은 작가가 위대한 작가로 탈바꿈할 수는 없다고 한다. 스티븐 킹이 생각하기에 위대한 작가는 아예 다른 종류의 인간이다.

글쓰기 연구에서 흔히 다루는 주제는 위대한 작가에게는 단어를 선별하는 예리한 귀가 있다는 것이다. 단어를 포착하는 작가의 능력은 음악가의 절대음감에 해당한다. 세계적 수준의 작가들은 다양한 인물들이 단어를 어떻게 사용하는지 직감으로 아는 듯하다. 연극과 영화계의 몇몇 대표적인 작가들, 이를테면 「세일즈맨의 죽음Death of a Salesman」에서 냉혹한 언어를 사용한 아서 밀러, 「이브의 모든 것All About Eve」을 쓴 조셉 맨키비츠, 윌리엄 셰익스피어, 톰 스토파드, 우디 앨런, 토니 쿠시너, 노라 에프런 등에 대해 생각해 보자.

몇 년 전 내가 성별과 언어에 대한 강연을 하러 갔을 때, 극작가와 영화 시나리오 작가들은 남녀가 각각 어떻게 말하는지 저절로 알게 되느냐고 물은 사람이 있었다. 마침 내 아내가 탁월한 전문 작가이므로 나는 아내의 작품을 생각해 보고 나서 확신을 담아 그렇다고 대답했다. 당시에는 내가 아는 이러한 사실을 뒷받침하는 연구가 없었지만, 나라면 대화체 표현에 특히 능한 작가들이 등장인물의 성별에 알맞은 단어를 사용하는 능력을 타고난다는 데 상당한 돈을 걸 것이다. 이것이 전문가로서 내가 한 말이었다.

그날 밤 호텔로 돌아온 나는 컴퓨터를 뒤지면서 분석할 만한 희곡이나 영화 대본이 있는지 찾아보았다. 있었다. 셰익스피어의 「로미오와 줄리엣」, 그리고 노라 에프런의 「시애틀의 잠 못 이루는 밤」이 있었다. 한 작품은 남자가 썼고 다른 한 작품은 여자가 썼으며, 두 작품 다 남녀 주인공이 있었다. 나는 한참 키보드를 두드린 뒤 답을 얻었다. 로미오와 줄리엣은 둘 다 남자처럼 말하고 에프런의 작품에 등장하는 주인공은 둘 다 여자처럼 말한다는 것이었다. 헉슬리의 표현을 빌리자면, 추한 진실에 아름다운 가설이 살해당하는 격이었다. 하지만 어쩌면 이 두 작가나 작품만 우연히 그랬을 가능성도 있었다.

며칠 후, 나는 몰리 아일랜드라는 대학원생을 만났다. 몰리는 심리학에도 조예가 깊었지만 학부생 시절에 문학과 철학을 배운 덕분에 연극과 영화를 특히 넓은 시각으로 보게 되었다. 몰리는 70명이 넘는 극작가와 영화 시나리오 작가들이 쓴 110편 이상의 작품을 분석하는 대규모 연구에 열정적으로 동참했다. 이런 연구는 다음과 같은 몇 가지 의문에 답할 수 있었다. 작가들은 남자와 여자의 언어를 포착하는 능력이 각자 다른가? 성별에 따른 표현을 작품에 담아내는 방식은 특정한 연극이나 영화에 따라 다른가? 말하자면, 한 작가가 어떤 영화에서는 여자처럼 말하는 섬세한 남자 주인공을 등장시키고 다른 영화에서는 남성성을 과시하고 전형적인 남자처럼 말하는 인물을 등장시킬 수 있을까?

다행히 우리는 몇 년에 걸쳐 수백 명에게 녹음기를 달고 일상생활을 하게 하는 연구를 수행해온 참이었다. 게다가 인터뷰와 실험실 연구 등을 통해 모아놓은 언어 자료도 있었다. 이 기록들 중 남녀가 나눈 수천 건의 대화가 연구의 바탕 자료가 되었다. 이 자료를 이용하면 현실의 남녀가 말하는 스타일과 연극이나 영화의 주요 등장인물들이 말하는 스타일을 비교할 수 있다.

결과는 아주 흥미로웠다. 이 결과를 더 단순화하기 위해 몰리와 나는 통계 자료를 1점에서 9점까지 있는 남성적-여성적 언어 지수로 나타냈다. 1점은 주인공이 아주 남성적으로 말한다는 뜻이다. 알다시피 아주 남성적인 언어란 조사를 많이 사용하고 대명사나 사회적 단어, 인지적 단어를 거의 쓰지 않는 언어다. 9점은 등장인물이 아주 여성적으로 말한다는 뜻이고 이것은 아주 남성적인 스타일과 정반대일 수밖에 없다. 5점은 인물이 사용하는 언어가 성별과 관련이 없다는 뜻이다.

  옆에 나오는 각각의 표를 보면 다양한 작가들이 주인공을 어떻게 묘사하는지 느낄 수 있다. 손톤 와일더는 「우리 읍내」에서 에밀리 웹을 비롯한 몇몇 인물들의 삶을 따라간다. 에밀리는 의욕 넘치는 고등학생으로 등장하며 나중에 조와 사랑에 빠지는 인물이다. 아이를 낳다가 죽은 에밀리는 시간을 거슬러 올라가 어린 시절의 한 장면을 본 뒤 마지막으로 묘지에 나타난다. 마지막 장면에서 묘지에 있는 자기 무덤으로 돌아온 에밀리는 자신의 어린 시절의 가정생활을 본 충격적인 마음에 대해 죽은 영혼들과 이야기한다.

에밀리: 난 몰랐어요. 모든 게 이렇게 지나가는데 우린 결코 몰랐어요. 절 다시 언덕 위의 제 무덤으로 데려가주세요. 하지만 먼저…… 잠깐만요! 한 번만 더 보고요……. 살면서 순간순간 삶이 무엇인지 깨닫는 사람이 있을까요?

무대감독: 없죠. 성인이나 시인이라면 모를까…….

에밀리: 아, 스팀슨 씨, 전 그분들 말을 들었어야 했어요.

사이먼 스팀슨: 그래, 이제 아셨군. 이제 알았어! 산다는 건 그런 거였소. 무지의 구름 속을 헤매고, 오르락내리락하면서 다른 사람들 감정이나 짓밟고…… 백만 년이나 살 것처럼 시간을 낭비하고, 늘 이기적인 열정 같은 것에나 휘둘리고. 이제 당신은 알아요. 당신이 돌아가고 싶었던 행복이란 그런

남녀 주인공의 남성적-여성적 언어 지수

1 2 3 4
남성성이 강한
언어

5
남성적이지도
여성적이지도 않은 언어

6 7 8 9
여성성이 강한
언어

여자가 여자처럼 말하고 남자가 남자처럼 말하는 작품

작가	작품	여자 주인공	남자 주인공
조안 테퀘스버리	내쉬빌	9	4
스파이크 리	똑바로 살아라	8	5
데이비드 린치	블루 벨벳, 멀홀랜드 드라이브	6	4
샘 셰퍼드	매장된 아이, 매드 독 블루스	6	4
손톤 와일더	우리 읍내	6	1

여자와 남자가 모두 여자처럼 말하는 작품

노라 에프런	유브 갓 메일, 시애틀의 잠 못 이루는 밤	9	6
거트루드 스타인	브루지와 윌리, 자매가 아닌 세 자매	9	8
소피아 코폴라	사랑도 통역이 되나요?	7	8
우디 앨런	한나와 그 자매들	6	7
캘리 쿠리	델마와 루이스	6	8

여자와 남자가 모두 남자처럼 말하는 작품

쿠엔틴 타란티노	펄프 픽션	2	4
윌리엄 셰익스피어	로미오와 줄리엣, 티투스 안드로니쿠스	3	3
로나 윌리엄스	드롭 데드 고저스	3	3
캐머런 크로	올모스트 페이머스, 제리 맥과이어	4	3
코트니 헌트	프로즌 리버	5	3

주의: 1에서 4까지의 숫자는 더 남성적인 언어임을 나타내고 6에서 9까지의 숫자는 더 여성적인 언어임을 나타낸다.

것이었다는 사실을. 무지와 무분별함이라는 사실을…….

에밀리: 그들은 이해할 수 없겠죠, 그렇죠?

줄리아 깁스 부인: 그렇단다, 아가. 그들은 이해할 수 없지.

……

무대감독: 그로버스 코너즈 사람들은 거의 다 잠이 들었습니다. 몇 군데만 불이 켜져 있군요. 자그마한 호킨스 씨는 기차역에서 올버니 행 열차가 방금 지나가는 걸 보았고, 말 빌리는 곳에서는 누군가가 늦게까지 준비하면서 이야기를 하고 있습니다. 네, 날이 개기 시작합니다. 별이 있네요. 아주 오래전부터 하늘을 이리저리 오가면서 말입니다. 학자들도 저 별들이 뭔지 정확히 밝혀내지는 못했지만 그곳에는 살아 있는 존재가 없다고 생각하는 것 같습니다. 그냥 돌조각…… 아니면 불덩어리뿐이죠. 이 별만이 뭔가를 이루려고 항상 계속, 계속해서 열심히 돌아가고 있습니다. 너무 열심히 돌아서 열여섯 시간마다 모두가 누워서 쉰답니다. 흐음……, 그로버스 코너즈는 이제 열한 시네요. 여러분도 잘 쉬셔야죠. 편히 주무십시오.

「우리 읍내」를 잠깐이라도 읽어본 적이 있는지 모르겠지만 이것은 놀라운 작품이다. 이 짧은 장면에서도 여자들, 즉 에밀리와 그녀의 시어머니인 줄리아 깁스는 자기와 다른 사람의 감정에 초점을 맞춘다. 남자인 사이먼 스팀슨과 무대감독은 대명사를 거의 쓰지 않고서 객관적이고 남성적인 스타일로 세상을 묘사한다. 손톤 와일더의 작품에 등장하는 남자들은 전형적인 남자처럼 말하고 여자들은 전형적인 여자처럼 말한다.

「델마와 루이스」의 남자 수사관이 쓰는 단어

와일더의 작품을 캘리 쿠리의 영화 대본 「델마와 루이스」와 비교해 보자. 잊을 수 없는 일들을 줄줄이 겪은 두 여자 주인공 델마와 루이스는 강간 미수범을 쏜 후 도망치는 중이다. 수사관 핼은 루이스와 통화하면서 자수하라고 설득한다.

루이스: 이 일들이 전부 사고였다면 믿으시겠어요?

핼: 그럼요, 믿고말고요. 다른 사람들도 다 그랬으면 좋겠어요. 문제는 이 일이 사고로 보이지 않는다는 점이고, 당신들이 여기 와서 나에게 그 일에 대해 말해 주지 않는다는 거죠……. 당신은 여기 와서 날 도와줘야 해요……. 이쪽으로 올래요?

루이스: 아뇨.

핼: 그렇다면 유감이군요. 우린 당신들에게 살인 혐의를 씌워야 할 거예요. 어때요, 살아서 이 일에서 벗어나고 싶지 않아요?

루이스: 난 말이죠, 지금 감금, 수치스러운 신체검사, 무기징역, 전기의자 같은 것만 잔뜩 떠올라요. 그래, 살아서 나오라고요? 난 모르겠네요. 우리, 생각 좀 해볼게요.

핼: 루이스, 뭐든 해줄게요. 난 당신들이 왜 도망치는지 알아요. 텍사스에서 무슨 일이 있었는지도 알고요.

캘리 쿠리의 작품에 등장하는 남자들이 흥미로운 이유는 그들이 여자보다 더 여자같이 말하기 때문이다. 핼은 대명사를 자주 사용하고 구체적 사물이 아닌 다른 사람들에 대한 깊은 관심을 드러낸다. 이 영화에서 또 중요한 점은 브래드 피트가 맡은 역할을 포함하여 모든 남자들이 여성적인 스타일로 말한다는 점이다. 그렇기는 하지만 조금이라도 여성적으로 간주될 행동을 하는 사람은 없다.

「펄프 픽션」의 여자 주인공의 단어 사용 스타일

쿠엔틴 타란티노의 「펄프 픽션」에서는 이와 정반대의 양상을 볼 수 있다. 이 영화에서 가장 전형적으로 여성적인 인물은 아마도 부치(브루스 윌리스 분)의 여자친구인 젊은 프랑스 여자 파비안일 것이다. 하지만 여성스러운 외모와 아이 같은 목소리에도 불구하고 파비안이 쓰는 말은 분명 남성적인 언어다. 이 장면에서 부치는 권투 시합을 해치우자마자 돌아와 어쩌다 상대를 죽이고 만다(타란티노의 작품에서는 전부 인생이 고단하다). 파비안은 무슨 일이 일어났는지 모른 채 볼록한 배를 갖고 싶다고 말한다.

파비안: 볼록한 배. 배가 볼록하면 섹시해.

부치: 그럼 넌 행복하겠네, 배가 나왔으니 말이야.

파비안: 입 닫아, 이 뚱보야! 난 배가 나온 게 아냐! 마돈나가 「럭키 스타」를 불렀을 때처럼 배가 약간 있을 뿐이지, 배가 나온 것과는 다르다고.

부치: 약간 있는 거랑 볼록한 게 뭐가 다른지 모르겠는데.

파비안: 엄청 다르지.

부치: 나도 배가 볼록했으면 좋겠어?

파비안: 아니. 남자 배가 볼록하면 둔해 보이거나 고릴라 같거든. 그런데 여잔 배가 볼록하면 아주 섹시하지. 나머지가 다 무난하다면. 얼굴도 무난하

고, 다리도 무난하고, 엉덩이도 무난한데 배만 아주 둥그스름하고 볼록하다면 말이야. 나도 볼록한 배가 있으면 꽉 끼는 티셔츠를 입어서 배가 돋보이게 할 텐데.

부치: 남자들이 그걸 매력적이라고 생각할 것 같아?

파비안: 남자들이 매력적이라고 생각하든 말든 알 게 뭐야. 만지기 좋은 것과 보기 좋은 게 일치하지 않는다는 건 불행한 일이지.

영화를 좋아하는 사람들에게는 쿠엔틴 타란티노 작품의 등장인물들이 남성의 언어를 사용한다는 점이 그리 놀라운 일이 아닐지도 모른다. 그럼 윌리엄 셰익스피어 같은 시인이라면 어떨까?

로미오와 줄리엣의 공통적인 언어 스타일

「로미오와 줄리엣」에서 가장 유명한 장면, 젊은 연인들이 서로 찬미하는 장면을 살펴보자.

로미오: 저기 보이는 창문에서 웬 빛이 새어나오는가?
저쪽은 동쪽이니 줄리엣은 태양이로구나!
고운 해야, 떠올라서 질투하는 달을 없애다오.
달은 벌써 병들어 슬픔으로 창백해졌구나.
달의 시중을 드는 그대가 달보다 훨씬 곱기 때문이지.
달의 시중을 들지 마오, 달은 질투가 심하니.
달을 섬기는 처녀들의 옷이 기분 나쁜 녹색이니
바보들이나 입는 그 옷은 벗어던져 버려요.

나의 숙녀, 오, 나의 사랑이여!

오, 그녀도 내 사랑을 알아준다면!

그녀는 한 마디도 하지 않고 말을 하네. 그러면 어떤가?

그녀의 눈빛이 말을 하네. 내가 대답하리.

나는 뻔뻔하기도 하지, 그녀가 나에게 말하는 것도 아닌데.

온 하늘에서 가장 고운 두 개의 별이,

일 보고 돌아올 때까지 하늘에서 대신 반짝여 달라고 그녀의 눈에 간청하네.

그녀의 눈이 저 하늘에, 두 별이 그녀의 얼굴에 있다면 어떨까?

그녀의 뺨이 밝아 별들을 햇빛 아래 등불처럼 무색케 하리라.

하늘에서 그녀의 눈은 창공을 가로질러 밝게 빛나리라.

새들은 대낮인 양 지저귀리라.

그녀가 손으로 뺨을 괴는 모습 좀 봐!

오, 내가 장갑이 되어 그녀의 손을 감싸고

저 뺨에 닿아봤으면!

줄리엣: 오, 로미오, 로미오! 그대는 어째서 로미오인가요?

그대 아버지를 버리고 그대의 이름을 부인하세요.

오, 그대 그럴 수 없다면 내 사랑이라고 맹세해줘요.

그러면 저는 더 이상 캐퓰릿이 아닐 테니까요……. 당신의 이름만이 나의 원수랍니다.

그대는 몬태규가 아니더라도 그대일 텐데.

몬태규가 무엇이란 말인가? 손도 아니고, 발도 아니고, 팔도, 얼굴도 아닌데.

오, 제발 다른 이름이 되어줘요.

이름이 무슨 문제란 말인가?

장미를 어떤 이름으로 불러도 달콤한 향기는 그대로일 텐데.

그러니 로미오를 그 이름으로 부르지 않더라도

그는 완벽한 그 모습 그대로일 텐데.

로미오, 그대의 이름을 버려요.

그대의 일부가 아닌 그 이름 대신 내 모든 것을 받으세요.

로미오와 줄리엣에게서는 갈망과 순수함, 밝음과 솔직함이 느껴진다. 그럭저럭 읽어만 본다면 두 사람, 특히 줄리엣이 남성적인 스타일로 자신을 표현하고 있다는 사실이 전혀 드러나지 않을 것이다. 두 사람 모두 〈나〉라는 단어를 매우 적게 사용하고, 인칭 대명사의 사용 빈도가 대체로 평균 이하이며, 관형사의 사용 빈도가 평균 이상이다. 특히 이런 사적이고 분위기 있는 상황 치고는 더욱 그렇다.

셰익스피어와 타란티노는 남자이고 남자처럼 글을 쓴다. 이들의 남녀 등장인물은 남자들의 스타일로 기능어를 사용한다. 두 작가가 기능어를 사용하는 비율은 거의 같지만 글의 내용과 범위는 분명히 다르다. 셰익스피어가 흥미로운 이유는 그가 현실에 기반을 둔 주제와 여자들의 관심사를 훌륭히 담아내기 때문이다. 하지만 기능어 사용이라는 측면에서 보면 셰익스피어는 타란티노와 마찬가지로 여자들의 마음속까지 들어가지는 못한다는 것을 알 수 있다.

나이가 들면 사용하는 단어도 변할까?

대개 대규모 조사에서 연구자들이 기본적으로 하는 세 가지 질문은 성별, 나이, 사회적 계층에 대한 것이다. 곧 논의하겠지만 사회적 계층을 물을 때는 보통 인종, 학력, 수입과 연관된 질문을 통해 간접적으로 묻는다. 이런 질문지를 만드는 사람들은 정치적 태도나 구매 행동을 연구한다면서 왜 성별, 나이, 사회적 계층을 알려는 것일까? 왜냐하면 이 세 가지 변수가 사람들에 대해 놀라울 정도로 많은 사실을 알려주기 때문이다. 내가 당신의 성별, 나이, 사회적 계층을 안다면 당신의 영화와 음악 취향, 종교와 정치적 관점, 신체적 및 정신적 건강, 예상 수명까지도 놀라울 정도로 정확히 추측할 수 있다.

이 세 가지 인구 통계학적 요소들은 단어 사용과도 관련이 있다. 언어와 나이의 연관성은 언어와 성별의 연관성보다 여러 측면에서 더 흥미롭다. 당신이 여자로 태어났다면 평생 여자로 살아갈 가능성이 아주아주 높지만 갓난아기였다면 그 상태에 오래 머물지 않을 가능성이 엄청나게 높기 때문이다.

단어 사용, 더 구체적으로 말하면 기능어 사용이 평생에 걸쳐 변한다는 사실은 어찌 보면 놀라운 일이다. 하지만 우리 몸이 변하듯 목표와 상황도 변한다는 점을 고려하면 그리 놀랍지만은 않다. 우리는 나이가 들면서 친구, 가족, 성별, 돈, 건강, 죽음, 그리고 수많은 관심사에 적응하는 방식이 달라진다.

이와 마찬가지로 성격도 변한다. 수천 명을 대상으로 한 연구들에 따르면 일반적으로 자기 자신에 대한 느낌은 12세까지 꽤 긍정적인 편이라고 한다. 그러다 13세 무렵에서 20세까지는 자아 존중감이 일생 중 가장 낮은 수준까지 떨어진다. 그 후 70세 정도까지 대다수의 사람들은 자아 존중감이 점점 높아진다. 사실 65세쯤 되면 많은 사람들이 자아 존중감이 최고조에 달했던 9세 무렵만큼 자기 자신을 좋게 생각한다. 그리고 이후 남은 여생 동안에는 자아 존중감이 낮아지는 경향이 있다. 5천4백 쌍의 쌍둥이를 대상으로 한 또 다른 연구들에 따르면 사람들은 나이가 들수록 덜 외향적이고 정서가 더 안정되며 조금 더 충동적인 사람이 된다고 한다.

이러한 성격 연구는 노인들이 외롭고 이기적이며 완고하고 신랄하다는 씁쓸한 고정관념에 어긋난다. 스탠포드 대학교의 로라 카스텐슨과 그의 연구팀은 이런 고정관념에 대항하며 기대를 모으는 연구를 수행하고 있다. 로라는 나이가 들수록 감정이 삶에서 더 중요한 부분이 된다고 본다. 사람들이 자신의 감정 상태에 점점 더 많은 관심을 쏟음으로써 감정을 더 효과적으로 다스리는 법을 배우고 결국 부정적인 감정을 덜 느끼고 더 행복해진다는 것이다. 70세가 넘으면 친구가 더 적어지는 경향이 있기는 하지만 사회적 관계망은 더 튼튼해진다.

패럴리 형제의 유명한 영화 「덤 앤 더머」에서 주인공 로이드의 적절한 인식이 모든 것을 말해준다. 로이드는 나이 든 부인에게 자기 물건들을 잠깐 봐 달라고 부탁한 다음 이렇게 말한다.

"감사합니다. 정말 사람들 말이 맞네요. 노인이 운전대를 잡으면 굼뜨고 위험해도 제 몫은 한다더니. 제가 금방 다시 올게요. 날 두고 죽으면 안 돼요, 할머니!"

할머니는 로이드의 전 재산을 신나게 가로챈다.

사람들이 나이를 먹는 동안 사용하는 단어는 어떻게 변할까? 우리는 이것을 몇 가지 방법으로 알아보았다. 첫 번째는 1만 9천 명 이상의 블로거가 작성한 게시물을 모아 분석한 대규모 블로그 프로젝트를 다시 살펴보는 것이었다. 2004년에 우리가 살펴본 블로그들이 있던 사이트의 이용자는 평균 20세 정도였다. 우리는 이 표본을 나이에 따라 청소년(13세에서 17세까지), 청년(23세에서 27세까지), 성인(33세에서 47세까지), 이렇게 세 집단으로 나누었다. 연령대의 범위가 그리 크지 않음에도 불구하고 세 집단은 감정을 나타내는 단어와 기능어를 매우 다르게 사용했다. 10대는 인칭 대명사, 짧은 단어를 매우 자주 사용했고 나이가 많아질수록 더 어려운 단어, 조사를 더 많이 사용했다.

우리는 표현적 글쓰기에 대한 연구 수십 건 중 하나에 참여한 사람들을 체계적으로 분석하는 연구도 수행했다. 1장에서 언급했듯 나는 사람들에게 아주 개인적이거나 트라우마가 남은 경험에 대해 글을 쓰게 한 연구를 오랫동안 진행했다. 수년간 세계 각지의 연구자들은 연구를 통해 얻은 글 표본들을 내게 보내주었다. 나는 나이에 관한 프로젝트를 진행하기 위해 로리 스톤 핸들먼이라는 대학원생과 연구팀을 만들었다. 로리와 나는 17개 대학교에서 수행된 45건의 글쓰기 연구에 참여한 적이 있는 3천2백 명 이상의 사람들에게서 얻은 자료를 분석했다. 연구에 참여한 사람들의 나이는 평균 약 24세 정도였지만 전체적으로는 8세에서 80세까지 다양했다.

짐작하다시피 사람들은 성적 학대와 약물 중독, 애완동물의 죽음, 고등학교 응원단이나 미식축구 팀에서 탈락한 일 등 아주 다양한 주제로 글을 썼다. 마음 아픈 글도 많았다. 거의 대부분의 경우 사람들이 영혼

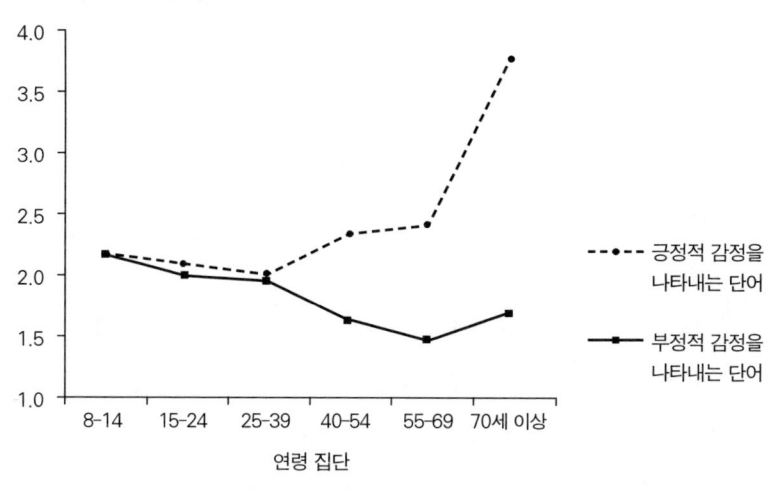

을 담아 사연을 써냈다는 느낌이 들었다.

　컴퓨터로 텍스트를 분석하면 중요한 결과나 생각지도 못했던 결과가 나오는 경우가 있다. 특히나 감정적인 주제에 대해 글을 쓸 때 젊은 사람들과 나이가 많은 사람들은 놀라울 정도로 다른 언어를 사용했다.

　이보다 더욱 인상적인 점은 어린 사람들과 나이가 많은 사람들의 감정적 어조였다. 앞서 언급한 연구에서와 마찬가지로 나이가 더 많은 사람들은 긍정적 감정을 나타내는 단어를 더 많이 사용했고, 젊은 사람들은 부정적 감정을 더 많이 표현했다. 40세쯤 되면 젊은 사람들과는 차이가 뚜렷해지는 정도지만 가장 나이 많은 집단과의 차이는 폭발적으로 커졌다.

나이가 적은 사람들이 주로 쓰는 단어	나이가 많은 사람들이 주로 쓰는 단어
인칭 대명사(특히 〈나〉)	명사, 조사, 관형사
시간 표시	어려운 단어
현재형 동사	미래형 동사
인지적 단어	

이러한 결과가 흥미로운 이유는 모두가 평생 동안 가장 힘들었던 경험에 대해 써야 했다는 점에 있다. 나이가 어린 사람들은 암울한 단어를 꽤 많이 사용하여 그 고통을 표현했다. 하지만 글쓴이의 나이가 많아질수록 글에서 부정적 감정을 나타내는 단어가 줄어들고 긍정적 감정을 나타내는 단어가 갑자기 늘어났다. 아래에서 볼 수 있듯 최연소 참가자인 8세 어린이는 감정을 자극하는 사연의 주 원인에 대한 태도가 암을 겪은 최고령 참가자와 매우 달랐다.

8세 초등학생:
나의 원수 랜디는 나를 화나게 한다. 밖에서 나에게 욕을 하고, 나를 무시하고, 쉬지 않고 나를 괴롭히기 때문에 그 애가 나를 괴롭히기 시작하면 나도 그 애에게 욕을 한다. 그 애는 쉬지 않고 나를 괴롭히고, 그러면 나도 그 애를 괴롭히기 시작하고, 그러면 그 애가 다시 나를 약올리고, 나도 그 애를 약올리고. 그러면 나는 그 애를 무시하려고 애쓰는데 그 애는 계속 나를 화나게 한다……. 우리 엄마는 그 애가 나쁜 영향을 주는 애라고 한다.

80세 퇴직자:

나는 나이가 여든이지만 인생에 마지막이란 영영 없을 것처럼 바쁘게 지내려고 노력한다. 물론 전처럼 민첩하게 움직이지는 못하지만 암 때문에 이렇게 되었다고 생각하지 않고 나에게 남아 있는 것들로 최선을 다하려고 노력한다. 부정적인 생각이 스멀스멀 피어오를 때면 바로 그 순간부터는 여전히 이곳에 있어서 다행이라는 긍정적인 생각으로 그 자리를 채우려고 애쓴다. 38차례에 걸쳐 치료를 받으면서 아침마다 혼자서 차를 몰고 갔던 시간들은 명상할 수 있는 좋은 기회였고 자연의 아름다움과 계절의 변화를 지켜볼 수 있는 나 자신의 긍정적인 태도를 발견하는 시간이었다.

당신은 여덟 살이 되고 싶은가, 여든 살이 되고 싶은가? 이 글들을 읽고 나면 생각했던 것만큼 답이 간단히 나오지 않는다. 당신은 나이가 들수록 감정을 더 잘 다스릴 수 있게 된다는 로라 카스텐슨의 주장을 더 깊이 이해할 수 있을 것이다. 또한 우리는 나이를 먹어가면서 세상을 보다 더 초연한 시각으로 볼 수 있기도 하다.

제인 오스틴의
초기 작품과 마지막 작품 속 단어의 차이
—

우리는 지난 4세기 동안 평생에 걸쳐 꾸준히 글을 써온 열 명의 소설가, 시인, 극작가의 작품을 모아 이 작가들이 나이 들면서 단어 사용이 어떻게 변하는지 추적했다. 우리가 다른 연구에서 발견한 것과 마찬가지로 나이와 단어의 연관성을 나타내는 사람은 열 명 중 여덟 명이었다(예외인 두 명은 루이자 메이 올콧과 찰스 디킨스였다).

이런 경향이 잘 드러나는 예는 영국 소설가 제인 오스틴의 글이다. 제인 오스틴은 1775년에 태어나 42세의 나이로 세상을 떠났다. 그녀는 열두 살에 첫 작품을 썼고 죽을 때까지 글을 썼다. 단편소설, 편지, 시를 비롯한 자필 원고들은 나중에 『초기 작품집Juvenilia』이라는 제목으로 출판되었고 마지막 책 『샌디튼Sanditon』은 생전에 완성되지 못했다. 자, 이제 오스틴의 첫 작품과 마지막 작품의 첫 문단을 비교해 보자.

「잭과 앨리스Jack and Alice」(『초기 작품집』에 수록된 소설)
한때 53세였고 열두 달 후 54세가 된 존슨 씨는 다음 생일을 기념하는 의미로 친구들과 아이들에게 가면무도회를 열어주려는 생각에 매우 기뻤다. 그리하여 존슨 씨가 55세를 맞이하는 날 이웃 사람들 모두에게 초대장이 보내졌다. 사실 그 지역에 존슨 씨의 지인이 그리 많은 것도 아니어서, 기껏해야 윌리엄스 부인, 존스 부부, 찰스 애덤스와 심슨 가의 세 여자들 정도가 패미디들 주민이자 가면무도회에 참석할 손님의 전부였다.³

---

3 Mr Johnson was once upon a time about 53; in a twelve-month afterwards he was 54, which so much delighted him that he was determined to celebrate his next Birthday by giving a Masquerade to his Children and Friends. Accordingly on the Day he attained his 55th year tickets were dispatched to all his Neighbours to that purpose. His acquaintance indeed in that part of the World were not very numerous as they consisted only of Lady Williams, Mr and Mrs Jones, Charles Adams and the 3 Miss Simpsons, who composed the neighbourhood of Pammy diddle and formed the Masquerade.

『샌디튼』

턴브리지에서 출발하여 헤이스팅스와 이스트본 사이의 서섹스 해안 쪽으로 향하던 신사와 숙녀 일행은 큰길에서 빠져나와 꽤나 험한 길로 접어들려다가 바위 반 모래 반인 기다란 비탈길을 오르면서 그만 마차가 뒤집히고 말았다. 이 사고는 도로 근처에 있는 신사의 집 바로 너머에서 일어났다. 처음에 그 방향으로 가 달라는 요청을 받고 꼭 그 집으로 가야 하는 줄 알았던 운전수는 정말 내키지 않는 얼굴로 어쩔 수 없이 그곳을 지나쳤다.[4]

제인 오스틴은 열두 살의 나이에도 조숙했다(열다섯 살이었을 가능성도 있다). 하지만 방금 살펴본 글들에서는 저자의 나이를 짐작케 하는 단서들이 드러난다. 『샌디튼』에서 오스틴은 전치사, 명사, 인지적 단어들(induced, quit, overturned, constrained)을 훨씬 많이 사용한다. 어린 오스틴은 인칭 대명사와 시간을 나타내는 단어들(time, month, day)을 더 많이 사용한다. 어린 오스틴이 나이와 상관없이 모든 등장인물에게 숫자와 어려운 단어를 많이 사용하기는 하지만 분명 나이 든 오스틴에 비해서는 생각이 훨씬 단순하다.

오스틴이 보여주는 나이에 따른 언어의 변화는 시인 워즈워스, 예이츠, 로버트 그레이브스, 에드나 세인트 빈센트 밀레이뿐만 아니라 소설

---

[4] A Gentleman & Lady travelling from Tunbridge towards that part of the Sussex Coast which lies between Hastings & E. Bourne, being induced by Business to quit the high road, & attempt a very rough Lane, were overturned in toiling up its long ascent half rock, half sand. …… The accident happened just beyond the only Gentleman's House near the Lane …… a House, which their Driver on being first required to take that direction, had conceived to be necessarily their object, & had with most unwilling Looks been constrained to pass by.

가 조지 엘리엇과 극작가 조애나 베일리에게서도 나타난다. 셰익스피어의 작품들은 약간 복잡하기는 하지만 그 역시 이와 같은 일반적 양상을 보인다.

나이 및 성별과 언어 사용에 대해 마지막으로 한 가지 덧붙이자면, 아마 당신은 나이 많은 사람들이 남성적인 방식으로 기능어를 사용하고 나이가 적은 사람들이 여성적인 방식으로 기능어를 사용하는 경향을 깨달았을 것이다. 이것은 통계상의 우연 같은 것이 아니다. 이러한 양상은 여러 문화와 언어, 세기에 걸쳐 공통적으로 나타난다. 재미있는 점은, 여자들이 점점 남자처럼 말하게 되고 남자들이 원래 상태를 유지하는 것이 아니라는 사실이다. 남녀의 언어는 보통 평행선을 그리듯 함께 변화한다. 예를 들면 8세에서 14세까지의 여자아이들이 사용하는 언어 중 대명사가 약 19퍼센트인 데 비해 남자아이들의 경우는 17퍼센트다. 이들이 70세가 되면 여자는 15퍼센트, 남자는 12퍼센트로 각각 떨어진다.

이러한 양상이 나타나는 이유들에 대해서는 사회적 계층에 따른 언어의 차이를 논의한 다음에 다시 알아보려 한다. 곧 알게 되겠지만 사회적 계층에 따른 차이는 성별과 나이가 미치는 영향과 겹치는 부분이 있다.

대입 지원 에세이에 나타난
사회적 계층에 따른 단어 사용의 차이
—

나는 교육이라는 것을 받기 시작할 때부터 늘 미국에는 사회적 계층이 없다고 배웠다. 물론 영국과 인도에는 계층이 있다. 하지만 미국은 아니다. 사회심리학 대학원 시절에도 미국 내 인종 차이와 불평등에 대해서는 자주 논의했지만 사회적 계층에 대해서는 그 어떤 논의도 한 적이 없다. 미국에 사회적 계층이 없었던 것은 맞다. 내가 젊은 교수로서 신체적 건강을 연구하던 시절 미국에서 참석했던 거의 모든 학회에서는 혈압 및 다른 질병, 흡연, 비만, 다양한 건강 행동, 기대 수명의 측면에서 나타나는 광범위한 인종 간 차이를 보여주는 발표들을 들을 수 있었다. 하지만 사회적 계층에 대한 발표는 없었다. 뭐, 이유는 당신도 알 것이다.

1990년대 초반, 나는 국제적인 학회에 점점 더 많이 참석하게 되었다. 그런데 유럽에서 온 발표자들의 그래프와 표에는 인종이 아니라 사회적 계층에 대한 정보가 항상 포함되어 있었다. 그런데 미국 발표자들은 이와 정반대였다. 하지만 1990년대 중반쯤 되자 뭔가가 변했다. 통계학자들은 미국 내에서 사회적 계층의 영향이 인종의 영향보다 크게 나타날 때가 많다고 말하기 시작했다. 사실 지난 10년간 흡연, 음주, 우울증, 비만과 함께 우리가 상상할 수 있는 온갖 신체적, 정신적 건강 문제에 사회적 계층이 미치는 강력한 영향을 보여준 연구들이 어지러울 정도로 쏟아졌다.

사회적 계층은 일반적으로 교육을 받은 기간(학력)과 연간 수입을 통해 측정된다. 아마 당신은 가난한 사람들이 의료 서비스를 받지 못하므로 낮은 계층에 속하는 사람들이 건강 문제와 관련 있으리라고 짐작할 것이다. 실제로 스웨덴을 비롯하여 의료 서비스가 널리 이용되는 나라들에서도 정확히 그런 현상이 발견된다. 사회적 계층은 구매하는 음식, 관람하는 영화, 투표하는 후보, 아이를 키우는 방식 등 거의 모든 측면들과 연결되어 있다. 그리고 예상했겠지만 기능어를 사용하는 방식과도 관련이 있다.

지난 40여 년 동안 사회적 계층에 따라 언어 발달, 어휘, 심지어 가정 내 언어 사용 양상에서 나타나는 차이에 초점을 맞춘 연구는 얼마 없었다. 내가 알기로는 성인을 대상으로 언어 차이를 분석한 대규모 연구는 아예 없었다. 최근에 나는 동료인 언어학자 데이비드 비버, 텍사스 대학교 오스틴 캠퍼스 입학처에서 일하는 연구자 게리 래버니와 함께 팀을 꾸려 고등학생들이 쓴 대입 지원 에세이를 분석했다. 텍사스 대학교는 입학이 까다롭고 매년 7천 명 정도의 우등생을 뽑는다. 지원자는 두 편의 에세이와 더불어 심사 과정에서 고려되는 수많은 질문지에도 답해야 한다. 무엇보다도 학생들은 부모의 교육 수준과 수입 등 가족의 사회적 계층에 관한 정보를 제공해야 한다. 우리는 4년 동안의 자료를 조사해 2만 5천 명 이상의 학생들을 대상으로 사회적 계층과 언어의 연관성을 연구할 수 있었다.

높은 사회적 계층에 해당하는 학생들은 어려운 명사와 관형사, 조사를 더 많이 사용하고 어려운 단어를 사용하는 경향이 있었다. 낮은 사회적 계층에 해당하는 학생들은 에세이에서 대명사, 조동사, 현재형 동사, 인지적 과정이 드러나는 단어들(대부분 회피성 어구와 관련 있는 단어들)

을 더 많이 사용했고 더 개인적인 태도를 취하는 경향이 있었다.

통계적으로 볼 때 이러한 경향은 매우 뚜렷했다. 이 같은 양상은 나이가 많거나 적은 지원자, 남녀 지원자 모두에게서 똑같이 나타난다. 또한 지원자는 모두 똑똑하고 의욕 넘치는 학생들이다. 그렇다면 왜 사회적 계층의 차이가 기능어 사용에서 드러나는 것일까? 학생들의 인생 경험과 가정교육의 어떤 측면이 그들의 단어 선택에 영향을 주는 것이 분명하다.

한 가지 유력한 견해는 애초에 각각의 사회적 계층에 따라 가정 안에서 사용하는 언어가 다르다는 것이다. 이 견해를 뒷받침하는 몇 가지 기초 연구가 있다. 아마도 가장 많이 인용되고 확대 해석되는 연구는 1980년대 중반에 베티 하트와 토드 리슬리가 수행한 연구일 것이다. 이들은 미국 중서부 지역에서 전문직 종사자가 포함된 열세 가족, 근로자 계층에 해당하는 스무 가족, 생활보조를 받는 여섯 가족을 대상으로 매달 한 시간씩 2년 넘게 가정생활을 녹음했다. 연구를 시작할 때 자녀들은 대부분 한 살 이하의 아기였다. 연구자들은 녹음 기록들을 조심스럽게 파일로 옮겼고 아이들과 어른들이 사용한 모든 단어의 수를 셌다.

연구자들은 가장 가난한 가정의 아이들이 접하는 단어가 전문직 종사자 가정의 아이들이 접하는 단어의 절반에 못 미친다는 사실을 발견했다. 근로자 계층 가정은 그 사이에 해당했다. 녹음된 내용을 바탕으로 살펴본 결과, 연구가 끝나갈 때쯤 전문직 종사자 가정의 아이들이 사용하는 어휘는 생활보조를 받는 가정 아이들의 두 배에 달했다. 얼핏 보면 이 연구는 매우 인상적이었다. 하지만 직접 연구한 연구자들도 이 결과들이 조심스럽게 해석되어야 한다는 데 동의한다. 예를 들면 낮은 사회적 계층 집단에 해당하는 가정은 여섯 집밖에 없었다. 게다가 전문직 종사자 가정의 경우 부모 중 적어도 한 사람이 교수였고 가족이 거의 다 백인이었다. 따라서 전문직 종사자의 가족들은 자신들이 말하는 것을 녹음할 때 상당히 편안하게 느꼈을 가능성이 높다. 반면 생활보조를 받는 가족들은 전부 아프리카계 미국인으로 전문직 종사자의 가족들과는 매우 다른 시각으로 이 연구를 보았을 가능성이 높다. 말하자면 낮은 사회적 계층에 해당하는 가족들은 연구자들을 못 미더워하고 녹음하는 날에 말하기를 꺼렸을 수도 있다.

낮은 사회적 계층에 해당하는 가정에서 자란 아이들의 언어적 경험은 더 부유하고 교육 수준이 높은 가정에서 자란 아이들과 다를 가능성이 높다. 이것이 기능어 사용 양상의 차이로 이어지는 이유는 권력 및 지위의 문제와 연관이 있을지도 모른다.

권력에 따라 누가 명사를 더 많이 사용하고, 누가 동사에 더 많이 의존하는가?

—

이 항목에서는 단어의 두 그룹이 반복적으로 등장한다. 첫 번째 그룹은 앞으로 명사 그룹noun cluster이라고 부를 집단으로 명사, 조사, 어려운 단어들이 여기에 포함된다. 두 번째 그룹은 대명사-동사 그룹pronoun-verb cluster이라고 부를 것이다. 이 그룹에는 인칭 대명사(특히 1인칭 단수)와 비인칭 대명사, 조동사, 회피성 어구와 관련 있는 일부 인지적 단어들이 포함된다. 남자들, 나이 많은 사람들, 높은 사회적 계층에 해당하는 사람들은 모두 명사 그룹을 자주 사용한다. 반면 여자들, 나이 어린 사람들, 낮은 사회적 계층에 해당하는 사람들은 대명사-동사 그룹을 자주 사용한다. 하지만 이러한 차이를 간단하게 설명하는 가설들은 대개 어느 지점이든 허점이 있다. 예를 들면 말이 더 많은 사람들이 대명사-동사 그룹을 쓰게 된다는 주장이 있을 수 있다. 여자들과 나이 많은 사람들은 이 주장에 부합할지 모르지만 낮은 사회적 계층은 그렇지 않다. 또 어쩌면 명사 그룹을 많이 사용하는 사람은 무언가를 더 많이 읽음으로써 더 많은 단어를 접하는지도 모른다. 하지만 이번에도 나이 많은 사람들과 높은 사회적 계층은 이런 주장에 부합할지 모르지만 남자들은 그렇지 않다.

가장 간단한 설명은 권력과 지위가 높은 사람들이 명사 그룹을 더 많이 쓰게 되고, 권력과 지위가 낮은 사람들이 대명사와 동사에 의존한다는 견해다. 그렇다면 더 권력 있는 사람들은 왜 명사와 관련된 단어를 더 많이 사용할까? 이에 못지않게 중요한 질문을 하나 더 하자면, 권력을 적게 가진 사람들은 왜 대명사와 동사를 더 많이 사용할까?

이 질문에 답하는 한 가지 방법은 권력과 지위로 무엇을 얻게 되는지 고려하는 것이다. 노스웨스트 대학교 켈로그 경영대학원의 애덤 갤린스키라는 연구자는 참가자들이 스스로 어떤 집단 안에서 자신이 권력이 있거나 없다고 생각하게 하는 연구를 여러 번 수행했다. 자기 뜻대로 앞날을 통제한다고 믿는 사람들은 다른 사람들의 견해를 무시하고 자기만의 결정을 내릴 가능성이 훨씬 높다. 반면 비교적 적은 권력을 가진 사람들은 다른 사람들에게 쉽게 흔들렸다. 요컨대 어떤 상황에서 권력이 없으면 다른 사람들에게 주의를 기울이는 것이 가장 큰 관심사가 된다. 하지만 자신이 윗사람이라면 당면한 과제에 더욱 주의를 기울여야 한다.

이 책 앞부분에서도 언급했듯이, 사람들은 눈앞에 닥친 일에 집중할 때는 자기 자신에게 신경 쓰지 않는다. 사실 어떤 일을 수행하기 위해서는 대개 목표를 달성하는 데 필요한 대상, 사건, 구체적인 사항들을 명확히 인식해야 한다. 당면한 문제에 초점을 맞추는 사람들은 인간관계에 방해받지 않고 의사결정을 할 수 있다.

대명사와 동사의 빈번한 사용은 낮은 지위를 드러내는 한편 말하는 이가 사회 지향적 성향이 더 높다는 사실을 암시한다. 대부분의 대명사는 사회적일 수밖에 없다. 우리, 당신, 그, 그들 같은 단어는 말하는 이가 다른 사람들의 존재를 의식하고 생각한다는 것을 알려준다. 1인칭 단수 대명사는 자기를 향한 관심을 나타낸다는 점에서 약간 다르다.

나이, 성별, 사회적 계층과 상관없이 공통적으로 나타나는 단어 사용은 기능어와 사회심리학이라는 퍼즐의 아주 작은 조각에 불과하다. 여자든 남자든, 나이가 많든 적든, 부유하든 가난하든, 그런 속성은 우리의 정체성에서 아주 사소한 일부에 지나지 않는다. 우리는 자신이 누구인지를 드러내는 단어들을 어렴풋이 알게 되었을 뿐이다.

8 두 사람의
단어를 보고

⟨관계⟩의
지속 여부를
예측할 수 있을까

바라건대, 나는 이제 당신이 기능어가 심리 상태를 반영한다고 확신했으면 한다. 하지만 슬프게도 내가 당신에게 숨겨온 것이 있다. 단어 사용은 외부와 단절된 상태에서 일어나는 경우가 극히 드물다. 대개의 경우 우리가 단어를 사용할 때는 다른 사람들에게 말하거나 글을 쓰고 있는 것이고, 그와 동시에 그들이 우리에게 말하거나 글을 쓰고 있는 것이다. 언어는 대개 사회적 관계를 맺고 있는 사람들 사이에서 사용된다. 이 말은 우리가 단어라는 수단을 이용하여 어떤 개인만이 아니라 사람들 사이의 〈관계〉를 연구할 수도 있다는 뜻이다.

  이것이 무슨 의미인지 생각해 보자. 당신이 연인, 배우자, 상사, 원수와 대화하는 방식은 그 관계의 본질에 대한 중요한 단서를 제공한다. 그리고 대화뿐만 아니라 친구들과 이메일을 주고받거나 각자 페이스북이나 트위터에 게시물을 올리는 방식 또한 당신의 사회적 네트워크 전체에 대한 정보를 알려준다.

사회적 관계는 저마다 특유의 개성이 있다. 이를테면 나의 한 친구는 내가 개인적이고 감정적인 주제에 대해 자주 이야기하는 사람이고 그와 만날 때는 항상 멕시코 음식을 먹는다. 또 다른 친구와는 주로 논쟁하고 맥주를 마시며 농담하는 관계다. 내가 이 두 친구들과 주고받는 이메일에도 우리가 종종 만나 점심을 먹으며 소통하는 서로 다른 양상이 각각 반영된다. 이들과의 관계는 서로 다르지만 둘 다 오랫동안 관계가 지속되었을 뿐만 아니라 따뜻하고 만족스러운 관계다. 내가 이들과 소통하면서 사용하는 단어를 분석하면 각각 특유의 언어 지문, 즉 대화의 특성이 서로 다르게 나타날 것이다.

가까운 사람끼리 사용하는 단어를 살펴보면 관계 그 자체를 보여주는 그림이 나타나기 시작한다. 우리는 인간관계를 몇 달이나 몇 년 동안 지켜볼 수 있을 뿐만 아니라 두 사람이 시시각각 서로 어떻게 교류하고 있는지도 추적할 수 있다. 말하자면 두 사람이 얼마나 비슷하게 말하는지 분석하여 그들이 서로 얼마나 끌리는지 알 수 있다.

다음은 사랑에 푹 빠진 두 대학생이 메신저로 주고받은 대화의 한 토막이다.

여자: 지금 너랑 이야기라도 할 수 있어서 좋은데, 너무 보고 싶어. 너랑 떨어져 있기 싫어.

남자: ☺심장이 녹아버리는 이모티콘이 있었으면 좋겠다……. 사랑해.

여자: 아니 정말로…… 난 항상 오래 잘 버틸 수 있는 편이었는데, 그리고 내가…… 네 생각을 안 할 것도 아니고, 나한테 거리는 문제가 되지 않았거든. 그런데 오늘은, 네가 보고 싶어서 미칠 것 같았어! 내가 미치도록 보

싶었다고 말할 때는…… 정말 미친 듯이 보고 싶어!!!!!!!!! 나도 사랑해.
남자: 나도 정말 사랑해…… 아주 많이.

이 커플은 서로에게 세심하게 마음을 쓰고 같은 단어와 어구를 여러 번 반복한다. 이 강렬한 〈사랑의 언어〉를 강렬한 〈분노의 언어〉와 비교해 보자. 낮 시간대에 방송되는 TV 대담 프로그램 「더 뷰The View」는 오랫동안 미국 내에서 많은 사람들이 시청해 왔다. 진행자들은 똑똑하고 자기 주장이 강한 유명 여성들로 뉴스, 코미디, 정치 등의 분야에 경력이 있는 사람들이다. 이 프로그램이 방송된 오랜 세월 동안 가끔 정치적으로나 개인적으로 진행자들의 의견이 어긋나는 일이 있었다. 2007년 5월 23일, 보수적인 진행자 엘리자베스 해슬벡과 진보적 성향의 진행자 로지 오도넬 사이에 오래 쌓여온 갈등이 폭발했다.

해슬벡: 당신은 성인이고 난 절대로 당신이 설명하는 걸 들어주는 사람이 되지 않을 거니까요. 그건 당신 생각이에요. 당신이 말하고 싶었던 내용이나 옹호해요.
오도넬: 난 내 생각을 옹호하는 거예요.
해슬벡: 당신 자신의 생각을 옹호하라고요.
오도넬: 맞아요. 그런데 내가 내 생각을 옹호할 때마다, 엘리자베스, 내가 작고 불쌍한 엘리자베스를 괴롭히는 꼴이 되잖아요.
해슬벡: 저기요, 작고 불쌍한 엘리자베스 아니거든요.
오도넬: 맞아요. 그래서 내가 당신과 더 이상 싸우지 않으려는 거예요. 바보짓이니까. 그러니까 3주 동안 공화당 헛소리 하고 싶은 만큼 실컷 하라고요.

해슬벡: 도널드 트럼프 같은 사람과 싸우는 게 훨씬 더 쉽죠, 그렇죠? 그 사람 진짜 불쾌하잖아요.

오도넬: 난 그 사람과 싸운 적 없어요. 그 사람이 나한테 싸움을 걸었지. 난 그 사람에 대해 사실을 말했을 뿐……

해슬벡: 내가 당신에게 해명할 기회를 줬죠.

오도넬: 당신은 나에게 아무것도 안 줬어요. 뭘 줄 필요도 없고요. 내가 당신에게 질문했잖아요.

해슬벡: 질문은 내가 했죠.

오도넬: 그리고 당신은 대답하려고도 안 하겠죠.

해슬벡: 당신은 자기 질문에도 대답 안 할 거잖아요.

오도넬: 아, 엘리자베스, 난 그러고 싶지 않아요. 이거 알아요? 당신은 내가 무슨 말 하는지 제대로 이해 못한다는 거?

해슬벡: 난 당신이 무슨 말 하는지 알거든요.

보다시피 연인이 대화하는 말투와 TV 진행자들의 말투는 명백히 다르다. 연인끼리의 대화와 달리 여자 진행자들의 말다툼은 마치 불량배끼리 학교 운동장에서 싸우는 것과 같다. 이처럼 두 사례에서 나타난 소통의 양상이 놀라울 정도로 다름에도 불구하고, 두 쌍 모두 서로에게 사용하는 단어가 비슷하다는 것은 놀라운 일이다. 두 쌍 모두 서로에게 완전히 집중하고 있고 상대방이 방금 한 말을 사실상 따라하고 있다. 한 쌍은 다정하게, 한 쌍은 분노로 씩씩거리며 따라하는 것이 다르지만 말이다.

대화는 춤과 같다. 두 사람은 애쓰지 않고 서로의 발놀림에 맞춰 움직이며 대개 상대방의 다음 동작을 예측하면서 움직인다. 한 사람이 예상치 못한 방향으로 움직이면 일반적으로 상대방도 그에 맞춰 새로운 경로로 움직이기 시작한다. 춤추면서 두 사람이 끊임없이 서로 영향을 미치고 있을 때는 누가 이끌어주고 있는지, 누가 따라가고 있는지 말하기 어렵다. 일단 춤이 시작되면 두 사람의 움직임을 어느 한 사람이 단독으로 좌우하기가 거의 불가능하다.

윌리엄 버틀러 예이츠는 「어린 학생들 사이에서Among School Children」라는 시에서 "우리는 춤과 춤추는 사람을 어떻게 구별할 수 있는가?"라고 묻는다. 당신은 위에서 보여준 두 쌍의 대화를 읽으면서 춤과 춤추는 사람을 구별할 수 없다고 느꼈을 것이다. 당신은 이들이 말하는 속도, 어조, 목소리 크기를 조절하는 것이 거의 옆에서 들리는 것처럼 느껴질 것이다. 두 사람의 감정이 고조됨에 따라 단어 사용 스타일도 같아진다. 하지만 기능어 사용에 있어서의 유사성은 눈에 덜 띈다. 이 말은 행복한 연인과 TV쇼 진행자들이 대명사, 조사 등 기능어를 서로 거의 같은 비율로 사용했다는 뜻이다. 각각의 사례에서 대화하는 두 사람은 심리적으로 같은 상태에 있고 그 상태는 그들의 언어에 반영되었다.

사람들은 무의식적으로 단어를 모방한다
—

사회과학자들은 사람들이 얼굴을 맞대고 대화를 할 때 비슷한 비언어적 행동을 보이는 경향이 있다는 사실을 오래전부터 알고 있었다. 한쪽이 다리를 꼬면 상대방도 따라한다. 한쪽이 손으로 큰 동작을 하면 상대방도 조금 후에 같은 행동을 할 가능성이 높다. 처음에는 이런 비언어적 모방을 두 사람이 서로를 좋아하는 정도를 나타내는 거라고 여겼다. 사실 이런 현상은 두 사람이 서로에게 얼마나 관심을 기울이는지 혹은 서로에게 얼마나 관여하는지 보여주는 지표다. 당신이 연애 중이거나 대화를 나누던 상대방에게 격분한 상태라면 당신과 상대방의 비언어적 행동은 정확히 일치할 것이다.

이런 현상은 대화하면서 사용하는 단어에서도 똑같이 나타난다. 두 사람이 같은 주제에 대해 이야기하고 있다면 그들이 사용하는 단어는 비슷할 것이다. 어쨌든 대화는 그런 것이니 말이다. 더욱 흥미로운 점은 말하는 스타일 또한 비슷해진다는 점이다. 대화를 나누는 두 사람은 형식성, 감상적인 정도, 인지적 복잡성 수준이 같아지는 경향이 있다. 다시 말해서, 대화를 나누는 두 사람은 같은 기능어들을 같은 비율로 사용하는 경향이 있다. 그뿐만 아니라 두 사람이 서로에게 더 깊이 관여할수록 기능어는 더욱 정확히 일치한다.

기능어의 사용이 일치하는 이런 양상을 언어 스타일 일치도(Language Style Matching)라고 한다. 사람들의 대화를 분석해 보면 언어 스타일 일치도는 어떤 대화든 시작한 지 15초에서 30초 안에 나타나고 일반적으로 의식의 영역 밖에 있다. 몇몇 연구에서는 언어 스타일 일치도가 다소 뜻밖의 상황에서 드러난다는 사실을 보여준다.

예를 들면, 당신이 수업 과제로 일련의 논술형 문제들에 답해야 한다고 상상해 보자. 각각의 문제들은 굉장히 형식성이 높은 문체에서 아주 격식 없는 문체까지 매우 다른 스타일로 쓰였다. 당신은 이 문제들의 문체가 다르다는 것을 알아볼까? 더 중요한 질문을 하자면, 당신은 문제의 문체에 맞춰 답을 쓰는 스타일을 조절할까? 놀랍게도 당신은 문체의 차이를 알아차리지 못하면서도 그에 맞춰 답을 쓸 가능성이 높다.

나는 동료 샘 고슬링, 대학원생 몰리 아일랜드와 함께 수강 정원이 5백 명인 심리학 입문 강의를 듣는 학생들에게 인터넷으로 글쓰기 과제를 냈다. 학생들은 네 개의 논술형 문제에 답해야 한다는 이야기를 미리 들었다. 우리는 학생들에게 문제들이 각각 다른 문제로 쓰였다고 말하지 않았다. 예를 들면 같은 문제라도 점잖고 거만한 스타일로 쓰인 것이 있었고 철없고 해맑은 여자 말투로 쓰인 것이 있었다. 이를테면 학생들은 다음과 같은 문제를 읽고 답해야 했다.

점잖고 거만한 문체: 담당 교수는 이 주제에 크게 주목하지 않았지만 인지부조화는 따로 교육을 받지 않은 비전문가들에게도 널리 알려진 친숙한 심리학적 현상이다. 이 개념에 꽤 익숙해졌으면 인지부조화의 간단한 예를 들어보라.

철없고 해맑은 문체: 자, 우리가 인지부조화 같은 것에 대해 그렇게 많이 이야기 같은 걸 하지는 않은 것 같다. 내 생각에는 이게 완전 말도 안 되는 것 같은데, 왜냐면 인지부조화 같은 게 엄청 중요한 것 같다는 걸 누구나 알 수 있을 것 같아야 할 것 같기 때문이다. 인지부조화 같은 건 진짜로 항상 일어나고 있는 것 같은 일이다. 그런 것 같지 않은가? …… 어쨌든 이제 네 차례인 것 같다. 그러니까, 인지부조화 같은 것의 예를 열심히 생각해 내서 전부 말해 달라는 것이다.

모든 학생은 이 문제들의 끝부분에서 같은 지시사항을 보게 된다.

아래 공간에 실생활에서 볼 수 있는 인지부조화의 예를 쓰고, 인지부조화가 일어나는 이유와 그것이 해소되는 과정을 설명해 보라. 교재에 나오는 근거로 여기에 든 예를 뒷받침해 보라.

보다시피 두 질문의 문체에서 나타나는 차이는 이런 것이었다. 흥미롭게도 학생들은 문제의 문체가 어떻더라도 똑같이 답을 잘 써냈다. 유일한 차이는 점잖은 문체로 쓰인 문제를 받은 학생들은 점잖은 문체로 답을 썼고, 해맑은 문체로 쓰인 문제를 받은 학생들은 그에 맞춰 자유롭고 일상적인 속어로 답을 썼다는 점이었다. 그런데 모든 학생이 각각 다른 문체로 쓰인 네 가지 문제에 답해야 했기 때문에 많은 학생들은 문체의 차이를 아예 알아차리지도 못했다고 말했다.

몰리는 또 다른 실험을 해보았다. 몰리는 출간된 소설에서 두 페이지를 참가자의 절반에게 보여준 다음 끊긴 부분부터 소설을 이어 써보라고 했다. 나머지 참가자들에게는 작가의 문체에 맞춰서 써보라고 명시적으로 말했다. 몰리는 명시적으로 작가의 문체에 맞춰 써보라는 지시를 받지 않은 사람들까지 모두가 자연스럽게 작가의 원래 문체에 맞춰서 글을 썼다는 것을 발견했다. 오히려 직접적으로 작가의 문체에 맞춰 써보라는 말을 들은 사람들이 조금 더 어색했다.

언어 스타일 일치는 당신이 생각하는 것보다 훨씬 더 흔하게 발견된다. 당신은 특히 기억에 남는 영화를 본 뒤에 등장인물처럼 말했던 경험이 있을 것이다. 특이한 문체로 쓰인 책을 읽은 다음에는 몇 시간, 심지어 며칠 동안 같은 문체로 말하고 글을 쓰게 된다고 나에게 말하는 사람들도 있다. 사실 뭐랄까, 알다시피 내가 철없는 것 같고 해맑은 것 같은 문체 같은 걸로 글 같은 걸 쓰기 시작하는 것 같으면, 어, 그리고 전화 같은 게 울리는 것 같아서 받으면, 당신도 이런 식으로 말하고 싶어질 것 같을 것 같다.

우리 각자의 품위를 지키기 위해 여기까지만 해야겠다.

언어 스타일 일치와 뇌

언어 스타일의 일치가 그렇게 흔한 일이라면 왜 그런 일이 일어나는 것일까? 한 가지 설명은 애초에 우리 뇌가 그렇게 생겼기 때문이라는 견해다. 1980년대에 이탈리아의 신경과학자 한 팀은 짧은꼬리원숭이가 특정한 물체를 집을 때마다 발화되는 한 무리의 뇌세포 활동을 측정했다. 나중에 이들은 사람 손이 그 물체를 집는 장면을 원숭이가 볼 때도 같은 뇌세포들이 활성화된다는 것을 발견했다. 다른 연구들 역시 타인의 행동을 거울처럼 반영하는 뇌세포 무리의 존재를 암시했다. 이 세포 무리를 거울신경세포(뉴런) 혹은 거울 뉴런 체계라고 한다.

최근의 연구에서는 발레 무용수들에게 발레 영상을 보게 하고 그들의 뇌 활동을 촬영했다. 연구자들은 발레 무용수들이 발레 영상을 보는 동안 그들의 거울신경세포가 활성화되는 반면 무용수가 아닌 사람들에게서는 그런 활동이 나타나지 않는다는 사실을 발견했다. 거의 모든 사람들이 대개 개인적으로 비슷한 경험을 해보았을 것이다. 예컨대 당신이 테니스를 쳐본 적이 있다면 TV에서 중계되는 치열한 테니스 경기를 보면서 마치 자신이 공을 치는 것처럼 팔을 움직여본 경험이 있을 것이다.

특히 주목할 점은 대부분의 연구자들이 브로카 영역에 거울신경세포가 가장 빽빽하게 모여 있다고 보고한다는 점이다. 우리는 2장에서 브로카 영역이 기능어 처리와도 관련 있는 영역이라고 언급한 적이 있다. 기능어 사용 능력이 비언어적 행동뿐만 아니라 최근의 발견에 따르면 억양과 어조의 모방과도 긴밀하게 연관되어 있다는 사실은 우연이 아니다. 사실 많은 학자들은 사회적 행동을 따라하는 능력, 그리고 그 능력과 브로카 영역의 긴밀한 연관성이 언어 능력의 초기 발달과 발전을 설명한다고 주장하고 있다.

현재 거울신경세포 연구는 기능적 자기 공명 영상법fMRI 같은 최첨단의 뇌 영상 기법에 의존하고 있다. fMRI를 이용하면 아주 구체적인 작업을 수행하는 동안 뇌의 어떤 부분이 활성화되는지 볼 수 있다. 최근 프린스턴 대학교의 한 연구팀의 관찰에 따르면 특히 공감 능력이 뛰어난 사람들은 감정을 표현하는 표정을 보여주는 짧은 영상을 보는 동안 브로카 영역에서 뇌 활동이 더 활발하게 일어나는 반면 공감 능력이 낮은 사람들은 그렇지 않다고 한다. 강조되어야 할 중요한 사실은 거울신경세포 연구가 아직 걸음마 단계에 있고 연구자들이 공감과 관련된 뇌 활동을 해석하는 방법에 대해 의견이 갈리는 경우가 많다는 점이다.

뇌 영상 연구에서 발생하는 한 가지 의문은 거울신경세포와 언어 스타일 일치 현상이 관련 있을 가능성에 대한 것이다. 지금 이 시점에서는 직접적인 실험이 아직 수행되지 않고 있다. 하지만 우리가 학생들에게 논술형 문제에 답하게 하여 서로 문체가 일치하는지 살펴본 연구들은 몇 가지 중요한 연관성을 암시한다. 다양한 문체로 쓰인 문제에 답하면서 문제를 가장 비슷하게 적은 학생들은 객관식에서도 가장 높은 점수를 얻을 가능성이 높았다. 다시 말하면 수업에 가장 전념했던 학생들이 자연스럽게 문제에도 주의를 더 기울였다는 뜻이다. 이들이 주의를 더 기울인 결과 답과 문제의 기능어 사용 비율이 더 많이 일치했다.

우리에게는 모두 거울신경세포와 함께 다른 사람을 따라하고 공감하는 기본적인 능력이 있다. 하지만 이런 능력은 사람마다 다르고 대화를 나누는 상대방이 누구인지에 따라서도 달라진다. 당신은 할 말이 있는데 상대가 그 말에 별로 관심이 없었던 경험이 있을 것이다. 반대로 상대가 하려던 말에 당신이 관심 없었던 적도 있었다고 인정해야 할 것이다. 내 머릿속이 거울신경세포로만 꽉 차 있더라도 비행기 옆자리에 앉은 사람이 비행 내내 관절이 아프다는 둥, 지금까지 무슨 약을 먹어왔다는 둥, 가래가 어쨌다는 둥 이야기를 늘어놓는다면 그 사람과 나는 완전히 다른 방식으로 기능어를 사용하게 될 것이다.

**상대가 거짓말을 하거나
딴짓을 할 때 두 사람의 단어 사용은 비슷해진다**
—

거울신경세포는 우리가 재빨리 다른 사람들에게 맞춰서 대화할 수 있도록 도와준다. 소통이라는 측면에서 보면 이는 이치에 맞는 일이다. 오랜 친구든, 동업자든, 비행기에서 만난 낯선 사람이든, 판매원이든, 우리는 상대에게 언어 스타일을 맞춤으로써 공통의 사회적 틀을 세우고 갈등을 줄인다. 언어 스타일의 일치는 사람들이 서로 감정적인 톤, 형식성, 개방성 등이 비슷하다는 것을 확신하고 각자의 상대적 지위를 알 수 있도록 도와준다.

그뿐만 아니라 우리 뇌는 우리가 다른 사람들과 소통하는 동안 상대의 언어 스타일 변화에 매우 민감하게 반응하여 우리의 단어 사용을 계속해서 고쳐나가게 한다. 언어 스타일의 일치도는 대화를 하는 동안 오르락내리락한다. 사람들이 대화를 할 때는 대부분 시작할 때 언어 스타일의 일치도가 매우 높았다가 대화가 계속됨에 따라 점점 낮아진다. 이런 양상이 나타나는 이유는 대화를 시작할 때는 교감하는 것이 중요하기 때문이다. 양쪽 모두 상대가 어떻게 생각하고 느끼는지 알아야 한다. 그러다 대화가 어느 정도 궤도에 오르면 좀 더 편해지고 주의가 산만해지기 시작한다. 그러다 언어 스타일의 일치도가 갑자기 높아질 때가 있다. 이런 양상을 가장 잘 보여주는 경우는 예상치 못하게 대화의 주제나 어조가 바뀔 때다.

거짓말쟁이와 대화할 때

대화의 톤과 방향은 어느 한쪽이 거짓말을 시작하는 순간 급격히 변한다. 기만과 거짓말에 사용되는 언어를 연구하는 코넬 대학교의 제프 핸콕은 이런 현상을 보여주는 연구를 몇 차례 수행했다. 한 연구에서는 학생들을 짝지어 주고 각각 다른 주제에 대해 온라인을 통해 네 번 대화하게 될 것이라고 알려주었다. 다시 말하면, 이들은 서로 볼 수 없도록 각자 다른 방에서 채팅을 할 것이었다. 양쪽 모두 어떤 식으로 실험이 진행될지 알아야 하므로 처음 5분 정도는 서로 알아가는 대화를 하라는 요청을 받았다. 일단 둘 다 온라인 채팅에 익숙해졌을 때 연구자는 두 참가자에게 5분씩 대화해야 하는 주제 목록을 주었다. 이 연구의 교묘한 부분은 바로 이 부분이었다. 즉, 둘 중 한 명은 대화 주제를 받은 뒤 네 가지 주제 중 두 가지 주제에 대해 자신의 생각을 말하지 말고 태연하게 거짓말을 하라고 지시받았다. 상대방은 이 일을 전혀 몰랐기 때문에 대화 내내 서로 정직하게 이야기하고 있다고 생각했다.

우리는 언제 사람들이 거짓말을 하고 언제 그들의 언어가 변하는지 이미 알고 있다. 당신은 이 연구에서 한 참가자가 거짓으로 말하는 동안 두 사람의 언어 스타일 일치도가 낮아지리라고 생각할지도 모른다. 하지만 두 사람의 언어 스타일 일치도는 거짓말을 해야 하는 주제에서 오히려 더 높아졌다. 거짓말한 사람이 거짓말을 하면서 달라진 언어를 사용하기 시작했지만 아무것도 모르는 상대방 역시 그 이상으로 달라진 언어를 사용했기 때문이다.

이 상황에서 무슨 일이 일어나고 있는지 생각해 보자. 일단 실험이 시작되면 아무것도 모르는 참가자는 이미 상대방과 최소 한 번은 정직한 대화를 나눈 상태다. 그런데 상대방이 난데없이 다르게 말하기 시작한다. 우리 뇌는 변화에 어마어마하게 민감하다. 이 상황에서 아무것도 모르는 참가자는 뭔가 어긋났다거나 이치에 맞지 않는다는 것을 감지한다. 결국 이 사람은 상대방에게 주의를 더 집중하기 시작하고 그 결과 두 사람의 언어 스타일 일치도가 높아진다. 이들이 의식적으로 그러지 않았다는 것은 확실하다. 아무것도 몰랐던 사람들에게 나중에 물어보니 상대방이 거짓말을 하는 동안에도 그 대화에 아무런 문제가 없었다고 생각한 사람이 대부분이었다.

언어 스타일 일치도에는 재미있는 모순이 있다. 거짓말이 포함되는 대화에서 거짓말을 하는 사람은 실제로 상대방에게 주의를 덜 기울인다. 당신은 직관적으로 이것이 언어 스타일의 일치도를 낮추리라고 생각할 것이다. 하지만 분명 우리는 거짓말하는 사람과 대화할 때 그들의 묘하게 변한 언어를 해독하려는 시도로 그들에게 더 주의를 기울이기 시작한다. 거짓말이 포함된 대화를 하는 경우, 한쪽이 주의를 덜 기울이면 상대방은 더 집중하게 된다. 놀랍게도 이런 일은 생각보다 훨씬 자주 일어난다.

동시에 여러 가지를 하는 산만한 사람과 대화할 때

최근의 연구에 따르면 동시에 여러 가지 일을 하는 것, 즉 멀티태스킹은 상당히 흔하기도 하고 놀라울 정도로 비효율적이라고도 한다. 한 번에 여러 가지 일을 처리하게 되면 모든 행동의 질이 전체적으로 떨어지는 효과가 발생한다. 우리는 상대방이 우리와 대화를 나누면서 동시에 문자 메시지를 읽거나, TV를 보거나, 심오한 실존적 의문에 고뇌하는 경험을 다들 해본 적이 있다. 이렇게 동시에 여러 가지를 하는 사람과 대화를 하는 경우 두 사람의 언어 스타일 일치도는 높아진다. 상식적으로는 그와 정반대일 것 같지만 말이다.

이번에도 상식이 틀렸다. 온라인 소셜 미디어 연구에 해박한 대학원생 일라 토스칙은 이것을 검증하기 위해 간단한 실험을 고안했다. 그녀는 심리학 실험의 일환으로 낯선 사람들을 짝지어 주고 따로 떨어져 있는 컴퓨터로 서로 알아가는 대화를 시작하게 했다. 컴퓨터는 화면 위쪽에 계속 무작위로 숫자가 나타나도록 설정되어 있었다. 참가자들은 대화 중간쯤까지 화면에 떠오르는 숫자를 무시하라고 지시받았다. 그 이후 둘 중 한 명은 숫자 7이 몇 번 나타나는지 세라는 지시를 받았다. 하지만 나머지 한 명은 숫자를 계속 무시하라는 지시를 받았고 자기와 대화하는 사람이 숫자를 세면서 대화한다는 사실을 알지 못했다. 요컨대 둘 중 한 사람은 대화 중간쯤부터 계속 주의가 산만한 상태로 대화를 하고 있었던 셈이다.

거짓말 연구에서와 마찬가지로 이들은 주의가 산만할 일이 없었던 커플들보다 언어 스타일의 일치도가 조금 더 높았다. 더 이상한 점은 이들이 서로 호감을 더 많이 느꼈다는 사실이다. 실제 단어 사용의 측면에서 보면 주의가 산만했던 학생들은 주의를 빼앗기지 않았던 학생들에 비해 덜 부정적이고, 덜 복잡하고, 더 사적인 단어를 사용했다.

나는 연구자로서 내 연구 결과를 믿지 못했던 적이 거의 없었다. 하지만 여러 가지 일을 동시에 하는 사람과 대회할 때 두 사람의 언어 스타일 일치도가 높아진다는 사실만큼은 이해할 수 없었다. 그래서 전에 내가 가르쳤던 두 학생에게 직접 전화를 해서 언어 연구에 참가할 생각이 있느냐고 물었다. 내 제안은 그들과 내가 편하게 통화하면서 그 대화를 녹음하고 녹취한 다음 분석하는 것이었다. 대화는 5분씩 세 번에 걸쳐 녹음될 것이고 대화가 끝날 때마다 짧은 설문지를 작성해야 했다. 둘 다 실험 절차에 동의했다. 이들이 몰랐던 점은 내가 그들과 하는 세 번의 통화 중 한 번은 사무실에 앉아서 최대한 빠르게 미친 듯이 계산 문제를 풀면서 통화하기로 했다는 점이었다.

통화가 시작되자 우리는 일, 생활, 서로가 아는 사람들, 그날 얘기할 만한 다른 일들에 대해 대화를 나눴다. 내가 계산 문제를 풀 때는 이렇게 생각했던 기억도 난다. "오, 나 이거 진짜 잘하는데? 나는 바쁠 때도 안 바쁠 때만큼 사회성이 뛰어나구먼." 나중에 그 대화를 녹취했을 때, 나는 계산 문제에 몰두하는 동안 내 언어가 달라진 것을 확인하고 소스라치게 놀랐다. 나는 말을 더듬고 내가 한 말을 또 했으며 복잡한 질문은 피하고 상대방이 더 많이 말하도록 유도하려고 했다. 일라의 실험에 참가했던 사람들처럼 나 역시 전반적으로 더 많이 웃고 긍정적 언어를 더 많이 사용하는 경향이 있었다.

　두 학생 모두 내가 딴짓을 하는 동안의 대화도 나머지 대화만큼 즐거웠다고 말했다. 실제로 내가 한눈을 파는 동안 우리 대화의 언어 스타일 일치도는 내가 대화에 집중하고 있을 때와 비슷하거나 더 높게 나왔다. 하지만 그때 있었던 일은 두 학생 모두 내가 말하는 스타일대로 나에게 말하기 시작한 것뿐이었다. 내가 그 대화에서 심리적으로 멀어져 있는 동안 상대방도 똑같이 행동했다. 내가 흥미롭게 여기는 점은 우리 중 아무도 그것을 의식하지 못했다는 것이다. 사실 나는 통화 후에 그 대화에 대해 두 학생 모두와 얘기를 나누면서 내가 딴짓을 하는지 알고 있었느냐고 물었다. 한 학생은 내가 계산 문제를 푸는 동안 약간 산만했던 것을 어렴풋이 느꼈다고 대답했지만 이렇게도 말했다. "그런데 교수님은 원래 전화할 때 자주 그러시잖아요." 이럴 수가!

두 사람의 단어 사용으로
관계의 지속 여부를 알 수 있다
—

사람들에게 서로 잘 맞는지 안 맞는지 알려줄 수 있는 장치가 있으면 좋지 않을까? 데이트할 때 가지고 나갔다가 헤어질 때쯤 사랑 탐지기에 나타나는 데이트 궁합 점수를 보고 내일 또 만날지, 아니면 다시는 안 볼지 결정할 수 있다면 어떨까?

 좋은 소식이 있다. 당신이 쓸 탐지기 견본이 우리에게 있는 것 같다. 사실 그건 기계 장치는 아니다. 그 대신 당신은 녹음기로 대화 내용을 녹음하고 그 단어들을 분석해서 언어 스타일 일치도를 산출해 내면 된다. 아, 탐지기를 작동시키려면 거의 똑같은 형식으로 최소한 열 번의 데이트를 해야 하는 문제가 있긴 하다. 흠. 아마 스피드 데이트(speed-dating, 남녀 여러 명이 모여서 계속 상대를 바꿔가며 짧은 대화를 나누는 단체 미팅) 같은 것이면 좋을 듯하다.

어떤 커플이 데이트를 시작할까?

 실제로 나는 몰리 아일랜드와 몇몇 동료 연구진들과 함께, 4분 정도의 짧은 데이트로 산출한 언어 스타일 일치도를 이용하여 데이트를 한 두 사람이 다시 만나고 싶어 하는지 예측할 수 있다는 사실을 발견했다. 알다시피 스피드 데이트에서는 보통 여덟 명에서 열두 명 정도의 데이트 상대와 몇 분씩 대화를 나눈다. 참가자들은 데이트가 끝날 때마다 다음 상대를 만나기 전에 상대방을 평가한다. 대개 다음날이면 참가자들은 행사 주최자들에게 연락해서 더 편하게 만나보고 싶은 사람이 누구인지 말한다. 스피드 데이트에서 나눈 대화가 수박 겉핥기 같다는 사람도 있고 열정적이었다거나 피곤했다고 말하는 사람도 있다. 가끔 운명의 짝을 만나는 사람도 있지만 그렇지 않은 사람이 대부분이다.

외로운 사람들이라고 다 스피드 데이트를 좋아하는 건 아니지만 연구자들은 아주 좋아한다. 우리는 최근 한 연구에서 약 80명의 스피드 데이트 참가자들이 4분짜리 대화를 기록할 수 있게 허락해준 덕분에 그들의 단어 사용을 분석할 수 있었다. 짧은 대화에서 산출한 언어 스타일 일치도는 앞으로 어떤 커플이 사귀게 될지 예측할 수 있을까? 어느 정도는 그렇다. 스피드 데이트에서 언어 스타일 일치도가 평균 이상이었던 사람끼리는 언어 스타일 일치도가 평균 이하였던 사람들에 비해 나중에 다시 만나고 싶어 할 가능성이 거의 두 배에 달했다.

하지만 더욱 재미있는 점은 나중에 어떤 커플이 사귀게 될지 우리의 예측이 당사자들보다 더 정확했다는 것이다. 참가자들은 매번 짧은 데이트를 마칠 때마다 방금 만난 사람의 호감도를 묻는 간단한 질문지에 답했다. 물론 참가자들의 호감도 평가는 결과적으로 교제와 관련이 있었지만 언어 스타일 일치도는 그보다 훨씬 더 밀접한 관련이 있었다. 왜일까? 두 사람이 결국 만날지는 양쪽 당사자에게 달려 있다. 어떤 남자는 여자를 매력적이라고 생각하는 반면 여자는 남자를 역겹다고 생각할 수도 있다. 이 둘은 서로 춤을 추듯 손발이 맞아야 한다. 질문지가 춤추는 사람들을 따로 평가할 뿐이라면, 언어 스타일 일치도는 바로 그 춤을 포착한다.

연애의 지속 여부 예측하기

　4분짜리 스피드 데이트가 연애로 발전해서 한 커플이 진지하게 만나기 시작했다고 가정해 보자. 이들의 언어 스타일 일치도는 그 관계가 장기적으로 어떻게 될지 예측할 수 있을까? 일차적인 연구 결과에 따르면, 그렇다.

　열정적으로 연애를 하는 사람들은 대부분 상대에게 매우 관심이 많다. 이들은 상대의 기분과 행동에서 미묘한 변화를 감지해 낸다. 언어적으로 보면 이런 사람들의 언어 스타일 일치도는 꽤 높다. 반면 몇 주나 몇 달쯤 사귀고 나면 자기들이 끝이 보이는 관계라는 것을 깨닫기 시작하는 커플도 있다. 상대에 대한 관심이 줄어듦에 따라 이들의 언어 스타일 일치도 역시 떨어진다.

　젊은 연인들의 언어 스타일 일치도를 추적해 보면 헤어지지 않을 가능성이 가장 높은 커플이 어떤 커플인지 예측할 수 있을 때가 많다. 나는 예전에 우리 대학원생이었던 리처드 슬래처와 함께 젊은 커플들을 대상으로 연구를 한 적이 있다. 지금은 웨인 주립대학교 교수가 된 리처드는 당시에 연인들이 메신저로 대화하는 양상을 보고 싶어 했다. 그는 거의 매일 메신저로 대화한다는 86쌍의 커플을 모집한 다음 그들이 며칠 동안 주고받은 메시지를 분석해도 된다는 동의를 받았다. 그런 후 우리는 메신저 대화에서 언어 스타일 일치도가 높게 나오는 커플과 낮게 나오는 커플에게 어떤 일이 일어나는지 비교했다.

　언어 스타일 일치도가 높은 편이었던 43쌍 중 3개월 후에도 만나고 있는 커플은 77퍼센트였던 데 비해 언어 스타일 일치도가 낮은 편이었던 커플들의 경우에는 52퍼센트에 불과했다. 요컨대 원래부터 기능어 사용 스타일이 일치했던 커플은 시간이 지나도 관계를 유지할 가능성이 더 높았다.

다양한 커플들의 메신저 대화를 읽어보니 연인관계가 어떻게 발전하거나 소원해지는지를 보여주는 더 명확한 그림이 그려졌다. 언어 스타일 일치도가 높고 돈독한 커플은 서로 상대방에게 진심으로 관심이 있다는 것을 보여주었다. 그리고 이들은 메신저 대화의 전반적인 분위기도 긍정적이고 협력적이었다. 언어 스타일 일치도가 낮은 커플은 헤어짐이 멀지 않은 분위기였고 둘 사이에 놀라울 정도로 거리감이 있는 경우가 많았다. 다음 내용은 언어 스타일 일치도가 낮았던 커플의 메신저 대화다. 이들은 자신들의 관계가 열정적이고 만족스럽다고 주장했지만 그들은 명백히 서로 교감하지 못하고 있다.

남자: 안녕! 잘 지내고 있어?!
여자: 응, 좋아. 너는?
남자: 잘 지내지. 나랑 짐이랑 시내 나갈 건데.
여자: 좋겠네.
남자: 엄마 생신선물로 소를 그린 유화를 찾아야 하고 머리도 자를 수 있으면 좋겠어. 넌 뭐해?
여자: 그냥 별로.
남자: 샤워도 해야겠다. 우리 어젯밤에 크리스마스 파티 재밌었거든. 사진 찍었어. 되게 웃겨. 크리스마스 음악 듣고 있어. 음악 좋다.
여자: 그래.
남자: ㅎㅎ 오늘 별로 말이 없네.

여자: 어, 응? …… 아닌데.

남자: 그럼…… 일주일 잘 보내고 있어? 이번 주말에 뭐해?

여자: 어 괜찮았어. 일해.

남자: 아…… 어, 그래도 최소한 돈$$$$$은 벌겠구나! 잘됐네. 난 샤워하러 갈게. 얘기할 거 생각해놔! 여기 계속 있을 거면 10분 후에 보자. 짐이 나 준비하길 기다리고 있어. 안녕.

여자: 그럼 가!

남자: 보고 싶어! ㅎㅎ 안녕.

남자는 말이 많고 내 짐작으로는 쾌활한 척을 하고 있다. 그의 여자친구는 냉정하고, 거리감 있고, 반응이 없다. 남자의 언어는 사적이고 대명사가 많이 사용되었다. 여자의 언어는 두루뭉술하다. 상대적으로 여자가 말이 없는 것으로 보아 여자는 짜증을 내고 있고 남자는 그것을 회피하고 있다.

이 커플의 대화와 또 다른 커플의 대화를 비교해 보자. 이번에 살펴볼 내용은 곧 전 남자친구가 될 남자와 그에게 감정적으로 관여하려고 하는 여자의 대화다. 띄엄띄엄 대화를 나눈 지난 이틀 동안 여자는 관계에 대해 이야기하려고 애를 썼고, 남자는 과제하고 운동하고 심지어 TV를 보느라고 계속 바빴다. 셋째 날, 여자는 잠깐 짬이 생긴 남자를 드디어 붙잡고 말한다.

여자: 거기 있어? 5분 정도 얘기할 수 있을까?

남자: 응. 말해.

여자: 너, 나랑 대화하면서 뭘 하는 거야?

남자: 청소.

여자: 너무 화가 나서 뭐라 말이 안 나온다.

남자: 알았어.

여자: 카드 읽고 조금이라도 기분 나쁘지 않았어?

남자: 당연히 그랬지.

여자: 정말이야?

남자: 1분만 기다려줘……. 어 말해.

여자: 아니면 너…… 빨리 와…… 저기 ……무슨 일 있니?

남자: 괜찮아…… 미안.

여자: 너 뭐하고 있었는데?

남자: 친구들 와 있어. 말해.

여자: 그 카드가 왜 기분 나빴는지 말해줘.

남자: 너는 친절하게 굴었어. 근데 나는 아직도 내가 잘못한 것 같지 않아.

여자: 그럼 왜 기분이 나빴는데?

남자: 기분 나빴지. 네가 나보고 기대하지 말라고 말한 게.

여자: 이해가 안 돼. 내가 너보고 기대하지 말라고 해서 기분이 나빴던 거야?

남자: 저기, 내가 9시에 전화할게. 이렇게는 말 못하겠어.

이 두 번째 사례에서도 언어 스타일 일치도가 낮다. 인칭 대명사 사용 비율은 둘이 비슷하지만 컴퓨터 분석 결과 여자는 남자보다 더 구체적이고 더 복잡하게 생각한다. 여자는 더 사적이고 감정적이며 남자친구에게 관심을 집중한다. 반면 남자는 산만하고 회피적이다. 여자가 가까이 다가와 교감하려고 할 때마다 빠져나가 버린다. 이런 양상은 메신저로 대화를 주고받는 며칠에 걸쳐 일관성 있게 나타났다. 하지만 이 커플은 자신들의 관계에 대해 친밀함과 만족감이 매우 높다고(!) 평가했다. 늘 그렇듯 언어 스타일 일치도는 이들의 헤어짐을 당사자들의 자체 평가보다 훨씬 더 잘 예측했다.

언어 스타일 일치도 기법은 커플 사이의 얼마 안 되는 대화를 추적하여 그 관계의 성공 여부를 합리적으로 추측할 수 있게 해준다. 최근에는 이와 비슷한 생각이 결혼한 부부들을 통해 입증되었다. 워싱턴 대학교의 존 고트먼과 동료 연구진들은 젊은 부부가 실험에 참가하는 도중에 다투는 방식을 들어보면 그 결혼생활이 성공적일지 아닐지 예측할 수 있다고 한다. 고트먼은 부부들을 연구실에 오게 한 뒤 그들이 갈등을 겪고 있는 문제에 대해 논의하게 했다. 이때 주제는 수로 돈, 섹스, 집안일 등이다. 팽팽한 논쟁 중에도 부부가 서로 존중하는 모습을 보이고, 긴장된 분위기를 풀려고 노력하고, 비난을 피하고, 긍정적 감정을 불어넣는다면 그들의 결혼생활은 오래 지속될 가능성이 높다. 이와 반대로 어느 한쪽이나 양쪽 모두 상대를 무시하거나, 감정적인 주제를 일부러 피하거나, 실험 과제를 인신공격을 시작하는 수단으로 삼는 경우 결혼생활은 순탄치 않다.

행복한 결혼생활은 단순히 대명사를 똑같이 사용하는 것이 다가 아니다. 두 사람이 기능어를 비슷한 방식과 비율로 사용한다면 그들은 세상을 비슷한 방식으로 보는 셈이다. 하지만 세계관이 비슷하다고 해서 행복한 결혼생활이 보장되는 것도 아니다. 우리는 고트먼의 연구를 통해 가장 탄탄한 관계의 특징 중에는 긍정적 감정의 공유도 있다는 점을 상기해야 한다. 연인들에 대한 우리의 연구에서도 이와 같은 결과들이 나타났다. 즉 언어 스타일 일치도가 높은 동시에 긍정적 감정을 공유하는 비율이 높은 커플들이 헤어지지 않을 가능성이 가장 높았다. 하지만 흥미롭게도, 긍정적 감정을 공유한다는 것만으로는 장기적인 행복이나 헤어지지 않을 가능성을 예측할 수 없다. 그러려면 양쪽 모두 세계관이 긍정적이고 서로에게 관여해야 한다.

언어 스타일로 역사 속 인물들의 관계 추적하기

컴퓨터 분석 프로그램을 사용할 때의 이점은 기록만 남아 있다면 역사 속의 관계들도 탐색할 수 있다는 것이다. 예컨대 옛날에 두 사람이 공유했던 편지, 시, 가사 등을 접할 수 있다면 그들의 감정적 교류를 엿볼 수 있다. 컴퓨터를 이용한 텍스트 분석은 역사 속 인물들의 결혼생활, 친구관계, 협력관계 등도 명확히 이해할 수 있게 해준다. 언어 스타일 일치도에 푹 빠져 지내던 몰리 아일랜드는 이 개념에 대한 이해를 돕는 몇 가지 사례를 추적했다. 그 중 두 사례는 행복한 결혼생활로 유명한 시인들과 불행한 결혼생활로 그에 못지않게 유명한 시인들에 대한 것이었다. 우리는 이들의 작품을 분석함으로써 각 커플의 관계를 더 잘 이해할 수 있다.

엘리자베스 배럿과 로버트 브라우닝의 행복한 결혼

처음에 언어 스타일 일치도 측정이라는 개념은 자연스러운 일상 대화에서 사용되는 단어를 추적하기 위해 개발되었다. 이 개념은 대화 방식이 마치 거울신경세포가 작동하듯 그때그때 주고받는 생각과 공통적으로 알고 있는 사실의 언급에 특히 더 민감하게 반응하여 변한다는 생각을 전제로 한다. 하지만 한 발 물러서서 보면 언어 스타일의 일치는 훨씬 더 넓은 차원에서도 일어난다고 생각할 수 있다. 예컨대 나와 경쟁관계인 정치인이 어떤 주제에 대해 연설하는 것을 듣는다면 나는 그에 대응해서 며칠 혹은 몇 주 후 그 연설과 언어적으로 비슷한 연설문을 쓸 수 있다. 내 배우자가 훌륭한 소설가라면 그녀의 문체가 내 논문 작성 방식에 영향을 미칠 수 있다. 두 시인이 서로의 작품을 읽고 기능어를 비슷한 방식으로 사용하기 시작한다는 것을 상상하기는 어렵지 않다. 특히 두 사람이 서로 이성적으로 끌린다면 더욱 그렇다. 이것을 잘 보여주는 예가 19세기 중반 영국 시인 엘리자베스 배럿Elizabeth Barrett과 로버트 브라우닝Robert Browning의 사례다.

엘리자베스 배럿과 로버트 브라우닝은 서른여덟, 서른둘의 나이로 처음 교류했을 때 이미 명성이 높았다. 열네 살 때부터 건강이 좋지 않았던 엘리자베스는 집을 떠나지 않고 폭군 아버지와 쭉 함께 살면서 감정, 사랑, 상실에 관해 글을 썼다. 사교활동을 활발히 하던 로버트의 작품은 더 심리학적이고 분석적이었다. 두 사람은 한 번도 만난 적이 없었지만 엘리자베스가 로버트의 시를 언급한 작품을 발표하자 로버트는 그녀의 작품에 대한 사랑, 더 직접적으로는 그녀에 대한 사랑을 고백하기에 이른다.

엘리자베스는 처음에 로버트에게서 멀어지려고 하면서 결혼을 거부했지만 이후 몇 달 동안 그들은 편지를 주고받았고 로버트는 엘리자베스에게 청혼했다. 로버트가 엘리자베스에게 열렬히 구애한 후 두 사람은 결국 이탈리아로 떠나 그곳에서 여생의 대부분을 함께 보냈다. 어느 모로 보나 이 결혼은 지극히 행복했고 둘 다 계속해서 작품을 발표했다. 15년의 결혼생활 중 유일하게 암울했던 시기는 마지막 2, 3년 동안 엘리자베스의 건강이 악화되어 결국 55세의 나이로 죽음을 맞이할 때까지였다.

함께 시인으로서 활동하는 동안 엘리자베스와 로버트는 수백 편의 시를 써냈다. 그들은 만나기 전에도 기능어를 비슷하게 쓰는 경향이 있었다. 그들이 교류하기 전부터 그토록 서로에게 끌렸던 이유가 이것이었는지도 모른다. 뒤의 그래프에서 보다시피, 그들의 언어 스타일 일치도 자료는 그들이 만나기 전부터 결혼생활 내내 기능어 사용 스타일이 꽤 비슷했다는 것을 보여준다. 하지만 그들이 교제하던 1년 반 동안에는 시의 경향이 서로 달라졌다. 이때는 엘리자베스가 아버지에게서 벗어날지 고민하는 한편 건강 문제로 로버트에게 부담이 되던 시기였다.

이 자료에 대해 곰곰이 생각해 보면서 당신은 시간이 지남에 따라 언어 스타일 일치도가 높아지고 낮아지는 책임이 누구에게 있는지 궁금해질 것이다. 궁극적으로 언어 스타일 일치도는 두 사람이 추는 춤과 같다. 춤추다 가끔 뒤뚱거릴 때 어떤 사람에게 더 책임이 있는지 판단할 수 있을까? 사실 할 수는 있다. 두 시인의 기능어 사용을 자세히 살펴보면, 로버트는 시인으로 활동하는 동안 문체가 놀라울 정도로 일정했던 반면 엘리자베스는 어떤 시기에서 다른 시기로 넘어갈 때 기능어

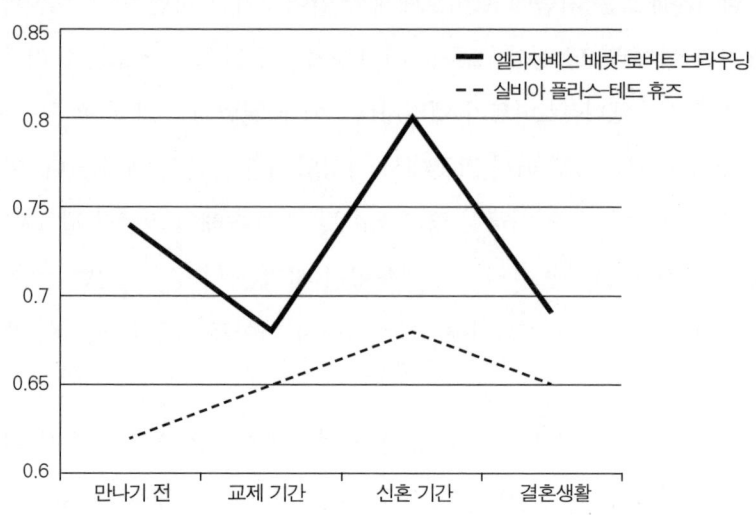

위의 그래프는 엘리자베스 배럿과 로버트 브라우닝의 작품에서 나타나는 언어 스타일 일치도, 그리고 실비아 플라스와 테드 휴즈의 작품에서 나타나는 언어 스타일 일치도를 나타낸 것이다. 언어 스타일 일치도가 높을수록 두 시인의 기능어 사용 스타일이 더욱 비슷한 것이다.

사용 방식이 변하는 경향이 있었다. 예를 들면 두 사람이 함께 보낸 시기에는 엘리자베스의 기능어 사용이 로버트의 방식을 거울처럼 반영하는 경향이 있었다. 하지만 힘들었던 연애시절과 건강이 위독한 지경까지 악화되었던 시기에는 엘리자베스가 자기만의 세계로 침잠하여 로버트의 작품과 덜 비슷한 문체로 작품을 썼고 자신이 글을 썼던 그 어느 시기와도 다른 방식으로 작품을 쓰는 경향이 있었다.

실비아 플라스와 테드 휴즈의 불행한 결혼

브라우닝 부부의 결혼생활이 현대 작가들에게 이상적인 결혼으로 꼽

힐 때가 많은 반면, 실비아 플라스Sylvia Plath와 테드 휴즈Ted Hughes의 관계는 그렇지 못하다. 보스턴에서 태어난 플라스는 캠브리지에서 풀브라이트 장학생으로 공부하던 중 영국 사람인 휴즈를 만났다. 당시 두 사람은 시 문학계에서 젊은 기대주로 여겨지고 있었다. 플라스의 작품은 종종 감정적이고 고백적이며 가끔 기묘하기까지 했다. 휴즈의 작품은 더 지적이었고 종종 자연과 신화를 다루었다. 두 사람은 파티에서 만난 지 4개월 만에 결혼했다. 이때 플라스의 나이는 스물넷, 휴즈의 나이는 스물여섯이었다.

결혼한 지 1년 정도까지는 둘 다 개인적, 직업적 성공을 거두었다. 휴즈는 플라스에 비해 작품을 쉽게 써냈고 상도 몇 번 받았다. 그러나 결혼한 지 5년쯤 되었을 때 플라스는 유행성 독감, 맹장염 수술, 유산 등을 겪으며 건강이 나빠지기 시작했다. 그녀는 휴즈의 외도를 예리하게 알아차렸고 그 일로 불 같은 분노에 사로잡히기 일쑤였다. 1년이 못 되어 휴즈는 플라스를 떠나 다른 여자에게로 갔다. 결혼 전부터 우울증이 있었던 플라스는 크게 낙담했다. 작품을 계속 쓰기는 했지만 친구들에게서 점점 멀어져 고립되어 갔다. 플라스는 휴즈와 이혼한 지 1년이 채 못 되어 서른의 나이에 스스로 목숨을 끊었다.

플라스와 휴즈의 관계가 지속되는 동안 두 사람의 언어를 비교해 보는 것, 특히 브라우닝 부부와 비교해 보는 것은 흥미로운 일이다. 옆의 그래프에서도 나타나듯 플라스와 휴즈는 만나기 전에 언어를 구사하는 스타일이 매우 달랐다. 플라스는 훨씬 더 사적이고 직접적인 언어를 사용한 데 비해 휴즈는 더 객관적이고 거리감 있는 언어를 사용했다. 그나마 행복했던 시절에는 언어 스타일 일치도가 어느 정도 높아졌지만 그 후 플라스가 죽기 전까지 3년 동안 다시 차이가 벌어졌다.

두 커플의 전반적인 언어 사용 스타일이 어떻게 달랐는지 살펴보는 것 역시 흥미롭다. 훨씬 행복한 결혼생활을 영위했던 브라우닝 부부는 평생에 걸쳐 플라스와 휴즈에 비해 언어 스타일의 일치도가 더 높았다. 하지만 브라우닝 부부의 행복한 결혼생활이나 플라스와 휴즈의 파경의 원인이 언어 일치도라고 결론 내리는 것은 오류일 것이다. 두 사람의 언어 스타일 일치도는 그들이 비슷하게 생각하는 경향이 있었다는 사실을 반영할 뿐이다. 그리고 직업적으로 쓴 작품을 보고 언어 스타일 일치도와 그들의 관계에 대해 딱 잘라 단정적으로 말하는 것은 더 위험하다. 특히 그 작품들이 다른 사람들을 대상으로 매우 다른 주제에 대해 쓴 글이라면 더욱 그렇다.

프로이트와 융 사이의 존경과 멸시

우리는 언어 스타일 일치도 분석을 통해 가깝고 친밀한 사람들의 관계에 대해서도 알 수 있다. 연인들의 메신저 대화는 어떤 커플이 헤어지거나 계속 만날 가능성이 가장 높은지 밝혀내는 데 도움이 되었다. 그리고 우리는 이보다 더 난해한 시인들의 언어를 분석함으로써 시인 부부의 사고방식이 얼마나 비슷한지 추론할 수 있었고, 나아가 그 관계가 좋았던 시기와 삐걱거렸던 시기도 알 수 있었다.

하지만 언어 스타일 일치도가 낭만적인 사랑이나 상처하고만 관련 있는 것은 아니다. 기능어 분석은 두 사람 사이의 그 어떤 관계에도 적용할 수 있다. 편지, 이메일, 트위터, SNS 등 사람들의 소통을 관찰할 수 있는 한 우리는 언어 스타일 일치도 측정 기법을 이용하여 그들이 얼마나 서로 동조하고 있는지 평가할 수 있다. 시인 부부의 관계와 언어를 연구한 후, 몰리 아일랜드와 나는 편지를 매우 많이 주고받았던 두 사람의 관계로 주의를 돌렸다. 당신의 관점에 따라 이 두 사람의 관계는 사랑의 관계일 수도 있고, 서로를 동일시하는 관계일 수도 있고, 해소되지 않은 오이디푸스적인 관계일 수도 있고, 그냥 친구관계일 수도 있다.

지그문트 프로이트와 칼 융의 관계는 심리학과 정신의학 역사의 중심에 있다. 1800년대 후반, 정신분석학에 대한 프로이트의 생각은 서양 사상의 토대를 뒤흔들기 시작했다. 그는 일련의 논문을 통해 사람들의 성격과 일상적 행동은 무의식적 과정에 좌우되고 그 무의식의 대부분은 매우 성적인sexual 것이라고 주장했다. 그리고 그는 어린 시절의 경험이 이후의 정신건강을 형성한다는 생각을 일깨우기도 했다. 프로이트는 창의적인 사상가였을 뿐만 아니라 자신의 관점에 대한 대중의 관심을 예민하게 알아차리기도 했다. 그의 한 가지 우려는 자신의 연구가 유대인의 사고방식이라고 깎아내려지지 않을까 하는 것이었다.

한편 칼 융은 젊고 야심찬 스위스 기독교인 학자다. 의대를 갓 졸업한 융은 정신분열증과 무의식의 특성 같은 사고 장애의 심리학적 근거에 매료되었다. 1906년, 융은 프로이트에게 자신의 첫 책을 한 부 보냈고 프로이트는 보답으로 최근의 논문을 보냈다. 이들은 몇 차례 편지를 주고받은 끝에 절친한 사이가 되었다. 대부분의 학자들은 그들이 서로를 매우 맘에 들어 했던 동시에 가까운 관계의 직업상 이점을 모르지 않았다는 데 동의한다. 사실 두 사람이 직접 만난 후 프로이트는 융이 자신의 〈소중한 친구이자 후계자〉라고 떡하니 편지에 쓰기도 했다. 1908년쯤 되자 융은 프로이트에게 이렇게까지 쓸 수 있었다. "동등한 관계가 아니라 아버지와 아들로서 당신과의 우정을 누리렵니다."

1906년에서 1913년까지 두 남자 사이에서는 적어도 337통의 편지가 오갔다. 이 기간 동안 프로이트의 명성은 급격히 치솟았다. 융은 그 자신이 하나의 세력이 되고 있었고, 1911년에는 두 남자 사이에 긴장이 감돌기 시작했다. 융은 프로이트가 성적인 면을 너무 강조하고 있다고 생각했고, 프로이트는 융이 자신의 관점을 충실히 따르지 않는다고 생각했다. 편지 왕래를 하던 마지막 몇 달 동안 융은 프로이트가 거만하고 폐쇄적이라고 비난했다. 프로이트는 "개인적 관계가 완전히 끝나야 한다……."라고 대응했다.

프로이트와 융이 주고받은 편지들의 기능어를 분석하자 그들의 언어 스타일 일치도에서 예상 가능한 패턴이 드러났다. 옆의 그래프에서와 같이 이들의 언어 스타일 일치도는 처음 몇 년 동안은 이례적으로 높았지만 그 후 급격히 떨어진다. 더 자세한 분석 결과에 따르면, 두 사람은 처음 몇 년 동안 그들의 관계에 동등하게 헌신했다. 하지만 막바지에 와서 그 관계에서 분리되어 있고 언어 사용 스타일이 더 많이 변한 사람은 프로이트였다. 프로이트는 융에게 쓴 마지막 편지들 중 하나에서 친구관계를 중단하자고 권하며 이렇게 덧붙였다. "나는 그 일로 잃을 것이 아무것도 없네. 과거의 실망이 앙금으로 남아 자네와의 사이에 있던 유일한 감정의 끈마저 실처럼 가늘어진 지 오래이므로."

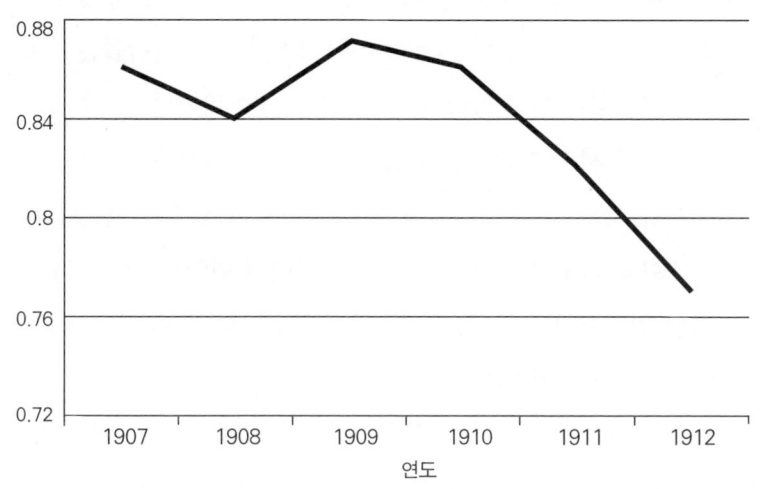

위의 그래프는 지그문트 프로이트와 칼 융이 주고받은 편지들을 토대로 분석한 언어 스타일 일치도를 나타낸다. 숫자가 커질수록 두 사람의 편지에 사용된 기능어가 더 많이 일치했다는 뜻이다

비슷하게 단어를 쓴다는 것은
서로에게 관심을 기울이고 있다는 뜻이다

대화의 춤은 다양한 스타일로 펼쳐진다. 대명사 같은 기능어를 사용하는 스타일이 사람들의 관계에 대해 그토록 많은 정보를 알려줄 수 있으리라고 누가 상상이나 했겠는가? 우리는 컴퓨터로 약간의 마법을 부려 언어 스타일 일치도를 두 사람 사이의 사회적 연결을 나타내는 지표로 사용할 수 있다. 더 구체적으로 말하면, 언어 스타일 일치도는 사람들의 언어가 얼마나 일치하는지 나타내는 신호라고 볼 수 있다.

두 사람의 언어 스타일이 일치한다는 말은 실제로 무슨 뜻일까? 가장 기본적인 수준에서, 기능어 사용 스타일이 일치하는 사람들은 서로 상대에게 관심을 기울이고 있다고 볼 수 있다. 좋아하거나 믿지는 않을지 몰라도 최소한 서로 지켜보고 귀를 기울인다. 다행히 사람들은 싫어하는 사람과는 많은 시간을 함께 보내지 않으려 하고 좋아하는 사람들과 즐겁게 대화를 나누려고 한다. 좋은 친구들이나 연인 사이의 대화는 언어 스타일 일치도가 높은데, 그 이유는 앞서 말한 바와 같이 서로에게 관심을 기울이고 있기 때문이다.

두 사람이 서로의 언어 스타일에 얼마나 빨리 적응할 수 있는지 알아내기는 어렵다. 앞서 살펴보았듯 낯선 사람과 대화할 때 이 적응은 보통 몇 초 안에 일어난다. 이때 두 사람은 상대방의 형식성, 명확성, 감성적인 정도, 사고방식에 맞추어 즉시 적응한다. 두 사람 모두 어떤 대명사가 누구를 가리키는지, 즉 그녀, 그, 그것이 가리키는 대상을 머릿속에서 끊임없이 따라간다. 대화라는 공이 계속 굴러가게 하려면 둘 다 주제의 변화에 적응해야 한다. 사실 둘 중 한 명이나 둘 다 순간적으로 한눈을 팔거나 이상하게 행동하기 시작한다면(거짓말 등) 상대방은 대화를 계속하기 위해 더 많은 에너지를 쏟아야 한다.

언어 스타일 일치도가 친밀한 대화와 격한 말다툼 모두에서 높게 나오는 이유는 이해하기 쉽다. 서로 신경 쓰지 않는 정말 지루한 대화라고 해도 언어 스타일 일치도는 놀라울 정도로 높다. 다행히도 두 사람 사이에 무슨 말이 오가는지 거울신경세포가 끊임없이 지켜보면서 최소한의 노력만으로도 할 말을 하도록 도와주기 때문이다. 물론 언어 스타일 일치도가 형편없이 낮게 나올 때도 있다. 예컨대 상대의 언어에 자신의 언어를 일치시키기 매우 힘든 사람들이 있다. 자폐증과 같은 장애는 대개 타인을 모방하고 사회적으로 교류하는 능력에 지장을 줄 수 있다. 일부 연구자들은 아스퍼거 증후군과 같은 진단을 포함하는 자폐 범주성 장애가 있는 경우 거울신경세포의 기능 혼란 때문에 타인과의 소통에 지장이 있을 수 있다고 보기도 한다.

우리는 대화하는 상대와 항상 잘 맞는 것은 아니다. 이런 경우 대개 둘 중 한 명이나 둘 다 대화 자체나 상대방에게 별로 관심이 없다. 가끔 한쪽이 그냥 상대방의 말을 듣고 싶지 않을 때도 있다. 나는 최근에 어떤 모임에서 두 사람 옆에 앉게 되었다. 그들을 데이비드와 아메드라고 부르자. 모임에 오기 전, 아메드는 데이비드가 자기 아내를 헐뜯었다는 사실을 알게 되었다. 아메드가 그 사실을 아는지 몰랐던 데이비드는 두 사람이 모두 아는 지인을 만났다는 친근한 이야기를 시작했다. 아메드는 이야기를 듣는 동안 데이비드의 눈을 피했고 데이비드의 말이 끝나자마자 대화의 공을 낚아채더니 최근에 읽은 책에 대해 나에게 말하기 시작했다. 데이비드는 대화에 끼려고 했지만 아메드는 그를 무시하거나 화제를 계속 바꿨다. 하지만 나중에 그 대화에 대해 데이비드에게 묻자 그는 아메드가 자신의 말을 전부 무시했다는 사실을 몰랐고 그것이 괜찮은 대화였다고 생각하고 있었다.

아메드와 데이비드의 대화는 사람들이 상대방과의 교류에 실패했다는 것을 늘 알지는 못한다는 사실을 일깨워준다. 연인들에 대한 연구에서처럼 언어 스타일 일치도 측정 결과 서로 전혀 교감하지 못했는데도 정작 본인들은 그것이 평범한 대화라고 여기기도 한다. 우리의 연구에 따르면 이렇게 문제 있는 대화를 하고 있는 사람들은 둘 다 문제를 인식하지 못할 때가 많다. 상대가 자신을 미묘하게 거부하고 있다는 생각이 너무 위협적이어서 그 사실을 인정하지 못하기 때문인지도 모른다. 상대를 무시하는 사람 역시 자신이 그러고 있는지 모를 수 있다. 이런 사람들에게 언어 탐지기가 있으면 얼마나 좋을까.

9

**지역마다
언어 사용 스타일이
같은 곳과**

**그렇지 않은 곳의
이유**

경영 컨설턴트들은 자신이 자문하고 있는 회사를 〈내 회사, 우리 회사, 그들 회사〉라는 단어로 구분하기도 한다. 이들은 조직의 분위기를 대충 파악하기 위해 직원들에게 평소 업무에 대해 말해 달라고 한다. 직원들이 〈내 사무실〉이나 〈내 회사〉라고 말한다면 그 회사 분위기는 좋은 편이다. 내 회사에서 일하는 사람들은 꽤 행복하지만 회사에 딱히 묶여 있지 않다. 하지만 직원들이 〈우리 사무실〉, 〈우리 회사〉라고 한다면 특별히 주의를 기울여야 한다. 우리 회사에서 일하는 사람들은 직장을 자기 정체성의 일부로 받아들인 상태다. 이 〈우리의식we-ness〉은 이들이 더 열심히 일하고 이직률이 낮으며 직장생활에서 더 큰 성취감을 느끼는 이유이기도 하다. 그리고 직원이 〈회사〉 혹은 더 나쁜 경우에는 〈저 회사〉, 〈그 회사〉라고 말하고 동료들을 가리켜 〈그 사람들〉이라고 부르기 시작한다면 매우 우려되는 상황이다. 〈그들 회사〉가 재앙이 될 수 있는 이유는 직원들 스스로 직업적 정체성과 자신은 아무 관련이 없다고 생각한다는 것을 보여주고 있기 때문이다. 컨설턴트가 〈그들 회사〉 직원들이 불행하게 일하고 이직률도 높다고 보고하는 것은 놀라운 일이 아니다.

사람들이 자신이 다니는 회사에 대해 말하는 스타일은 조직의 집단 역학을 알아보는 한 가지 수단에 불과하다. 사람들이 〈집단 안에서〉 사용하는 단어를 들어보면 집단 내부의 운영과 관련된 몇 가지 특징이 드러난다. 우리는 이메일, 웹 페이지, 회의록 등 단어로 된 단서들을 통해 집단 구성원들이 얼마나 비슷하게 생각하는지 측정할 수 있다. 또한 집단의 응집력, 생산성, 형식성, 공유된 경험과 내력, 어떤 경우에는 정직성과 변화하려는 의향 등의 측면에서 집단의 윤곽을 그려볼 수도 있다.

〈우리〉라는 단어

내가 비행기 옆자리에 앉은 컨설턴트에게 내 회사, 우리 회사, 그들 회사에 대해 배운 것은 몇 년 전 일이다. 그때쯤 연인들을 연구하던 연구자들도 이와 유사한 현상을 발견하고 있었다. 한 대표적인 연구에서는 실험실에 온 참가자 부부들에게 결혼생활이나 부부 사이의 문제점에 대해 말해 보게 했다.

일반적으로 결혼생활에 대해 물었을 때 부부가 〈우리〉라는 단어를 많이 사용할수록 좋은 것이었다. 〈내 배우자와 나〉라는 뜻의 따뜻하고 아늑한 〈우리〉를 사용한 사람들은 두 사람이 건강한 관계라는 것을 보여준 셈이다. 어떤 연구에서는 그런 〈우리〉라는 단어의 사용으로 결혼생활이 얼마나 오래 지속될지 예측할 수 있었다. 하지만 흥미롭게도, 〈우리〉라는 단어의 사용은 연구자가 함께 있을 때만 좋은 관계를 예측하는 지표 역할을 했다. 다른 연구들에서 부부들에게 며칠 동안 녹음기를 착용하고 지내게 한 결과 〈우리〉라는 단어와 관련된 어떤 패턴도 발견되지 않았다. 제3자에게 말할 때는 커플이 사용하는 〈우리〉라는 단어로 그들의 관계가 만족스러우리라 예측한다. 하지만 부부가 서로 상대방에게만 말할 때 〈우리〉라는 단어를 사용하는 것으로는 관계의 질을 예측하지 못한다.

실험실에서 부부 간의 의견 차이에 대해 말할 때 〈우리〉라는 단어는 좋은 관계를 암시하는 반면 〈너〉 혹은 〈당신〉이라는 단어는 문제가 있음을 암시했다. 〈너는〉, 〈당신은〉, 〈너의〉, 〈당신 자신〉과 같은 단어는 두 참가자가 서로 온갖 결점을 비난하는 험악한 대화에서 가장 두드러지게 사용되었다.

한편 〈우리〉라는 단어는 생명을 구할 수도 있다. 한 연구에서는 심부전증 환자들을 배우자와 함께 인터뷰했다. 그들은 다음과 같은 질문을 비롯하여 여러 질문들에 대답했다. "두 분이 심장병을 극복해 오시면서 제일 잘한 일이 뭐라고 생각하세요?" 배우자가 이 질문들에 답할 때 〈우리〉라는 단어를 많이 사용한 사람일수록 6개월 후 환자의 상태가 더 좋아졌다. 배우자가 〈우리〉라는 단어를 사용했다는 것은 환자의 건강 문제를 부부가 함께 전념해야 할 공통의 문제로 보았다는 의미였다. 부부가 병을 극복하려고 함께 노력하는 경우 환자의 신체적, 정신적 스트레스가 줄어들었다.

당신이 완벽하게 건강한 경우에도 〈우리〉라는 단어는 생명을 구할 수 있다. 한 연구에서 민간 항공기 조종석 기록을 분석한 결과, 지난 세기에 일어난 모든 항공기 사고 중 절반 이상이 승무원들의 소통 부족에 그 원인이 있었다는 사실이 발견되었다. 조종사들이 이의를 허용하지 않는 험악한 분위기를 조성한 경우도 있었고, 승무원 한두 명이 한눈을 팔다가 다른 사람들에게서 중요한 정보를 듣지 못한 경우도 있었다. 이 연구에서 반복적으로 부각되는 주제는 자신이 팀의 일원이라고 느끼고 긴밀하게 단합하는 승무원들이 가장 유능하다는 것이다. 예를 들면 브라이언 섹스턴과 로버트 헴라이크는 장기간 비행 시뮬레이션을 하는 동안 승무원들의 언어를 분석했다. 그 결과 〈우리〉라는 단어를 많이 사용하는 승무원일수록 실수가 적었다. 마찬가지로 항공기 사고 당시 조종석 기록을 분석한 결과, 사람의 실수로 일어난 사고인 경우 불가피한 기계 오류로 일어난 사고에 비해 승무원들의 〈우리〉라는 단어의 사용이 훨씬 적었다.

〈우리는〉, 〈우리의〉, 〈우리를〉과 같은 단어들은 정체성을 나타내는 강력한 지표가 될 수 있다. 생판 모르는 사람에게 〈우리 결혼〉, 〈우리 사업〉, 〈우리 공동체〉에 대해 말할 때 이는 사람들이 자신이 어떤 사람이고 어떤 정체성이 있는지 공개적으로 말하는 셈이다. 예컨대 〈우리 결혼〉은 당신이 누군가와 공유하는 실체를 의미한다. 마찬가지로 〈우리 사업〉과 〈우리 공동체〉는 당신이 속한 집단을 가리킨다.

〈나〉에서 〈우리〉로!

자기 자신에 대한 생각은 끊임없이 변한다. 〈나〉에서 〈우리〉로 옮겨가는 변화는 매우 미묘하고 순식간에 일어날 수 있다. 두 사람이 대화할 때 말하는 사람과 듣는 사람 모두 어떤 대명사를 사용하는지는 의식적으로 알아차릴 수조차 없다. 하지만 말하는 사람이 듣는 사람과 자신을 가리키기 위해 〈우리〉라는 단어를 사용하는 것은 심리학적으로뿐만 아니라 사회적으로도 의미가 있다.

당신은 부동산 거래에 대한 아래와 같은 대화에서 이러한 변화를 감지할 수 있다. 45세 정도인 알렉스는 부동산 거래에 투자하는 변호사다. 40세 정도인 리즈 앤은 한창 주가가 올랐을 때 주식시장에서 발을 빼는 데 성공하고 몇 가지 투자 사업에 관여하고 있다.

알렉스: **내가** 당신이 관심 있을 만한 건수 하나 가져왔어요. 오크 스트리트에 나온 건물 매입 건인데요.

리즈 앤: **난** 다든Darden 그룹하고 또 싸우고 싶은 마음이 요만큼도 없어요.

알렉스: 이건 다든과 상관없는 건이에요. 소유주가 세금 때문에 팔려고 **날** 찾아온 거예요.

리즈 앤: 얼마나 달래요? **내가** 감수할 위험은 뭐죠?

알렉스: 이것저것 다 해서 350쯤이요. **우린** 300 정도 부를 수 있어요.

리즈 앤: **난** 지금이 적절한 시기인지 확실히 모르겠어요. 그런데 **우리가** 다든을 허탕치게 만든다면 **내** 기분이 좋아질 것 같긴 하네요.

두 사람은 아는 사이고 예전에도 함께 일한 적이 있는 것이 틀림없다. 이 짧은 대화를 시작할 때쯤의 두 사람은 각자 다른 안건을 마주하고 있는 분리된 존재다. 둘 다 말할 때마다 〈나〉라는 단어를 사용한다. 그런데 끝에서 두 번째 문장에서 알렉스는 "우린 300 정도 부를 수 있어요."라고 던진다. 이때 알렉스의 머릿속에서는 두 사람이 〈두 개인〉에서 공동의 목표가 있는 〈한 집단〉으로 미묘하게 바뀐 것이다. 그리고 리즈 앤의 마지막 말은 그녀가 알렉스와의 공통의 정체성을 받아들일 가능성이 있다는 것을 암시한다. 알렉스가 의식적으로 리즈 앤의 〈우리〉 사용을 알아차리지는 못했더라도 그의 뇌는 리즈 앤이 오크 스트리트의 매입 건으로 마음이 기울고 있다는 사실을 감지했을 것이다.

〈우리〉라는 단어의 사용은 한 사람이 자신을 집단의 일원으로 여긴다는 신호일 때가 많다. 노련한 판매자들은 사람들의 〈우리〉라는 단어 사용의 변화에 특히 더 신경 쓴다. 부동산 거래에 대한 앞의 대화가 암시하듯, 구매자가 판매자와 구매자의 관계를 가리킬 때 〈우리〉라는 단어를 사용하기 시작하면 중요한 정서적 유대가 형성된 것이다. 그렇다면 당신이 그 거래를 진행하는 판매자라면 〈우리〉라는 단어를 사용해서 구매자와의 유대관계를 더 빨리 이끌어낼 수는 없을까? 그러기는 어려울 것이다. 마치 정치인처럼 〈우리〉라는 단어를 성급하게 사용하면 진실하지 못하고 교활해 보이기 쉽다.

집단성groupness의 느낌은 환상일 때가 많다. 사람들은 자신이 집단의 확실한 일부라고 느낄 때도 있고, 주변인들이 예전과 다름없는데도 불구하고 분리된 느낌, 소외감, 외로움을 느낄 때도 있다. 사람들이 사용하는 〈우리〉라는 단어와 〈나〉라는 단어를 추적하면 그들이 집단 정체성을 어떻게 인식하고 있는지 탐지할 수 있다. 이와 같은 분석으로 집단 그 자체에 대해서도 알 수 있다.

시간이 지나면 〈나〉는 감소하고 〈우리〉는 증가한다

사람들은 다른 사람들과 더 오래 얘기할수록 〈우리〉라는 단어를 더 많이 사용하고 〈나〉라는 단어를 더 적게 사용하게 된다. 우리는 다른 사람들을 알아가면서 경계를 풀고 그들을 받아들이기 시작한다. 〈우리〉라는 단어가 증가하고 〈나〉라는 단어가 감소하는 양상은 광범위한 집단에 걸쳐 다양하게 나타난다.

스피드 데이트는 이러한 논의를 시작하기에 완벽한 예다. 앞 장에서 언급했듯 스피드 데이트는 사람들이 다닥다닥 앉아서 낯선 사람과의 데이트를 한 번에 4분씩 열 번 정도 연속으로 하는 것을 말한다. 이 우스꽝스러울 정도로 짧은 만남에서도 〈우리〉라는 단어와 〈나〉라는 단어의 사용 비율은 예상했던 대로 순식간에 변했다. 이 짧은 데이트를 진행하는 동안 두 사람 모두 시시각각 〈나〉라는 단어의 사용이 줄어들고 〈우리〉라는 단어의 사용이 늘어났다.

이러한 〈나〉의 감소와 〈우리〉의 증가는 데이트와는 많이 다른 상황에서도 발견될 수 있다. 어떤 실험에서는 학생들이 심리학 실험실에 와서 15분 동안 낯선 사람과 알아가는 대화를 하게 했다. 처음 5분 동안은 보통 두 참가자 모두 자신의 성장 배경, 전공, 사는 곳 등에 대해 이야기를 나눈다. 둘 다 자기 얘기를 하고 있기 때문에 〈나〉라는 단어의 사용 비율이 비교적 높다. 다음 5분 동안에는 자기 얘기를 덜 하고 둘 사이에 공감대를 형성하기 시작한다. 마지막 5분 동안에는 대화를 시작할 때에 비해 〈나〉라는 단어의 사용 비율이 10-50퍼센트 감소한다. 그와 동시에 〈우리〉라는 단어의 사용은 20-200퍼센트 증가한다. 이러한 양상은 낯선 사람끼리 온라인 채팅을 통해 서로를 알아가는 대화를 나눌 때 훨씬 더 강하게 나타난다.

이보다 더 큰 집단에서도 같은 양상이 나타난다. 경영대학원에서 수행된 한 실험에서는 네 명씩 한 집단으로 묶어주고 30분 동안 복잡한 집단 의사결정 과제를 해결하게 했다. 결과는 마찬가지였다. 과제를 해결하는 동안 집단에 속한 사람들의 〈나〉라는 단어 사용은 19퍼센트 줄어들었고 〈우리〉라는 단어 사용은 39퍼센트 늘어났다.

더욱 흥미로운 것은 현실 집단에서 나타난 〈나〉와 〈우리〉라는 단어의 사용 비율 변화는 몇 시간, 며칠, 몇 달, 심지어 몇 년까지도 지속된다는 점이다. 앞서 논의한 항공기 조종실 연구에서도 같은 양상이 발견되었다. 승무원들이 함께 있는 시간이 길수록 그 집단은 〈우리〉라는 단어를 더 많이 사용한다.

〈나〉의 사용 감소와 〈우리〉의 사용 증가는 훨씬 긴 시간, 훨씬 더 큰 집단으로도 확장된다. 한 연구는 복잡한 온라인 국방 프로젝트에 참여하는 기술자, 경제학자, 컴퓨터 전문가 18명을 대상으로 거의 2년 가까이 진행되었다. 또 다른 연구는 직업 훈련의 일환으로 1년에 두 번씩 3년 동안 모이는 임상 치료 전문가 20명 정도를 대상으로 했다. 그 외에도 비틀스가 활동하던 10년 동안의 가사를 시간의 흐름에 따라 살펴보았다. 이 모든 집단들에서 달마다 혹은 해마다 〈나〉라는 단어는 줄어들고 〈우리〉라는 단어가 늘어나는 양상이 나타났다.

이것은 모두 무슨 의미일까? 다른 사람들과 더 오래 시간을 보낼수록 우리의 정체성이 그들과 융합된다는 뜻이다. 우리가 꼭 그들을 좋아하거나 신뢰하지 않을지도 모르지만 함께 오랫동안 얽히면서 우리는 자신을 집단의 일부로 여기게 된다. 이런 흥미로운 결과는 나이가 들어감에 따라 발생한다. 일반적으로 사람은 나이가 들수록 주변의 모든 사람들과 보낸 시간이 쌓여간다. 우리는 나이 많은 사람들이 젊은 시절에 비해 〈나〉라는 단어를 더 적게 사용하고 〈우리〉라는 단어를 더 많이 사용하리라고 예측할 수도 있다. 그리고 그것은 사실이다. 3천 명에 가까운 사람들을 대상으로 한 언어 연구에서는 70세 이상인 사람들이 청소년에 비해 〈우리〉라는 단어를 54퍼센트 더 많이 사용했고 〈나〉라는 단어를 79퍼센트 적게 사용했다는 결과가 나왔다.

〈우리〉의 단합,
위협적인 사건이 만들어 주는 집단 정체성

집단 정체성을 받아들이는 것은 좀처럼 알아차리지 못할 정도로 자연스러운 과정이다. 대화를 시작하고서 1분 동안은 〈나〉지만 곧 〈우리〉로서 의견을 표현하게 된다. 그냥 그렇게 된다. 그런데 집단 정체성이 빠르고 급격하게 변하는 경우도 있다.

가장 간단하게 설명하자면 스포츠 팀을 응원하는 경우를 예로 들 수 있다. 1970년대 중반, 로버트 치알디니와 그의 연구팀은 스포츠 팀을 응원하면서 집단 정체성이 급격히 변하는 현상을 가장 기발하게 보여 주는 사회심리학 실험을 수행했다. 이 연구에서는 교내의 쟁점을 다루는 설문조사라고 하여 최상위권 미식축구 팀을 보유한 대학교 학생들을 경기 시즌 중에 모집했다. 참가자들의 모교 미식축구 팀은 얼마 전 이미 주요 경기에서 이겼거나 진 상태였다. 연구자들은 준비 단계로 몇 가지 질문을 한 뒤 시즌 중 중요한 경기에 대해 물었다. "그 경기 결과가 어땠는지 말해줄 수 있나요?"

자기 학교 팀이 이겼을 때는 대부분의 학생들이 이렇게 대답했다. "우리가 이겼어요." 하지만 졌을 때는 이런 대답이 나오기 쉬웠다. "걔네가 졌어요." 팀의 승리가 자기들 덕분이기라도 한 듯 여기는 것은 일종의 〈반사된 영광 누리기〉다. 요컨대 우리는 잘 나가는 집단과 가까워지고 싶어 하고 패배자들과는 거리를 두고 싶어 한다.

강력한 집단에 속하려는 마음은 진화에 그 뿌리가 있는 듯하다. 거의 모든 사회적 동물은 위협받을 때 집단으로부터 보호받으려고 한다. 외부의 존재가 나타나기만 해도 사람들은 자신의 사회적 관계망을 더 의식하게 된다. 위의 미식축구 연구에서 일부 연구자들은 참가자들에게 자기 역시 응답자와 같은 지역에 산다고 하거나 혹은 다른 주에 산다고 말했다. 즉 참가자의 절반은 자기와 공통점이 있는 사람과 이야기한다고 믿은 반면, 나머지 절반은 자신과 공통점이 없는 외부인과 말하고 있다고 믿었다. 이와 같은 우리-그들 효과는 us-them effect 외부인과 대화할 때 훨씬 더 강하게 나타났다. 경쟁하는 집단들을 의식하게 되면 성공적인 집단의 일원이라는 사실이 더 중요해진다.

집단의 일원이 되려는 욕구가 가장 발생하기 쉬운 경우는 외부 집단이 우리 집단의 존재 자체를 위협할 때다. 자기가 속한 집단에 대한 물리적 공격만큼 사람들을 급격히 끓어오르게 하는 것은 없다. 이것을 잘 보여주는 예가 2001년 9월 11일에 미국에 가해진 테러 공격이었다. 9월 초, 대통령으로 취임한 지 8개월도 안 된 조지 W. 부시의 지지율은 54퍼센트 정도였다. 9/11 공격이 일어난 주에는 90퍼센트에 육박할 정도로 치솟았다. 온 나라에서 도시마다 성조기가 휘날렸고 뉴스에서는 터져나오는 애국심과 국가적 자부심에 대해 이야기했다.

당신은 5장에서 언급했던 대규모 연구를 기억할 것이다. 9/11 테러 두 달 전에 시작하여 이후 넉 달에 걸쳐 수천 건의 블로그 게시물을 살펴보았던 연구 말이다. 사건이 일어난 지 몇 분 만에 LiveJournal.com의 블로거들은 〈나〉라는 단어 대신 〈우리〉라는 단어를 사용하기 시작했다. 〈우리〉라는 단어의 증가와 함께 긍정적인 감정을 나타내는 단어들의 사용 비율은 잠깐 떨어졌다가 장기적으로 다시 증가하는 양상을 보였다. 9/11 테러처럼 끔찍한 트라우마는 의도치 않게 사람들을 한데 뭉치게 하고, 자기 자신에게 덜 집중하게 하며, 며칠 이내에 더 행복해지게 하는 효과가 있다.

자연재해든 인재든 재해가 사람들을 단합하게 할 수 있다는 것은 딱히 새로운 소식은 아니다. 제2차 세계대전 중 런던 사람들이 밤마다 계속되는 독일의 폭격을 오랫동안 견디고 있을 때 사람들 사이에서는 평소보다 훨씬 강한 사회적 유대가 형성되었음을 보여주는 몇 가지 지표가 있었다. 자주 언급되는 통계는 이 기간에 자살률이 급격히 낮아졌다는 것이다. 더 최근의 자료에서는 2001년 9월 11일 이후 몇 주 동안, 그리고 2005년 영국 지하철 폭탄 테러 사건 이후 자살률이 크게 떨어졌다는 사실이 발견되었다. 앞서 언급한 내용 중 1980년 세인트 헬렌스 화산 폭발과 관련해서도 비슷한 사실들이 발견되었다는 것을 떠올려보

라. 가장 큰 피해를 입은 도시 사람들은 나중에 말하기를, 그 폭발 사건이 공동체를 단합하게 한 것에 기쁨을 느낀다고 말했다.

〈우리〉라는 단어의 사용과 집단적 연대감은 위협적인 상황에서만 발생하는 현상은 아니다. 미식축구 팀 사례에서 보았듯이 사람들은 집단이 잘 나가거나 존경받을 만한 경우 집단 정체성을 받아들인다. 구글 랩스Google Labs에서는 구글 트렌드(www.google.com/trends)라는 놀라운 앱을 개발했다. 이것은 사람들이 인터넷을 검색할 때 사용하는 단어들을 추적할 수 있게 해주는 응용 프로그램으로, 이 앱을 이용하면 시간에 따라 특정한 도시, 주, 국가에서 어떤 단어들이 사용되는지 누구나 알 수 있다. 이를테면 문화적 자부심이 높아지는 시기에 〈우리〉라는 단어의 사용이 증가하는 예를 쉽게 찾을 수 있다. 미국에서는 2008년에 버락 오바마의 대통령 당선 이후, 영국에서는 2010년 총선에서 보수당이 승리한 이후 〈우리〉라는 단어의 사용이 증가했다. 캐나다에서는 동계 올림픽을 개최한 2010년 2월에 〈우리〉라는 단어의 사용이 급등했다.

외부인을 믿지 않는 〈우리〉

〈우리〉라는 단어는 우리에게 집단 정체성에 대해 알려준다. 〈우리〉라는 단어의 사용을 면밀히 분석하면 말하는 이와 타인과의 관계를 파악할 수 있다. 어떤 사람이 스스로 결혼생활, 가족, 회사, 공동체, 국가에 꼭 필요한 일부라고 느끼는지의 여부를 아는 것은 매우 귀중한 정보다. 실제로 집단 정체성을 이해하는 데 전념해온 심리학자와 사회학자들이 많이 있다. 자신을 집단과 동일시하는 사람들은 집단에 더 충성스럽다. 이런 사람들은 집단 구성원들에게 의존하고 외부인을 믿지 않는 경향이 있다. 따라서 집단 정체성은 고정관념, 편견, 차별과 자주 연관된다. 수많은 가족 불화, 지역 간의 싸움, 학살, 세계대전이 벌어지는 곳에서는 집단 정체성이 단합을 위한 구호의 역할을 해왔다.

집단과 그 집단의 작동 방식에 흥미가 있다면 그 집단 구성원들의 정체성이 무엇인지부터 아는 것이 좋다. 하지만 그것은 집단 정체성의 일부에 불과하다. 내가 다양한 집단의 일원이라고 해서 집단 내의 모든 사람들을 좋아하거나, 그들과 잘 협력하거나, 함께 점심을 먹고 싶어 하는 것은 아니다. 집단이 어떻게 움직이는지 제대로 이해하려면 그들이 서로 어떻게 소통하는지 추적하는 것이 중요하다.

구성원들의 언어를 통해 집단역학 포착하기

―

사람들은 다른 사람들과 소통하기 위해 언어가 발달했다는 사실을 쉽게 잊는다. 집단이 어떤 기능을 하는지 이해하기 위해서는 집단 구성원들이 서로 어떻게 소통하는지 관찰해 봐야 한다. 집단 내의 누군가가 말할 때 다른 사람들이 들어주는가? 문제를 함께 해결하려고 노력할 때 비슷한 스타일로 말하는 경향이 있는가?

우리는 앞서 가까운 관계를 다루면서 언어 스타일 일치도에 대해 살펴봤다. 언어 스타일 일치도는 두 사람이 기능어, 즉 인칭 대명사, 조사, 조동사 등을 얼마나 비슷하게 사용하는지 살펴봄으로써 그들의 언어 사용 스타일이 서로 일치하는지 판단한다. 대화, 이메일, 메신저 등에서 기능어를 비슷하게 사용하는 커플일수록 둘이 〈죽이 잘 맞는〉 것이고 몇 달 후에도 만나고 있을 가능성이 높다.

커플과 마찬가지로 집단 또한 응집력, 언어 일치도 혹은 잘 맞는 정도가 다를 수 있다. 당신은 최근 친구들과 저녁을 먹으면서 그 모임이 어쩜 그토록 완벽하게 손발이 잘 맞는지 경탄했을지도 모른다. 하지만 일주일 후에 다시 만났을 때는 별 이유 없이 삐걱거렸을 수도 있다. 거의 모든 사람들이 직장, 가정, 동호회, 인터넷 채팅방 등에서 집단에서 발생하는 이러한 응집력의 기복을 겪는다. 우리는 이러한 소통 과정에서 각 사람들이 기능어를 사용하는 상대적 비율을 측정함으로써 그 집단이 얼마나 잘 돌아가고 있는지 파악할 수 있고, 심지어 문제가 어디에 있는지 확인해볼 수도 있다.

소규모 집단 구성원들의 단어 사용과 응집력

당신이 어떤 문제의 해결책을 내놓아야 하는 집단에 속하게 되었다고 상상해 보자. 경영대학원 수업의 일환으로, 당신이 속한 집단은 루프로즈 제조회사 매입이 현명한 투자일지 결정해야 한다. 당신은 루프로즈 사가 자전거 산업에 일대 혁신을 일으킬 수 있는 새로운 기어장치를 고안해 냈다는 것을 알게 된다. 다섯 명으로 구성된 당신 집단에서 루프로즈라는 회사나 자전거 산업에 대해 아는 사람은 아무도 없다. 하지만 당신이 속한 집단은 확실한 정보를 근거로 바람직한 선택지를 추천하는 보고서를 앞으로 네 시간 안에 써내야 한다. 게다가 똑같은 과제를 수행하는 집단이 열 팀 있는데 당신이 속한 집단이 그 중 제일 잘해야 한다.

이런 과제를 잘 해내기 위해서는 각 구성원들이 독립적인 임무를 맡아서 해내야 한다. 자전거 산업에 대해 알아볼 사람도 있어야 하고, 루프로즈 사의 연혁, 경쟁사, 경영진의 역량, 잠재고객 등에 대해 알아볼 사람도 있어야 한다. 구성원들은 이용할 수 있는 모든 정보를 바탕으로 최종 의견을 내놓기 위해 협조하며 긴밀하게 협력해야 한다.

우수한 집단을 만드는 요소는 무엇일까? 당신이 속한 집단이 모인 지 몇 분만 되었어도 우리는 그 집단이 과제를 어떻게 해낼지 예측할 수 있다. 이제 당신에게는 놀라운 일이 아니겠지만, 이런 예측을 할 때 가장 정확한 지표 중 하나는 집단 구성원들이 서로에게 기능어를 사용하는 방식이다. 위와 같은 상황을 변형한 프로젝트들이 전 세계 경영대학원과 심리학과에서 운영되어 왔다. 나는 두 건의 연구에서 동료들과 함께 집단 구성원들의 언어 스타일 일치도를 각각 계산했다. 예컨대 다섯 명으로 구성된 집단이라면 우리는 각 구성원들의 언어 사용 스타일이 나머지 구성원들의 평균과 얼마나 일치하는지 판단할 수 있었다. 각 집단의 평균 언어 스타일 일치도는 집단 전체가 얼마나 비슷한 방식으로 말하는지 보여주었다. 구성원들이 비슷하게 말할수록 집단의 응집성이 강했다. 즉 언어 스타일 일치도가 높은 집단은 더 유대가 긴밀했다.

이보다 더 중요한 점은 언어 스타일 일치도가 집단의 수행 수준과도 관련이 있었다는 점이다. 구성원들이 비슷한 기능어를 비슷한 비율로 사용하는 집단은 과제를 더 잘 수행한다. 심지어 집단이 답을 내놓기 전이더라도 우리는 언어 분석을 통해서 여러 집단의 최종적 성공 여부에 대해 합리적으로 예측할 수 있다. 변인이 통제된 실험실 환경이기는 했지만, 대명사와 조사 같은 기능어들의 사용 스타일은 참가자들이 모두 같은 생각을 하고 있다는 것을 보여주었다. 요컨대 이들은 해결해야 할 문제가 무엇인지, 자기들이 무엇을 해야 하는지에 대해 같은 생각을 하고 있었다.

현실 세계의 더 큰 집단, 위키피디아 참여자들의 언어 스타일

2001년에 만들어진 위키피디아는 백과사전처럼 수백만 개의 문서를 포함하는 정보의 원천이다. 그 중에는 전문적인 지식을 담고 있고 수십 명, 때로는 수백 명이 신중하게 편집한 문서도 많이 있다. 사람들이 가장 많이 읽는 문서는 비공식적으로 정교한 검토를 받게 된다. 한 사람이 어떤 특정한 주제를 다루는 문서를 시작하는 경우도 많다. 흥미로운 주제라면 다른 사람들이 그 페이지에 방문하여 원본 문서를 자주 고쳐놓는다. 하나의 위키피디아 문서는 여러모로 볼 때 실제로는 두 개의 문서다. 어쩌다 오가는 방문자들은 최종 결과물만 보게 된다. 하지만 〈토론 discussion〉 버튼을 누르면 다양한 참여자들 간의 대화를 볼 수 있다. 이 상호작용은 꽤 전문적일 때가 많고 가끔은 자세하고 철저한 내용이 적혀 있을 때도 있지만, 매우 무례하고 야비할 때도 종종 있다.

위키피디아가 놀라운 이유는 실제로 작동하는 일종의 지적 민주주의를 반영하기 때문이다. 많은 학자들이 인정하기 싫겠지만, 위키피디아는 사람들이 새로운 주제에 대해 알기 위해 가장 먼저 방문하는 전문적인 사이트일 때가 많다. 집단이 어떻게 움직이는지 알고 싶은 사람에게는 풍부한 언어 자료의 원천이기도 하다. 사실 우리 대학원생 일라 토스칙은 위키피디아에 매료된 나머지 텍사스 대학교 오스틴 캠퍼스의 슈퍼컴퓨터에 도움을 요청해서 참여자들의 대화를 포함한 위키피디아의 모든 자료를 다운받았다. 참고로, 이는 결코 간단한 일이 아니었다.

일라는 일단 맛보기로 비교적 광범위한 항목들이 올라와 있는 미국의 도시 100개를 찾아보았다. 전부 중간 정도의 면적에 인구가 약 50만 명에서 150만 명 정도 되는 도시였다. 각 도시에 해당하는 페이지는 최소한 50명이 몇 년에 걸쳐 여러 번 편집해 놓았기 때문에 그 항목과 관련된 토론도 굉장히 길었다. 문서도 문서지만 각각의 항목은 검토 과정을 거쳐 등재된다. 사실 모든 항목은 위키피디아를 통해 〈토막〉(항목이라고 할 만한 가치가 없다는 뜻)에서 모범적인 예시까지, 일련의 기준에 따라 범주가 나뉜다.

문서를 편집하는 다양한 사람들이 서로 소통하면서 비슷한 언어를 사용했다는 사실은 문서의 질이 상대적으로 더 높다는 점을 반영했다. 실험실 연구와 마찬가지로, 기능어 사용의 유사성을 측정한 결과 위키피디아 문서의 작성자와 편집자의 언어가 일치하는 집단은 가장 권위 있고 훌륭한 문서를 만들어 낸다. 높은 언어 스타일 일치도는 현실 세계에서도 더 나은 결과물을 반영한다.

지역마다
언어 사용 스타일이 같은 곳과 그렇지 않은 곳의 이유
—

여러 도시 중에서도 다른 도시에 비해 유난히 유대가 깊은 도시가 있다. 어떤 지역에 갔을 때 그 지역 사람들의 정치적 성향, 의견, 음식 취향, 사회적 행동이 놀라울 정도로 비슷해 보이는 경험을 누구나 가끔 해봤을 것이다. 반대로 동네 사람들끼리 잘 모르고 그 지역의 역사나 가치를 아는 사람도 없는 것 같은 도시가 있다.

위키피디아 연구는 같은 공동체에 속하는 사람들의 언어 사용 스타일을 측정함으로써 그들 사이의 연결성을 측정할 수 있다는 점을 시사한다. 위키피디아뿐만 아니라 크레이그리스트(Craigslist.org, 미국의 지역 생활 정보 사이트에서 시작돼 2012년 현재 전 세계 80여 개국에 서비스되고 있는 온라인 벼룩시장)라는 사이트의 성장 또한 놀라운 인터넷 발전의 산물이다. 크레이그리스트는 미국의 거의 모든 도시에서 사람들이 엄청나게 많은 상품과 서비스를 사고, 팔고, 거저 줄 수 있게 해준다. 여기서는 원하는 만큼 무료로 광고를 낼 수 있으며 사진도 첨부할 수 있다. 종이 신문이 사라진 덕도 있겠지만 사람들은 돈을 내고 신문에 광고를 내기보다 크레이그리스트에서 자동차를 팔고, 집을 빌리고, 강아지를 나눠줄 가능성이 더 높다.

2008년, 우리 학생들과 나는 중간 크기의 도시 30군데에서 나온 크레이그리스트의 모든 광고 자료를 모았다. 광고의 종류가 너무 많기 때문에 자동차, 가구, 룸메이트 구하기 광고만 보았다. 우리는 항목마다 6천-1만 개의 광고를 분석해서 도시마다 주민들의 기능어 사용 스타일을 검토했다. 더 구체적으로 말하면 우리는 각 도시마다 주민들끼리 대명사, 조사, 관형사 등을 얼마나 비슷하게 쓰는지가 궁금했다.

결과는 굉장히 흥미로웠다. 몇 개 도시에서는 사람들이 이웃과 똑같은 언어를 구사하여 광고를 내는 경향이 있었다. 포틀랜드 사람들은 대개 약간 부정적 감정을 드러내며 개인적인 방식으로 광고문을 썼다. 반면에 솔트레이크 시티 사람들이 낸 광고는 보기 드물게 쾌활한 분위기였다. 포틀랜드와 솔트레이크 시티 사람들이 크레이그리스트에 낸 광고문은 매우 달랐지만 각각의 도시 안에서는 자기들이 낸 광고에 대해 비슷하게 생각했다. 이와 대조적으로 캘리포니아 주 베이커즈필드와 노스캐롤라이나 주 그린즈버러 사람들은 글쓰는 스타일이 훨씬 더 제각각이었다. 즉 굉장히 격식 있게 글을 쓴 사람도 있었고 편하게 쓴 사람도 있었다. 요컨대 이들은 한목소리로 말하지 않았다.

우리는 언어 스타일 일치도 분석과 비슷한 기법을 이용하여 각 도시 사람들이 얼마나 비슷한 스타일로 언어를 사용했는지 계산할 수 있었다. 그 결과들은 지역사회 주민들의 언어 사용 스타일이 비슷할수록 그 도시의 응집력이 강하다는 것을 암시했다.

언어적 응집력이 가장 강한 10개 도시와 가장 약한 10개 도시를 보면 도시들 간의 차이가 곧바로 명백하게 드러나지는 않는다. 그 차이는 북쪽과 남쪽, 진보 대 보수, 부유함과 빈곤함의 차이에서 나오는 것이 아니었고 도시의 인종 구성, 연령 분포, 전입 또는 전출 인구 때문에 나타나는 것도 아니었다. 그보다 각 항목에 해당하는 도시들의 가장 두드러진 차이는, 언어적으로 응집력이 강한 도시의 소득 분포가 응집력이 약한 도시에 비해 더 균등하다는 점에서 발생한다. 인구통계학자들은 지니 계수Gini coefficient라는 통계지수를 사용하여 특정한 도시, 주, 국가에서 부가 얼마나 균등하게 분포하는지 밝혀낼 수 있다. 주민들이 비슷한 방식으로 언어를 사용하는 도시들에서는 거주민들의 소득이 더 비슷한 경향이 있었다. 빈부격차가 크게 나타날수록 크레이그리스트에 올린 광고문의 문체가 더 제각각이었다.

여기서 우리는 지니 계수가 왜 중요한지 알 수 있다. 빈부격차가 큰 지역사회에서는 다양한 부류의 사람들이 서로 교류할 가능성이 적다.

반면 도시 내 빈부격차가 작아지면 주민들은 공통점이 더 많아지고 서로 더 많이 이야기할 가능성이 높아질 것이다. 그러면 지역사회의 다른 사람들과 크레이그리스트에서 교환하고 싶은 물건과 서비스가 많아질 수밖에 없다.

이 연구의 매혹적인 힘은 도시 내 소득 분포와 사회적 패턴의 연관성에 있는 것이 아니다. 그보다 이 연구의 매력은 가장 일상적인 곳에서 쓰이는 단어가 어떻게 지역사회의 사회적 유대에 대한 중요한 정보를 보여줄 수 있는지에 있다. 가족이든, 작업 집단이든, 회사든, 도시든 모든 집단은 그 구성원들이 소통할 때 사용하는 언어에 그 집단의 사회적, 심리적 자취를 남긴다. 단어들은 인류가 만든 요소 중 하나로서 생각과 아이디어를 담고 사람들을 이어준다. 우리는 사람들이 사용하는 단어들을 추적함으로써 그 사회가 어떻게 짜여 있는지 짐작할 수 있다.

우리는 상황에 따라
단어를 어떻게 다르게 사용할까
—

우리가 지금까지 알게 된 것들을 생각해 보자. 사람들은 단어, 특히 대명사를 사용하여 끊임없이 변화하는 광범위한 집단에 대한 소속감을 나타낸다. 우리라는 의식의 정도가 집단 정체성을 반영하는 데 비하여, 언어 스타일 일치도는 집단 구성원들의 공통적 세계관을 나타낸다.

다양한 발견들을 종합해 보면 대부분의 집단이 공유하는 사고방식이 드러난다. 가족, 학교, 업무팀, 지역사회 등 어떤 집단 안에서든 사람들은 금방 비슷하게 말하기 시작한다. 작은 집단에서는 같은 주제에 대해 서로 논의를 하기 때문에 어떻게 보면 그들이 비슷한 기능어를 사용한다는 것이 그리 충격적이지는 않다. 하지만 집단이 커지고 모든 사람이 꼭 다른 모든 사람과 이야기를 나누지 않게 되어도 집단이 여전히 특유의 언어 사용 스타일을 유지한다는 사실은 꽤 인상적이다.

사회언어학자들은 큰 집단이 비슷한 언어 사용 스타일을 공유한다는 데 놀라지 않는다. 이제는 어떻게 동네, 도시, 전국에 걸쳐 특유의 말투가 나타나기 시작하는지 추적하는 중요한 연구들이 한 세대 동안 쌓여 왔다. 사람들은 대개 상대에 따라 말투를 조절할 수 있다. 내 아내가 집에서 전화를 받는다면 나는 억양, 목소리 크기, 어조, 말투로 미루어 아내가 누구와 통화하는지 꽤 정확히 맞힐 수 있다. 내 뇌가 지금과 다르게 만들어져 있다면 나는 아마 아내가 사용하는 기능어도 들을 수 있을 것이고 통화 상대도 훨씬 더 정확히 맞힐 수 있을 것이다.

기능어 사용 스타일의 〈전염contagion〉이 함축하는 의미를 생각해 보자. 기능어가 말투와 비슷한 것이라면 우리의 언어는 우리가 소속된 집단이 무엇을 하고 있는지, 심지어 어디에 있는지와 같은 요소들에 따라 달라질 것이다. 우리는 그런 것들을 모르더라도 자신이 어떤 집단에 속하게 되는지, 그리고 그 집단이 무엇을 하게 되는지에 따라 기능어 사용 스타일을 바꾸기 십상이다.

종합하면 모든 집단은 특유의 언어적 특징이 있다. 그 특징 중 일부는 집단 구성원들이 얼마나 잘 협력하는지, 자신을 얼마나 집단과 동일시하는지 보여주기도 한다. 또 다른 일부는 집단이 어떻게 생각하고 느끼는지, 그리고 감정적으로 얼마나 개방적인지, 서먹한지, 거리감이 있는지 등을 보여준다. 이론적으로 말하면, 어떤 집단이든 그 안에서 사용되는 언어는 집단과 구성원들의 역학관계에 대한 단서를 제공한다.

공공장소에서 나타나는 단어 사용의 다양성

당연한 이야기지만 집단마다 목적이 다르다. 가끔 우리는 맡은 일을 해내거나, 게임을 하거나, 그냥 사람들과 어울리기 위해 집단에 속할 때가 있다. 그리고 그 집단에서 해야 하는 것에 따라 말하는 스타일을 달리해야 한다. 우리는 저마다 다른 집단이 과업을 해내기 위해 사용하는 단어들을 분석함으로써 그 집단의 특성을 새롭게 보는 관점을 얻을 수 있다.

몇 년 전, 우리 학생들과 나는 녹음기를 들고 다양한 공공장소에 가보았다. 우리는 녹음기를 높이 들고 식당, 북적거리는 복도, 우체국, 대학교 농구 경기장과 어린이 축구 경기장, 강의실, 당구장 등을 천천히 걸어 다녔다. 이 〈단어 포획word catching〉 프로젝트에 규칙이 있다면 어떤 대화든 몇 초 이상 서성거리며 녹음하지 않고 끊임없이 움직여야 한다는 것뿐이었다. 이 프로젝트의 목적은 그저 다양한 장소에서 단어를 잡아내서 모으는 것이었다. 우리는 사람들이 집단적으로 일하거나 낯선 사람들이 처음 만나는 장소에서 사용하는 단어 등 언어 표본들을 몇 년에 걸쳐 더 수집했다. 이렇게 모인 언어 표본들은 일일이 기록되어 단어 포획 기록 보관소에 더해졌다.

"도대체 그런 괴상한 프로젝트를 귀찮게 왜 하는 거야?" 많은 지인과 동료들이 나에게 이렇게 묻는 일이 잦았다. 나는 사람들이 자신의 상황에 따라 단어를 사용하는 방식을 바꾸는지, 그렇다면 어떻게 바꾸는지 알고 싶었다. 결과는 명확했다. 모든 상황에는 고유한 언어적 특징이 있었다.

잠시 표에서 언급한 발견들을 곰곰이 생각해 보자. 일반적인 상황은 모두 매우 독특한 단어 패턴과 관련이 있다. 사람들이 앉아서 점심이나 저녁을 먹으면서 다른 사람들과 대화하거나 혹은 공원에 앉아 있을 때는 〈나〉라는 단어, 3인칭 단수 대명사, 과거 시제, 부정어를 많이 사용하는 동시에 관형사를 매우 적게 사용했다. 이해하기 어려워 보이지만 그렇지 않다. 이 단어 패턴은 스토리텔링을 의미한다. 사실 녹취록을 읽어보면 카페나 공원에 앉아서 서로 대화하는 사람들은 자기 자신이나 다른 사람들에 대한 〈이야기〉를 하고 있는 것이 명백하다.

스포츠와 관련된 장소에서는 언어가 더 활기차고 자기성찰이 부족한 경향이 있다. 당구를 치든 스포츠 경기를 보든 남녀 모두 경기에 빠져서 자기 자신에게는 주의를 기울이지 않는다. 이들은 자신이 마치 집단의 일원이 된 것처럼 느끼면서 그 순간을 살고 있는 것이다. 아마 그것이 스포츠의 매력일 것이다. 스포츠는 자신에게서 벗어나는 탈출구 역할을 한다. 스포츠와 관련 있는 장소에서 사용되는 언어는 업무 집단의 언어와 흥미로운 공통점이 있다. 업무 집단에서 사용되는 언어에도 역시 〈우리〉라는 단어가 많고 〈나〉라는 단어가 적은 편이다. 이들의 큰 차이는 업무 집단이 훨씬 더 복잡한 언어를 사용하고 부정적 감정을 더 많이 표현하는 경향이 있다는 점이다.

걸어 다니면서 다른 사람들과 대화하는 사람들의 언어는 사적이고, 활기차고, 깊이가 없다. "야, 어떻게 지내? 난 나중에 세레나네 집에 가려고. 나 잘 지내고 있어. 나중에 봐." 여기에 깊은 분석적 사고는 없다.

상황별 언어

배경(상황)	자주 쓰이는 단어	적게 쓰이는 단어	해석
앉아서 식사, 카페, 공원 벤치	〈나〉라는 단어, 그, 그녀, 과거 시제, 부정어	관형사	이야기하는 중, 세부 사항 적음
스포츠 경기, 직접 운동하기	〈우리〉라는 단어, 짧은 단어, 비인칭 대명사, 현재 시제	〈나〉라는 단어, 미래 시제, 접속사	그 순간, 집단과 함께 있음, 단순한 삶
업무 집단	〈우리〉라는 단어, 비인칭 대명사, 어려운 단어, 조사, 접속사, 부정적 감정을 나타내는 단어	〈나〉라는 단어, 〈너〉 혹은 〈당신〉이라는 단어, 그, 그녀, 과거 시제, 부사	복잡함, 분석적, 진지함, 집단과 함께 있음
이동 중(복도, 우체국)	〈나〉라는 단어, 〈너〉 혹은 〈당신〉이라는 단어, 동사, 현재 시제, 긍정적 감정을 나타내는 단어	조사	짧음, 피상적, 그 순간, 즐거움
낯선 사람과의 대화	부사, 수량을 나타내는 단어, 긍정적 감정을 나타내는 단어	〈우리〉라는 단어, 비인칭 대명사, 과거 시제, 부정어	활기참, 묘사적이지만 공통의 과거가 없음

그저 친근한 사회적 태도를 유지하고 있을 뿐이다. 이와 같이 이동 중인 사람들의 피상적인 언어를 우연히 낯선 사람들끼리 실험 대기실에서 기다리게 되었거나 서로 알아가라고 함께 덩그러니 남겨진 경우와 비교해 보면 흥미롭다. 이동 중인 사람들의 언어와 마찬가지로 낯선 사람들끼리의 언어도 활기찬 경향이 있다. 차이점이라면 낯선 사람과의 대화에는 주장이 강하지 않고 덜 사적인 언어가 사용된다는 점이다.

인터넷 대화방에서도 이와 같은 양상이 나타난다. 서로 모르는 사람들이 다른 사람들을 만나러 들어오는 인터넷 대화방에서 사용되는 언어는 서로 낯선 실험 참가자들의 언어와 비슷하다. 대화방에서 스포츠 이야기에 몰두하는 사람들은 실제로 스포츠 경기를 보는 사람들처럼 말한다. 그리고 아는 사람들끼리 만든 대화방에서는 친구들끼리 저녁을 먹는 자리에서 사용하는 것과 비슷한 언어로 대화한다.

상황에 따라 언어가 얼마나 다른지 감을 잡아보자. 비슷한 상황에서 녹음된 수백 건의 대화를 녹취해서 컴퓨터에 넣었다고 생각해 보자. 컴퓨터는 어떤 단어가 어떤 상황에서 사용되는지 얼마나 잘 분류할 수 있을까? 지금 우리는 다섯 가지의 상황 혹은 배경에 대해 논의하고 있는데 이것은 오직 확률로만 따지면 컴퓨터가 어떤 대화 표본을 그에 맞는 상황에 제대로 짝지을 확률이 20퍼센트라는 뜻이다. 우리 컴퓨터는 그보다 훨씬 높은 평균 84퍼센트의 정확도로 대화와 상황을 짝지을 수 있다.

이러한 발견의 타당성에 대해 생각해 보자. 요컨대 우리는 처한 상황에 따라 사용하는 단어가 달라진다. 친구들과 함께 주말을 보낸다고 상상해 보자. 스포츠 경기를 관람하러 간다면 당신은 특정한 단어들을 사용할 것이고, 술집에 가서는 또 다른 단어 묶음을 꺼내 대화할 것이다. 그러다 식료품점에 가면 그곳에서는 또 다른 양상의 언어가 오간다. 이러한 경향은 매우 강력하고 당연한 것이어서 당신이 처한 상황이 특정한 방식으로 말하도록 요구한다고 할 수도 있다. 음, 〈요구〉는 좀 강한 표현이긴 하다. 하지만 어쨌든 우리가 어디에 있는지, 무엇을 하는지는 우리로 하여금 아주 구체적인 방식으로 생각하고 말하게 한다.

얼핏 보면 이는 사소해 보일 수도 있는 이야기다. 사람들은 스포츠 경기를 직접 하거나 관람할 때 경기에 대한 이야기를 한다. 친구들과 저녁을 먹을 때는 대개 함께 아는 친구들이나 예전 경험에 대해 이야기한다. 배경이나 상황은 대화의 주제를 좌우하고 이것이 기능어 사용에 믿기 힘들 정도로 영향을 미친다. 하지만 그게 다가 아니다. 기능어는 집단과 그 구성원이 어떤 방식으로 자기들의 세계에 주의를 기울이고, 다른 사람들과 관계를 맺고, 생각하고, 느끼는지 알려준다.

단어 포획 연구는 기능어를 거의 거꾸로 생각해 보는 재미있는 관점을 제공하기도 한다. 이 장과 이 책에서는 사람들이 사용하는 단어가 그들이 〈어떤〉 사람인지를 반영한다는 것을 보여주는 데 대부분을 할애했다. 이 단어들은 사람들이 〈어디서〉, 〈무엇을〉 하는지 알려줄 수도 있다. 어떤 대화의 녹취록을 적절한 컴퓨터 프로그램에 넣으면 컴퓨터는 그 대화를 하는 사람 자체와 그의 인간관계, 그가 처한 상황에 대해서도 알려줄 것이다.

**단어를 통해
집단의 지리적 위치를 추적하다**

여기부터는 약간 섬뜩해지기 시작한다. 집단의 사람들이 비슷한 스타일로 말하고 글을 쓰는 경향이 있다면 그 집단의 물리적 위치도 판단할 수 있을 것이기 때문이다. 식당에서 식사를 한다거나 공원, 쇼핑몰에 있다는 것 이상의 정보를 예상할 수 있다는 말이다. 기능어와 내용어를 둘 다 이용하면 말하는 사람이 어떤 식당, 어떤 공원, 어떤 쇼핑몰에 있는지 추측할 수가 있다.

언어적 추적의 원리는 억양을 분간하는 원리와 비슷하다. 지금 살고 있는 지역에 따라 당신은 말하는 사람이 어디 출신인지 더 정확히 맞힐 수 있을 것이다. 예를 들면 미국에서는 듣는 사람이 남부 지역의 느릿한 말투, 중서부 지역의 콧소리, 뉴욕 사투리를 몇 초 만에 구분할 수 있을 때가 많다. 물론 컴퓨터 분석 프로그램으로는 억양을 분석하지 못하지만 그 대신 컴퓨터는 지역마다 공통적으로 사용하는 구체적인 단어나 단어의 사용 양상에 초점을 맞춘다.

지역에 따라 수많은 음식, 사물, 행동에 이름을 붙이는 방식이 다르다. 미국 북동부에서 음료를 마시고 싶다면 소다soda를 달라고 할 것이고, 남부에서라면 코크(Coke, 코카콜라만이 아니라 모든 종류의 음료수를 가리킴)를, 중서부에서는 팝pop을 달라고 할 것이다. 그리고 당신은 어디 사는지에 따라 살사 소스나 베트남 국수에 들어가는 녹색 허브를 실란트로, 멕시칸 파슬리, 중국 파슬리, 고수라고 부를 것이다. 앞에서 달리는 트럭이 흙탕물 튀기는 것이 싫다면 서부에서는 트럭에 머드 플랩mud flap이, 중서부에서는 스플래시 가드splash guard가, 동부에서는 스플래시 에이프런splash apron이 달렸기를 바라는 것이 좋다. 운전하는 곳이 영국이라면 머드 플랩(두 단어), 오스트레일리아라면 머드플랩(한 단어)이 달렸기를 바랄 것이다. 나중에 카누를 타러 가서 미국 동부와 서부 식으로 뒤집어지거나tip over 남부 식으로 뒤집어지고tump over 싶지 않다면 조심해야 한다.

우리는 지역마다 다른 명칭을 통해 말하는 사람이 어디서 왔는지 구분할 수 있다고 생각한다. 그런데 이런 경우에는 말하거나 글을 쓰는 사람이 음료수, 양념, 트럭, 배가 뒤집힌다는 말을 할 때까지 기다려야 한다. 그렇다면 흔히 사용하지 않는 단어나 주제가 언급될 때까지 기다리기보다는 더 흔한 단어들, 이를테면 기능어를 추적하는 편이 훨씬 효율적일 것이다.

지금까지 살펴보았듯 기능어들은 상황에 따라 달라진다. 그리고 지리적 위치에 따라서도 달라질 수 있다. 영어의 경우 지역적 차이에 따라 달라지는 기능어 중에 잘 알려진 것들도 있다. 예컨대 친구들과 이야기하면서 "너희들 모두"라고 말하고 싶다면 시애틀에서는 "all of you"라고 하고, 뉴욕에서는 "youse guys", 남부에서는 "y'all", 루이지애나에서는 "yat(Where are you at)"이라고도 한다.

비교적 격식 있는 글에서도 기능어 사용에서 지역적 차이가 나타난다. 신디 청과 나는 전국적으로 방송되는 라디오 프로그램 「내가 믿는 이것This I Believe」에 사람들이 보낸 수천 편의 글을 참고하여 이 생각을 검증할 기회를 얻었다. 우리는 3만 7천5백 편 정도의 글을 분석했다. 대부분 감동적이고 고무적인 이야기였고 흥미로운 이야기, 비극적인 이야기, 웃긴 이야기도 많았다. 이런 글들의 주제에서도 지역적 차이가 나타났다. 중서부에서는 스포츠에 대한 이야기가 가장 많았고, 남부에서는 인종 문제, 북동쪽에서는 과학과 관련된 이야기가 많았다.

이 글들은 주제도 달랐지만 기능어가 사용된 방식도 달랐다. 미국 중부 지방 사람들은 〈나〉라는 단어, 짧은 단어, 현재형 동사를 높은 비율로 사용하는 경향이 있었다. 앞서 언급했듯 이런 단어의 묶음은 심리적 즉시성을 의미한다. 즉 글쓴이가 〈지금, 여기〉에 초점을 맞추는 경향이 있다는 뜻이다. 북동부와 서부에서 온 글들은 사적이고 사회적인 경향이 낮고 가장 구체적이었다. 이와 같이 낮은 즉시성은 심리적 거리가 멀고 형식성이 높은 언어 사용 스타일을 의미한다.

우리는 앞서 기능어가 무리 지어 사용됨으로써 분석적 사고를 반영하는 경우가 많다는 것을 알아보았다. 분석적으로 생각하는 사람들은 생각들을 구분할 때가 많다. 구분을 하려면 접속사, 부정어, 조사 같은 단어들을 사용할 필요가 있다. 중부 지방 사람들은 구분 짓기를 가장 많이 하고 북동부 끝쪽에 사는 사람들은 구분 짓기를 가장 적게 한다.

이런 지역적 차이를 어떻게 설명할 수 있을까? 언어 스타일 일치도를 통해 살펴보았듯 사람들은 주변 사람들의 말하는 스타일에 쉽게 동조한다. 더 오래 대화를 나눌수록 세상을 더 비슷한 스타일로 보기 시작한다. 대개 우리 이웃들은 나와 같은 날씨를 경험하고 비슷한 음식을 먹으며 같은 지역 행사, 같은 학교에 다니고, 세금 징수원, 가게, 공무원 등을 공통적으로 경험한다. 하지만 멀리 가면 갈수록 날씨, 음식, 문화, 관심사가 변하기 시작한다. 사회적, 물리적 환경이 변하면 세상을 보는 방식이 달라지고 다른 사람들과 대화하는 방식 또한 달라진다.

서로 거리가 멀어질수록 언어의 차이가 극명해져야 함에도 불구하고 바로 몇 블록 거리 안에 있어서 날씨, 지형, 민족성, 사회적 계층 등 모든 요소가 비슷한 지역 사이에서도 언어의 차이가 불쑥 눈에 띄기도 한다. 나는 석유 산업으로 발전한 서부 텍사스에서 자랐다. 그곳에 사는 사람들은 대개 이사 와서 4년 정도 살다가 다른 곳으로 떠나는 일이 잦았다. 사람들이 끊임없이 들고나는 중에도 새로 이사 온 아이들은 그 지역에 금방 적응해서 억양이나 속어를 곧잘 배웠다. 연구자들은 학교

안에서도 하위집단에 따라 다르게 나타나는 언어의 양상을 구별할 수 있었다. 1980년대 초반, 페넬로페 에커트는 디트로이트 고등학교에 대한 중요한 분석을 통해 학교에서 주도적인 역할을 하는 집단의 언어와 약물에 중독되었거나 겉도는 아이들의 언어가 뚜렷이 구분된다는 사실을 보여주었다. 세계의 거의 모든 중고등학교에서도 마찬가지로 유난히 유대가 깊은 집단은 집단 정체성을 반영하는 그들만의 언어 사용 스타일이 있었다.

같은 지역에 있는 여러 학교들에서 각각 특유의 언어 사용 스타일이 발달할 수 있었다고 해도 과언이 아니다. 우리는 텍사스 대학교 오스틴 캠퍼스에서 몇 년 동안 입학을 허가한 5만 명 이상의 대입 지원 에세이를 분석하여 이것을 뒷받침할 증거를 찾았다. 언어학자인 데이비드 비버와 나는 학교 입학처와 협력하여 텍사스 대도시권 주변의 아홉 개 고등학교 학생들이 제출한 2천여 편의 에세이를 살펴보았다. 여러 고등학교에서 온 학생들은 대학교 신입생이 되어서도 학교생활을 잘 해냈고 사회적 계층과 민족 구성에 따라서만 약간의 차이가 있었다. 하지만 그들이 대입 지원 에세이를 쓰면서 대명사 등 기능어를 사용한 방식은 출신 고등학교마다 달랐다. 다시 말해서 학교마다 고유의 언어적 특징이 있었다.

글쓴이가 대부분의 시간을 보낸 장소와 집단에 대한 느낌이 자기성찰적인 에세이에 거울처럼 반영되는 것은 별로 놀라운 일이 아니다. 우리는 학생들이 에세이에 기능어를 사용하는 방식을 통해 그가 어느 지방, 어느 도시에서 왔는지, 그 도시의 어느 동네에서 왔는지를 성능이 좀 떨어지는 컴퓨터로도 우연히 맞힐 확률보다 훨씬 더 정확히 알아낼 수 있다.

단어는 공통의 화폐다

이 장에서는 집단에 소속된 사람들이 사용하는 단어들이 어떻게 그 집단에 대한 정보를 드러내 보일 수 있는지 탐색했다. 집단 구성원이 〈우리〉라는 단어를 사용할 때는 그가 자기 자신을 집단과 동일시한다는 것을 암시한다. 시간이 흘러 사람들이 집단을 더욱 편안하게 느낄수록 모든 구성원이 〈우리〉라는 단어를 사용하는 비율은 높아졌다. 집단이 잘 나가거나 외부에서 위협을 받으면 집단 정체성이 높아지고 그에 상응하여 〈우리〉의 사용 비율도 높아진다.

〈우리〉라는 단어는 집단 정체성을 반영하지만 집단이 얼마나 잘 운영되는지는 반영하지 않는다. 한 집단의 집단 정체성을 높일 수는 있겠지만 그렇다고 해서 그 집단이 실제로 수행 능력이 더 나아진다는 말은 아니다. 집단에는 〈나〉도 없겠지만 〈우리〉도 없다. 언어 분석은 집단이 가장 잘 운영되려면 구성원들이 비슷하게 생각하고 서로에게 세심한 주의를 기울여야 한다는 것을 암시한다. 이렇게 구성원들 사이에 오가는 쌍방의 관심과 존중은 언어 스타일 일치도에 반영된다.

이 장에서는 집단이라는 말을 다소 막연한 의미로 사용했다. 괜찮다. 내가 사회심리학자니까. 여기서 특히 흥미로운 점은 〈우리〉라는 단어의 비슷한 사용 스타일과 언어 스타일의 일치가 연인, 실험실 내의 업무 집단, 현실 세계의 업무 집단, 인터넷 커뮤니티, 학교, 지역 공동체, 사회 등에서 분명히 나타난다는 것이다. 이 집단들을 하나로 묶어주는 구심점은 모두 언어를 사용하여 소통한다는 점이다. 단어들은 말로든 글로든, 의사소통에 쓰이는 공통 화폐와도 같다.

  마지막으로, 집단 구성원들의 언어는 그 집단 과정(집단 지도자와 구성원들 사이에서 발생하는 역동적 상호작용)에 관한 정보뿐만 아니라 집단이 무엇을 하고 있고 어디에 있는지에 대해서도 알려준다. 기능어 사용 스타일은 특이하게도 매우 전염성이 강하다. 사람들은 어디에 속해 있더라도 주변 사람들의 언어 사용 스타일에 동조하는 경향이 있다. 우리가 사용하는 단어들은 우리가 무엇을 하고 있는지, 어디에 있는지를 의도치 않게 드러낸다. 억양, 바디 랭귀지, 옷차림이 사회적 자아와 심리적 자아를 드러내듯 우리가 사용하는 단어도 같은 작용을 한다.

  당신이 사설탐정이라면 쌍안경은 치워버려도 된다. 그 대신 컴퓨터를 켜고 단어를 분석하기 시작하라.

10 우리는 모두,

언어의 지문을
남긴다

나는 단어를 연구해 오면서, 생각해본 적도 없는 문제를 해결하기 위해 단어를 분석해 달라는 부탁을 받은 적이 많았다. 변호사, 역사학자, 음악 애호가, 정치 컨설턴트, 교육자, 정보 요원 등 많은 사람들이 나에게 연락해 왔다. 이들은 내가 언어적 접근법을 이용해 자신들이 생각해 오던 문제를 색다른 시각으로 보게 해줄 수 있을지 궁금해 했다.

이 장에서는 우리 연구진들과 내가 오랫동안 다뤄온 흥미로운 연구들을 한데 모아 살펴볼 것이다. 주제는 꽤나 다양하지만 이 연구들은 기발한 의문에 답하기 위해 여러 가지 방법으로 단어를 분석할 수 있다는 것을 보여준다.

익명의 이메일 발신자 알아내기
—

나는 한 로펌의 시니어 파트너에게서 걸려온 전화에 적잖이 당황했다. 그는 나에게 자기 회사 직원이 받은 이메일 한 통을 분석해줄 수 있겠느냐고 했다. 그 직원을 리빙스턴 양이라고 하자. 시니어 파트너가 털어놓기를, 리빙스턴 양이 최근에 받은 이메일은 꽤나 섬세한 것이었고 그가 메일을 보낸 사람과 직접 이야기하는 것이 중요하다고 했다. 유일한 문제는 그 이메일이 추적 불가능한 계정에서 익명으로 보내졌다는 사실이다. 내가 그것을 살펴보겠다고 하자 그는 아래의 이메일을 보내주었다.

리빙스턴 양에게,

제 생각에 당신은 당신 동료들이 데이비드 심슨 때문에 당신을 믿을 수 없는 사람으로 생각해 왔다는 것을 알아야 할 것 같습니다. 그는 당신이 뉴욕의 전 직장에서 증언서를 고치고 지출 내역 보고서를 조작했다고 말합니다. 당신이 그렇게 갑자기 이직한 것도 그것 때문이라고 하고요.

그는 청구서 발송부, 인사부, 홍보부뿐만 아니라 임원급 관리자를 포함하여 온갖 부서 사람들에게 이 이야기를 퍼뜨렸습니다. 우리 시니어 파트너들이 언제, 어떻게 이 일을 처리할지는 확실치 않습니다. 하지만 당신이 냉대받기 시작한다면 그 이유를 알겠지요.

처음에 이 이야기를 들었을 때 전 놀랐지만 일단은 그의 말을 곧이곧대로 받아들였습니다. 물론 이건 그가 반쪽짜리 진실과 험담, 새빨간 거짓말 등 어떻게든 자기가 아는 것이 많아 보이고 〈더 나아〉 보이게 하는 것이라면 뭐든 퍼뜨리려는, 그의 만족함 없는 욕망을 알기 전의 얘깁니다.

애석한 일이죠. 그는 분명 재능이 있는 사람이지만 비열하고 악한 혀가 그걸 다 가리고 있으니 말입니다. 제 머릿속엔 엄청난 불안감뿐입니다. 얘기가 빗나갔네요. 당신이 알고 싶을 거라고 생각했습니다.

— 친구 씀

리빙스턴 양은 이 메일을 받은 후 로펌에 넘겼다. 그녀는 소문이 거짓말이라고 일축했고 그것을 입증할 수 있다고도 했지만 데이비드 심슨이 정말로 그런 헛소문을 퍼뜨리고 있다면 그녀의 평판뿐만 아니라 회사의 평판도 손상될 수 있다는 점을 우려했다. 나는 수년 동안 단어와 성격을 분석하는 기법을 개발해 왔지만 돈을 받고 탐정 노릇을 해본 적은 없었다.

어떤 사람이 이것을 썼을까? 〈친구〉는 남자일까, 여자일까? 나이는 몇 살쯤 된 사람일까? 이 사람과 리빙스턴 양, 데이비드 심슨, 그리고 회사의 연결고리는 무엇일까? 이 사람의 성격 특성에 관한 단서는 없을까?

내가 이 사건에 착수한 후 몇 년 사이에 단어를 보는 새로운 방법들이 몇 가지 개발되었다. 하나는 〈친구〉라는 단어를, 정기적으로 글을 쓰는 수만 명의 블로거가 사용한 단어들과 비교해 보는 것이다. 예를 들면 우리는 앞의 이메일에서 기능어와 감정을 나타내는 단어만 살펴보아도 글쓴이가 여성일 확률이 71퍼센트이고, 나이는 35세에서 45세일 확률이 75퍼센트라고 추측할 수 있다. 성격을 정확히 읽어내기는 이보다 훨씬 어렵다. 한 가지 분석을 통해 알 수 있는 것은 글쓴이가 자아도취적 성향이 강하고, 다시 말해서 약간 자만하고 남을 조종하는 데 능할 가능성이 꽤 높다는 것이다.

이메일을 더 자세히 들여다보면 다른 단서들이 나타난다. 글쓴이는 회사에 심리적으로 연결되어 있고(우리 시니어 파트너들이) 회사 내 여러 부서에서 도는 소문을 알고 있다. 그리고 어려운 어휘를 사용함으로써 리빙스턴 양에게 깊은 인상을 주려고 하고 있다. 특히 흥미로운 점은 〈만족함 없는〉, 〈비열한〉, 〈악한 혀〉와 같은 단어와 구절을 사용한다는 것이다. 이것들은 구약성경에 나오는 단어들이고, 또 다른 분석에 따르면 당시 나이로 42세에서 44세 정도인 사람들이 주로 쓰는 단어였다.

또 하나의 중요한 단서는 문자의 배치와 문장 부호였다. 이 이메일은 문단이 일정한 크기로 배치되어 있고 매우 능숙하게 쓰여 있었다. 마침표와 다음 문장 사이에 한 칸만 띄어 썼는데, 이것은 글쓴이가 (데스크탑 컴퓨터가 인기를 얻은) 1985년 이후 타자 치는 법을 배웠거나 마침표 뒤에 한 칸을 띄는 것이 표준이던 1985년 이전에 언론 혹은 출판계 쪽에 경력이 있는 사람이라는 것을 암시한다. (이것은 1985년 이전에 출판계에 있었던 내 아내가 설명해 주었다.)

이 일은 어떻게 되었을까? 내가 보고서를 시니어 파트너에게 제출하자 그는 안도했다. 보고서의 내용이 그가 점찍었던 사람과 정확히 맞아떨어졌기 때문이다. 이메일을 쓴 사람은 신문 쪽에 경력이 있는 40대 초반의 양심적인 여성으로, 몇 년 동안 그 회사에 있었던 사람이었다. 나는 그 일이 최종적으로 어떻게 처리되었는지는 전혀 모르지만 이제 리빙스턴 양이 그 회사의 시니어 파트너가 되었다는 것은 안다.

글쓴이의 정체를
알아낼 수 있는 두 개의 단서
—

언어적 단서를 해독해서 범죄를 해결하는 것은 범죄학에서 오래전부터 많이 쓰이던 방법이다. 전 세계의 다양한 국가 안보 기관과 지방 경찰국, FBI에서는 협박 편지를 해독하거나 법률 문서를 비롯한 문서들의 작성자를 밝혀내기 위해 언어학자들에게 전문 지식을 구하는 일이 종종 있다.

초창기 법언어학자forensic linguists 중 가장 잘 알려진 사람은 바사 칼리지 영문과 교수인 도널드 포스터이다. 역사와 문학에 대한 해박한 지식을 바탕으로 컴퓨터 기술과 연역적 기술을 섞어 사용한 포스터는 법 집행기관과 함께 유나바머 사건, 2001년 탄저균 테러, 1997년 존베넷 램지 살인사건처럼 세간의 이목이 집중되는 사건들을 조사했다. 그는 셰익스피어와 같은 작가들이 쓴 작품의 진위를 가려내는 데에도 자신의 연구 방법을 적용했다. 아마 포스터의 가장 성공적인 업적은 빌 클린턴의 대통령직 수행에 대한 풍자적인 소설로 익명으로 출간된 『프라이머리 컬러스Primary Colors』의 진짜 작가가 조 클라인임을 밝혀낸 일일 것이다.

하지만 포스터는 대중에게 높은 관심을 받는 가운데 몇몇 작품의 원작자에 관한 주장들이 여러 번 빗나갔기 때문에 논란이 된 인물이기도 했다. 그는 원작자를 밝혀내는 방법을 자세히 알려주려 하지도 않았다. 그 방법이란 통계와 과학이라기보다 영문학적 지식을 바탕으로 하는 것이었다. 그렇기는 하지만 포스터의 접근법은 컴퓨터를 기반으로 원작자와 작품의 진위 여부를 식별해 내는 기법이 문학과 범죄 수사의 영역에서 장래성이 있음을 일깨워주었다.

우리는 모두 〈언어의 지문〉을 남긴다

세계 정상급의 포커 선수들은 상대가 쥐고 있는 카드를 예측하려는 시도로 상대를 유심히 지켜보고 귀를 기울인다. 좋은 패를 들고 있으면서 나쁜 패를 들고 있는 척할 때도 많고, 이기는 패가 없는데 있는 것 같은 인상을 주려고 허세를 부리기도 한다. 전문가들은 〈텔tells〉이라고 하는 이와 같은 속임수의 단서를 찾아본다. 포커판 주변을 보지 않으려는 선수도 있고 발을 톡톡 치거나 더 크게 말하는 선수도 있다. 텔을 해독할 수 있는 능력은 큰 대가가 걸려 있는 경기에서는 선수들에게 큰 이점으로 작용할 수 있다.

사람들이 문자 언어를 사용할 때도 다양한 유형의 텔이 존재한다. 그 중 글쓴이의 정체를 알아내는 데 특히 유용한 두 개의 단서는 〈기능어〉와 〈문장 부호〉 사용법이다. 우리가 9/11 프로젝트의 일환으로 2001년에 모았던 블로그 자료에서도 이런 단서들을 발견할 수 있다. 우리가 9/11 테러 전후로 넉 달 동안 천 명의 블로거들이 올린 블로그 게시물 7만 건을 모았던 일을 떠올려보라. 우리 학생들과 나는 몇 년마다 LiveJournal.com에 다시 가서 그때 그 사람들이 아직도 글을 올리고 있는지 본다. 10년이 지난 지금은 당시 활동하던 블로거 중 25퍼센트에서 30퍼센트 정도만 남아 활동하고 있다. 25퍼센트는 계정을 삭제했다. 나머지는 대개 사건이 발생한 지 5년 후인 2006년쯤부터 글 올리기를 중단했다. 전에 글을 올리던 사람들 중 많은 이들이 페이스북이나 트위터

같은 곳으로 옮겨갔다.

지난 10년간 사람들이 올린 게시물을 읽어보면 그들의 삶이 머릿속에 상세하게 그려진다. 마이클 앱티드의 다큐멘터리 「세븐 업!Seven Up!」 시리즈와 다르지 않게, 우리는 블로거들이 나이 들어가면서 겪은 일들을 추적할 수 있었다. 예전에 있었던 일들 중 대부분이 여전히 그들의 삶을 움직이고 있었다. 이제 결혼하고, 아이를 낳고, 취업한 사람들도 있지만 반복되는 불안과 동기, 목표들이 계속해서 머리를 쳐든다. 2001년에 행복하고 활기찼던 사람들은 9년 후에도 똑같이 낙관적인 경향이 있다. 예를 들면 2001년에 한 아기아빠는 자기가 좋아하는 하키팀에 대한 글을 올린다.

럭키 럭키 치킨 본(「트윈스 특공대Think Big」라는 영화에서 주인공들이 신나서 부르는 노래). 난 행복의 춤을 춰야겠다. 우리는 이기리라. 우리는 승리하리라. 그리고 크게 기뻐하리라! 케이블 방송부터 신청해야지. 좋아, 됐어. 하키에 대해 쓰려고 한 건 아닌데, 이본느가 준비됐다네. 오예. 아냐, 입 다물어. 이 달달함에 저항해 보라고.

다음은 9년 후 같은 사람이 쓴 글이다.

살사 소스를 만들려는 내 첫 시도는, 내 변변찮은 의견으로는, 그렇게 보잘것없진 않았다. 중요한 점, 로마 토마토는 쓰지 말 것. 도대체 왜 그게 괜찮을 거라고 생각했는지 모르겠지만, 난 지독하게도 틀렸다. 좋아, 지독하게는 말고 그냥 부드럽게 틀렸다고 하자. 살사 개그~. 난 이것저것 사와서 1인분 더 만들어 보려고 오늘 멕시코 마트에 또 간다. 어쩌면 바비큐 시간에 맞춰서 끝낼 수도 있을 것 같다. 누가 알겠어? 한 번 비워내고 난 후로 계속 기분이 끝내주거든.

분명 이 두 표본은 같은 사람이 쓴 것이다. 누구라도 금방 알아볼 수 있을 것이다.

정말 그럴까?

사실 같은 사람이 썼다는 것을 알고 나면 공통점을 발견할 수가 있다. 하지만 하루 종일 여러 블로그를 읽다가 첫 번째 글을 읽고 나서 몇 시간 후 두 번째 글을 읽게 된다면 어떨까? 거의 모든 사람들이 펄쩍 뛰어 오르면서 이렇게 소리치지는 않을 것이다. "아하! 이런 문체를 좀 전에도 봤는데……. 그래, 하키 이야기를 쓴 남자의 문체구나!" 그렇다면 언어 전문가나 컴퓨터는 정확히 알아볼 수 있을까? 언어적 지문은 DNA나 진짜 지문처럼 확실하게 믿을 수 있는 것일까? 짧게 답하자면 〈아니요〉다. 하지만 컴퓨터를 기반으로 한 언어 분석은 어떤 글을 누가 썼는지 꽤나 잘 맞히는 편이다.

20명의 블로거가 올린 수많은 게시물을 우리가 구했다고 해보자. 몇 년 후 우리는 그 20명의 블로거가 각각 몇 편씩 새로 올린 글을 발견한다. 이제 당신이 거실 바닥에 앉아서 수백 페이지나 되는 게시물들을 펼쳐놓고, 최근 게시물과 그 글을 쓴 20명의 블로거가 옛날에 쓴 글들을 일일이 짝 지으려 한다고 상상해 보자. 모든 조건이 동일하다면 그저 우연히 올바르게 짝 지을 수 있는 확률은 5퍼센트다. 거의 모든 사람들은 이 과제를 정말 형편없이 해낼 것이다. 잘해 봐야 정확도가 10에서

12퍼센트를 넘기 힘들다. 글 쓰는 스타일의 차이는 너무 미묘해서 감지하기 어렵고 정보는 너무나 많다.

반면 컴퓨터는 그보다 좀 더 인내심 있고 체계적이다. 기능어만 분석해도 최근 게시물과 원저자를 29퍼센트 정도 정확히 맞힌다. 게시물들 사이의 시간차를 고려하면 이 정확도는 실로 놀라울 정도다.

문장 부호가 알려주는 단서들

하지만 글쓴이를 식별하는 방법에는 기능어만 있는 것은 아니다. 이번에는 문장 부호의 사용에서 나타나는 일관성을 살펴보자. 예를 들어 다음 글을 쓴 여자는 9년 후에도 똑같은 방식으로 별표를 사용한다. 아래의 글은 2001년 초반에 올라온 게시물의 일부다.

오…… 나에게 있는 줄 몰랐던 수줍은 면도 발견했다. 당신은 그걸 수줍음이라고 하겠지. 누군가 나를 *발그레*하게 만들었다. 되풀이해서. 이건 *이상한* 일이다. 난 발그레해지지 않는데.

이번에는 2010년에 올라온 글이다.

우리는 이제 *정말로* 포스트 포스트 펑크 속에 있다. 그렇지 않은가? 밴드 멤버들은 그 노래를 바로 어제 썼다면서 농담을 했고, 그 안에 있던 사람 중 아마도 4분의 1 정도는 우리가 왜 키득거렸는지 몰랐을 것이다. 이상하다.*으쓱*

다른 사람들도 이와 비슷하게 특이하지만 더 눈에 띄지 않는 방식으로 문장 부호들을 사용한다. 다음 글은 2001년에 27세였던 남성이 쓴 글이다.

나는 추모 기부 수표를 이매뉴얼(조앤 어머니를 위한 재능 기부)에게 보냈다; 세인트 앤 교회에도 스미스 장학 프로그램에서 내가 가장 좋아하는 회계학 교수를 위해서였다. 프랭크 & 레베카는 「미드나잇 가든 선 & 악」과 집에서 빚은 술을 약간 가져왔다. 내 눈꺼풀이 감겨서 나는…….

이번에는 2010년에 올라온 글이다.

난 뭐라고 해야 할지 모른 채 이렇게 생각했다. "흠, 진흙…… 이게 뭐지……." 거울을 찾았을 때 다른 "갈색 물질"이 보이지 않았다. 나는 수박과 코스트코 잡곡 칩을 가져왔고, 맥주 약간과 잉링 B&T를 가져왔다 — 저녁은 끓인/구운 닭, 오크라, 콜슬로, 찍어 먹는 브라우니였다.

이 사람은 문장 부호 사용에 있어서의 앨빈 에일리(혁신적이라는 평가를 받는 안무가)다. 그는 (, ;, —, ……, &, ", / 등처럼 동원할 수 있는 문장 부호를 죄다 가져와서 뛰어 오르고, 빙빙 돌고, 구른다. 이상하게도 내가 이 사람의 블로그를 처음 읽었을 때는 문장 부호를 이렇게나 많이 사용했는지 전혀 알아차리지도 못했다. 그 부호들이 글에 섞여 들어가 있었기 때문이다. 하지만 블로그를 컴퓨터로 분석해 보자 그의 문장 부호 사용 스타일이 두드러지게 나타났다.

문장 부호들이 글에 쓴 어떤 요소보다도 글쓴이를 알아볼 수 있게 해 주는 경우가 있다. 사실 문장 부호만 보았을 때 컴퓨터 프로그램으로는 글쓴이를 31퍼센트 정확하게 맞혔다. 이는 기능어를 이용했을 때와 같은 비율이었다. 기능어와 문장 부호를 함께 사용하여 컴퓨터로 분석했을 때는 몇 년 후의 게시물과 블로거를 39퍼센트의 정확도로 올바르게 짝 지을 수 있었다.

일상적인 글에서 사용되는 문장 부호들, 기능어, 내용어는 모두 개인 서명의 일부와도 같다. 이것을 이해하려면 당신이 다른 사람들과 주고받은 이메일을 몇 분만 들여다보라. 먼저 페이지 배치부터 살펴보라. 어떤 사람들은 메일을 매우 길게 쓰는 경향이 있는 반면 한두 줄만 쓰고 마는 사람도 있다. 문단과 문장의 길이도 사람마다 다른 경향이 있다. 첫 인사와 마무리 역시 엄청나게 다르다. 이모티콘을 쓰는 사람도 있고 절대로 쓰지 않는 사람도 있다.

이런 차이 중에는 심리학적으로 중요한 것도 있겠지만 대부분은 그렇지 않다. 마지막에 꼭 "진심을 담아Sincerely"라고 쓰는 사람은 단지 어릴 때 그렇게 하라고 배웠기 때문일 수도 있다. 이런 다양함이 어린 시절에 엄마와 갈등이 있었는지 따위는 알려주지 않지만 어쨌든 당신이라는 사람을 표시해 주기는 한다. 다시 말해서, 다른 사람들과 당신을 구분해 주는 요소에는 당신의 평소의 글쓰기 스타일도 포함된다는 말이다. 이것이야말로 재미있는 이야기다. 우리가 측정할 수 있는 모든 언어적 특징은 당신을 알아보는 데 도움이 될 수 있다.

글쓴이 식별은 컴퓨터 분야에서 점점 뜨거운 관심을 모으고 있는 주제다. 우리가 글쓴이를 식별하는 데 이용해온 방법은 기능어 사용 비율을 추적하고 문장 부호와 글의 배치를 분석하여 조사하는 것이다. 각각의 방법을 사용하면 글쓴이의 특징을 알아보거나 글쓴이의 글이 다른 표본들과 일치하는지 알아볼 때 우연한 확률보다 훨씬 정확히 알아낼 수 있다.

글쓴이의 성격을 파악하기 위한 방법에 관해 말하자면 지금 우리는 기능어에 대해 가장 많이 알고 있다. 지금까지 꾸준히 논의했듯 대명사와 조사 등 기능어들은 글쓴이의 나이, 성별, 사회적 계층, 성격, 사회적 관계와 확실한 연관성이 있다. 현재 문장 부호 사용과 성격의 연관성에 대해서는 덜 알려져 있지만 나는 앞으로 연구들을 통해 문장 부호 사용과 성격 사이에 확실한 연관성이 나타나리라 생각한다. 어쨌든 쪽지 끝에 "고마워."라고 쓰는 사람과 "고마워!!!!!!!!!!"라고 쓰는 사람의 성격에 차이가 없다고 상상하기는 힘드니 말이다.

비틀스의 노래 가사가
비틀스에 대해 알려주는 것들

―

비틀스는 1970년 해체될 때까지 약 10년 동안 함께 활동했다. 함께 지내는 동안 그들은 200곡 이상을 녹음했고 음악, 정치, 패션, 문화 등에서 다음 세대에까지 영향을 미쳤다. 주도적으로 곡을 쓴 존 레논과 폴 매카트니는 따로 혹은 함께 155곡을 썼고 조지 해리슨이 나머지 25곡을 썼다. 오늘날에도 학자들은(가끔 술꾼들도) 밴드 구성원으로서 그들의 창의성을 비교하고, 결과적으로 누가 누구에게 영향을 주었는지, 세월에 따라 밴드가 어떻게 변해 갔는지 열띤 토론을 벌인다.

이 책의 대부분은 사람들이 에세이나 편지, 그리고 블로그, 이메일, 트위터, 페이스북 등의 전자 매체에서 글을 쓰거나 대화할 때 사용하는 단어들을 집중적으로 다룬다. 하지만 가사에는 작사가에 대해 알려주는 특유의 이야기가 있다. 좋은 친구이자 가끔 나와 공동 연구를 하는 뉴질랜드의 키스 페트리는 컴퓨터로 비틀스의 가사를 분석하는 일을 이미 한참 전에 했어야 한다고 주장했다. 그 작업이 얼마나 복잡한지 깨달은 우리는 노르웨이의 심리학자이자 음악 애호가인 보르게 실베르센에게 합류를 권했다. 우리는 비틀스의 가사를 분석해서 비틀스에 대해 무엇을 알 수 있었을까? 알고 보니 꽤 많았다.

비틀스의 가사에는 보통 모든 작업 집단에서 보이는 자연스러운 성숙 과정이 다양한 방식으로 반영되었다. 우리는 앞 장에서, 작업 집단이 함께 시간을 보내다 보면 〈나〉라는 단어의 사용 비율이 낮아지고 〈우리〉라는 단어의 사용 비율이 높아지며 어려운 단어, 관형사, 접속사 등을 더 많이 포함하는 복잡한 언어를 사용하게 된다는 사실을 알아보았다. 여느 작업 집단과 마찬가지로 비틀스 역시 나이 들어감에 따라 그들 자신을 표현하는 가사에서 위와 같은 특징이 나타났다.

활동을 시작한 지 4년까지는 가사가 낙관주의, 분노, 성적인 요소로 가득했다. 생각은 단순하고 자아도취적인 동시에 〈지금, 이곳〉에 치중되어 있었다. 이에 비해 해체 전 몇 년 동안에는 가사가 더 복잡해지고 심리적인 거리가 드러난 한편 훨씬 덜 긍정적인 감정을 반영했다. 특히 언급할 만한 점이라면 활동 초기에 14퍼센트 정도였던 〈나〉라는 단어의 비율이 마지막 3년 동안에는 7퍼센트에 불과했다. 가사는 그룹 내의 다양한 작사가들의 성격을 보여주는 창이기도 하다. 존 레논과 폴 매카트니는 모든 노래를 공동으로 작사했다는 데 서로 동의했지만, 작사가로서의 순서와 수많은 인터뷰를 통해 누가 어떤 가사를 썼는지에 대해서 완벽하지는 않지만 확실한 기록을 남겼다. 둘 중 존 레논은 78곡, 폴 매카트니는 67곡의 주요 작사가로 인정받고 있고, 나머지 15곡은 두 사람 모두 작사에 깊이 관여한 합작품으로 여겨진다.

일반적으로 존 레논은 창의적이고 지적인 작곡가로, 매카트니는 밝고 음악적인 작곡가로 그려진다. 이들의 가사를 분석하면 서로 다른 그림이 그려진다. 존 레논은 실제로 매카트니에 비해 가사에 부정적 감정을 나타내는 단어를 조금 더 사용했지만 긍정적 감정을 나타내는 단어의 사용, 언어적 복잡성, 자기성찰적 성향에서는 사실상 같았다. 흥미롭게도 매카트니의 곡은 레논의 곡에 비해 커플 이야기가 많은데 이것은 〈우리〉라는 단어의 높은 사용 비율에서도 알 수 있다.

그렇다면 더 창의적이고 다양한 가사를 쓸 수 있는 사람은 누구였을까? 우리는 두 사람이 쓴 여러 곡의 가사가 내용어와 언어 스타일이라는 측면에서 수학적으로 얼마나 비슷한지 살펴봄으로써 이것을 실제로 검증해볼 수 있다. 대중매체에서는 보통 존 레논을 더 창의적이고 다양한 문체를 구사하는 작사가로 간주하는 데 비해 숫자는 분명히 매카트니 편을 든다. 비틀스 멤버로 지내는 동안 폴 매카트니는 존 레논에 비해 문체뿐만 아니라 내용 면에서도 훨씬 유연하고 다양한 가사를 써낼 수 있음을 입증했다.

그리고 조지 해리슨을 잊지 말자. 조용하고 영적인 멤버였던 그는 약 25곡의 가사를 썼는데 특히 마지막 몇 년 동안 많이 써냈다. 해리슨은 매카트니나 레논보다 인지적으로 복잡한 단어들을 사용했지만 문체로 보면 가장 덜 유연했다. 다시 말하면 해리슨의 가사는 내용과 문체를 예측하기가 더 쉬웠다는 의미다. 이와 같은 유형의 분석을 통해 알 수 있었던 또 하나의 사실은 해리슨의 작사 방식은 매카트니보다 레논에게 더 큰 영향을 받았다는 점이다.

대입 지원 에세이에 쓴 단어로
미래의 대학 성적 예측하기

어떤 사람이 사용한 단어 분석으로 그가 나중에 좋은 대통령이 될지, 좋은 배우자가 될지, 좋은 직원이나 학생이 될지 알 수 있을까? 사실 우리는 항상 머릿속에서 이런 계산을 한다. 나에게 편지를 쓰거나 우리 연구실에서 일하고 싶어 하는 학생이 있으면 나는 그 학생의 이메일, 이력서, 계획서를 읽는다. 그 학생이 사용한 단어들, 즉 그 학생의 성취, 미래에 대한 희망, 성격을 반영하는 단어들은 내 결정의 토대가 된다. 인터넷 소개팅 사이트를 이용하는 사람들은 궁극적으로 상대가 사용하는 단어들을 바탕으로 자신과 데이트를 할 사람을 결정한다. 그리고 우리는 정치 후보자들의 얼굴과 몸짓 언어도 살펴보지만 언어로 표현된 공약과 계획도 평가한다.

　우리는 결혼하거나, 투표하거나, 직원을 채용하기 전에 사람들이 사용하는 단어를 듣고 결정하지만 잘못 판단할 때가 얼마나 많은지 모른다. 그렇다면 컴퓨터의 언어 분석 프로그램은 우리보다 나은 판단을 내릴 수 있을까? 아니면 우리가 더 나은 결정을 하도록 도와줄까? 이런 판단을 내리기는 아직 이르지만, 대학에 진학하려는 학생들과 평범한 삶을 계획하는 재소자들에게서 몇 가지 재미있는 사례를 발견할 수 있다.

언어학자인 내 친구 데이비드 비버와 나는 한 술집에서 대명사 이야기를 하며 앉아 있었다. (술집 이야기에 참 잘 어울리는 도입부이지 않은가?) 사람들의 단어 사용과 앞으로의 행동 사이에 단순한 연관성이 있으면 좋지 않을까? 우리는 실제로 미래의 중요한 행동과 관련이 있을지 모를 언어 표본을 구할 수 있다고 서로 나서기 시작했다. 그리고 나는 그때 개리 래버니를 떠올렸다.

몇 년 전, 나는 텍사스 대학교 오스틴 캠퍼스 입학처의 수석 연구원인 개리를 만났다. 개리는 범상한 통계학자가 아니었다. 그는 대량 학살을 저지른 살인마들에 관한 논픽션 스릴러 시리즈를 출간했고 가장 최근에는 텍사스 학교들의 인종 차별 폐지 역사에 대한 책을 내기도 했다. 그는 어떤 요소가 성공적인 대학생활을 예측할지에도 관심이 있었다. 텍사스 대학교는 항상 미국 내에서 학생 수가 가장 많은 학교다. 해마다 7천 명 이상이 신입생으로 들어오지만 입학 기준은 놀라울 정도로 까다롭다. 입시 절차 중에는 두 편의 일반적인 에세이를 쓰는 단계가 있다.

학생들이 대입 지원 에세이에 사용하는 기능어로 그들의 대학교 성적을 예측할 수 있을까? 이것은 데이비드와 나 둘 다 관심 있는 사항이었고 알고 보니 개리도 마찬가지였다. 분명히 말해 두자면 이것은 누구에게 입학을 허가할지 결정하기 위해 새로운 대입 지원 에세이 평가 방식을 개발하려는 전략이 아니었다. 그보다 우리는 우선 단어 사용 스타일이 학업 수행과 관련이 있는지 알고 싶었고, 만약 관련이 있다면 학생들이 대학에서 더 훌륭하게 글을 쓰고 생각하는 사람이 되도록 우리가 영향을 미칠 수 있을지 알고 싶었다.

우리는 마침내 4년 동안 입학한 2만 5천 명 학생들의 에세이를 5만 편 이상 분석했다. 결과는 단순했다. 실제로 단어 사용 스타일은 4년 내내 학생들이 받는 성적과 관련이 있었다. 좋은 성적과 가장 밀접하게 관련 있는 단어의 범주는 다음과 같았다.

자주 사용하는 단어: 관사, 구상명사, 어려운 단어
적게 사용하는 단어: 조동사와 다른 동사(특히 현재형), 인칭 대명사와 비인칭 대명사

당신에게는 이런 단어 조합이 익숙해 보일 것이다. 앞서 논의했듯, 사람마다 범주를 나누어 생각하는 정도와 역동적으로 생각하는 정도가 다르다. 범주적 사고를 하는 사람들은 사물, 대상, 범주에 집중하는 경향이 있다. 이 차원의 반대쪽 끝에 해당하는 사람들은 더 역동적으로 생각한다. 역동적으로 생각하는 사람들은 행동과 변화를 묘사한다. 역동적으로 사고하는 사람들은 다른 사람을 생각하는 데 몰두하는 경우가 많다. 이는 그들에게서 대명사 사용 비율이 높은 원인이 된다.

그렇다면 범주적으로 생각하는 사람들이 역동적으로 생각하는 사람보다 더 똑똑할까? 전혀 그렇지 않다. 하지만 미국 교육 체계는 학생들이 사물과 사건을 범주화하는 방식을 시험하도록 만들어져 있다.

다음은 범주적 사고와 역동적 사고를 보여주는 대입 지원 에세이의

두 가지 사례다.

범주적으로 사고하는 사람:

선택이라는 개념은 서양 철학에서 중요한 역할을 수행해 왔다. 인격은 의식적, 무의식적 숙고를 통해 다듬어져 더 뚜렷한 상태가 된다. 자유의 궁극적 목표는 개인이 내리는 선택을 철저히 통제하지 않고서는 달성될 수 없다. 우리 부모님의 이혼으로 나는 이중생활을 하게 되었다. 약간의 현실도피적인 성향은 다른 사람의 입장을 이해할 수 없다는 문제를 포함하여 혹독하리만큼 부정적인 결과를 낳았다…….

글쓴이의 문장들이 생각과 경험을 꼼꼼하게 규정하고 범주화하는 방식에 주목하라. 이 글은 개인적인 분위기가 매우 희박하고 체계적이지만 그와 동시에 생기가 없고 지루하다. 이 글을 더 역동적으로 생각하는 사람의 글과 비교해 보자.

역동적으로 사고하는 사람:

나는 나보다 훨씬 나이 많고 현명한 우리 오빠를 보았지만 오빠는 울고 있을 뿐이었다. 그걸 알기 전까지는 나도 울고 있었다. 이유는 정말 알 수 없었지만 오빠가 나쁘다고 생각한다면 나쁜 것이었다. 누구나 이사를 가지만, 나의 여정은 작은 농촌에서 미국 최대의 도시 중 하나로 700마일을 이동하는 것이었다. 앞으로 힘들 터였지만 그와 동시에 성장할 기회이기도 했다. 그것은 가족, 친구들, 학교처럼 어린아이에게 중요한 것을 모두 포기해야 하는 일이었다.

이 역동적 글쓴이는 훨씬 더 개인적이고 이야기를 하려고 한다. 이 학생은 더 단순하고 덜 형식적이며 더 짧은 단어를 포함하는 언어를 구사한다. 모든 문장에 동사가 복합적으로 들어가고 그것이 이야기를 더 생생하게 만든다.

두 학생 모두 고등학교 때 거의 같은 성적을 받고 대학에 와서 인문학 학위를 받았지만 범주적으로 사고하는 학생이 매년 훨씬 높은 평균 성적을 받았다. 범주적 사고를 하는 학생이 글을 더 잘 써서가 아니었다. 범주적 사고가 대학에서 보상을 주는 기준에 더 적합하기 때문이다. 예컨대 거의 모든 시험은 학생들에게 복잡한 문제를 여러 개의 구성 요소로 나누라고 요구한다. 반면 학생들에게 진행 중인 사건에 대해 논의하라고 하거나 자기 이야기를 하라고 요구하는 강좌는 거의 없다.

누구에게 입학을 허가할지 결정하는 데 단어 분석 프로그램을 사용할 대학교는 거의 없을 것이다. 그런 체계가 운영되고 있다는 사실을 일단 학생들이 알게 되면 대입 지원 에세이는 관사와 어려운 단어로 뒤범벅이 되고 동사는 거의 쓰이지 않다시피 할 것이다. 그보다 이와 같은 발견들은 고등학교와 그 이전 교육 과정에서 학생들이 받는 교육에 대해 우리가 어떻게 생각하는지 암시한다. 범주적 사고가 우리 교육 체계에서 권장되고 보상받는 만큼 학생들은 명시적으로 그렇게 하도록 훈련받아야 한다는 것이다.

또 다른 주장은, 역동적 사고가 권장되어야 하는지 대학 차원에서 탐색해야 한다는 것이다. 이야기를 하고 사람들의 삶에서 변화를 추적하는 것은 매우 도움이 될 수 있는 기술이다. 그렇다면 이런 사람들은 대학 졸업 이후에 얼마나 성공할까 하는 의문이 저절로 떠오른다. 역동적으로 생각하는 사람들이 더 적응을 잘하고 행복할까? 그리고 마지막으로, 이런 사고방식은 얼마나 유연할까? 다 떠나서 전적으로 가능한 일은 우리 모두 가끔은 범주적으로 생각해야 할 때가 있고 역동적으로 생각해야 할 때가 있다는 것이다.

**글에 사용한 단어를 이용하여
출소 이후 더 나은 삶의 여부 예측하기**
—

약물 중독과 알코올 중독은 사회에 큰 피해가 된다. 많은 주에서 중독을 억제하고 치료하기 위해 시도하는 한 가지 방법은 치료 공동체를 세우는 것이다. 치료 공동체는 본질적으로 치료를 제공하는 교도소로, 약물 관련 범죄로 유죄 선고를 받은 중독자들이 몇 달에 걸친 집중적인 재활을 견뎌낼 기회를 주는 곳이다. 참가자들이 프로그램을 성공적으로 마치고 출소한 뒤 일정 기간 동안 약물이나 알코올을 이용하지 않은 상태로 지내면 대개 기록이 말소된다. 대부분의 치료 공동체에서는 집중적인 집단 치료와 함께 글쓰기 훈련을 해야 한다.

전에 우리 대학원생이었던 앤 바노는 여자 환자들이 시설 안에서 글을 쓴 스타일로 출소 후 그들의 삶을 예측할 수 있는지 알아보기 위해 야심찬 프로젝트를 수행했다. 앤은 한 치료 공동체와 협력하여 120명 정도 되는 여자 환자들의 글 표본을 모았다. 앤이 주목한 표본은 출소하기 일주일 전에 쓴 글들이었다. 그 글들은 개인적이고 진심에서 우러나오는 글이리라고 예상되었다. 앤은 이후 몇 달 동안 관리 사무소와 협업

하여 여자 환자들이 직장에 꾸준히 다니고 있는지, 가석방 조건을 위반하거나 재구속되지는 않았는지 등 후속 정보를 모았다.

여자 환자들이 쓴 이야기들은 어떻게 보아도 매우 강렬했다. 이들은 신체적 및 성적 학대의 피해자로서 겪은 이야기를 하거나 다른 사람들, 특히 자기 아이들에게 한 끔찍한 행동을 자세히 쓰기도 했다. 그리고 출소 후 불확실한 가정생활로 돌아가는 것에 대한 엄청난 불안을 표현할 때도 많았다.

출소한 120명 중 15퍼센트는 다시 구속되었고 10퍼센트는 프로그램을 마친 지 넉 달 후 가석방 조건을 어겼다. 약 65퍼센트는 꾸준히 직장에 다니고 있었다.

흥미롭게도, 여자 환자들이 그들의 마지막 글에서 단어를 사용한 스타일은 출소 4개월 후 잘 살고 있을지를 어느 정도 예측했다. 치료의 성공과 가장 밀접하게 관련 있는 언어의 두 가지 범주는 다음과 같았다.

- 높은 사회적-정서적 성향: 인칭 대명사와 감정을 나타내는 단어의 사용
- 긍정적 감정을 나타내는 단어의 높은 비율

치료 공동체를 떠난 여자들의 과제는 새 직장에 적응하고 사회적 네트워크에 융화되는 것이었다. 범주적 사고와 역동적 사고는 이들과 관련이 없는 차원이었다. 치료소 밖의 세상에서 살아남기 위해서는 다른 사람들과 자기 자신에 대해 알아야 했다. 그들이 글에서 드러낸 사회적-정서적 성향과 낙관적 성향은 바깥세상에서 살아가는 데 그들에게 도움이 될 수 있는 기술이었던 것이다.

* * *

대입 지원 에세이 연구와 재소자 연구만큼 극과 극인 연구들을 상상하기는 어렵다. 범주적 사고는 어떤 집단에서는 더 나은 대학교 성적을 예측하고, 사회적-정서적 언어는 다른 집단에서는 낮은 재구속 비율을 예측한다. 이와 같이 언어의 다른 측면들은 우리 삶의 서로 다른 측면들과 연관성이 있다.

내가 이 두 건의 연구들, 아니 이 책에서 소개한 모든 연구들과 관련해서 아주 마음에 드는 점은 기능어가 다르게 사용됨에 따라 매우 다른 행동들을 예측한다는 점이다. 예를 들면 높은 사회적-정서적 성향과 관련된 단어의 사용은 교도소에 다시 들어가지 않거나 대통령으로 당선되도록 도와줄 수 있고 엄청난 인기를 얻는 곡을 쓰는 데 필요한 기술을 제공할 가능성도 있다.

상황에 따라 〈나〉라는 단어의 높은 사용 비율은 불안, 정직함, 우울증에 취약한 성향을 나타낼 수도 있지만 한편으로는 가까운 시일 안에 전쟁을 선포할 계획이 없다는 뜻이기도 하다. 반면에 〈나〉라는 단어의 낮은 사용 비율은 대학에 입학하고 평균 성적을 끌어올려줄 수도 있지만 친한 친구를 사귀는 데 지장이 되기도 한다.

이 시점에서 이 책에서 여러 번 등장했던 주제를 다시 살펴보는 것이 중요하다. 사회적 및 심리적 상태와 관련이 있는 단어들은 그런 상태를 반영하는 것이지 그 원인은 아니다. 이런 단어들은 사람들의 머릿속에서 무슨 일이 일어나고 있는지 알려준다. 교도소에서 출소하기 직전 인칭 대명사와 감정을 나타내는 단어를 높은 비율로 사용하는 사람들은 글의 주제에 사회적-정서적인 방식으로 접근하는 것이다. 치료 프로그램이 환자들로 하여금 사회적-정서적으로 생각하게 했는지는 알려지지 않았다. 그 단어들이 출소 후의 행동에 직접적으로 영향을 미쳤는지도 알 수 없다. 그리고 그들이 스스로 그런 단어를 사용했더라면(그러는 것이 좋다고 생각해서) 그것이 교도소 밖의 삶에 영향을 미쳤을지는 더욱 알 수 없다.

우리는 새로운 세상의 문턱에 서 있다. 컴퓨터의 언어 분석이 열어준 많은 응용 가능성을 생각해 보자. 우리는 취임 연설이나 선조들의 일기를 분석함으로써 우리의 과거에 영향력을 미친 작가나 연설가를 알 수 있다. 그리고 우리가 일상 속에서 당면하는 심리학적 문제들에 답하기 시작할 수도 있다. 인터넷 소개팅 사이트에 접속하는 사람들이 우리를 어떻게 볼지도 알 수 있고, 어떤 래퍼가 진짜 갱스터인 것을 정직하게 드러내는지 분간할 수도 있고, 치료사가 우리만큼 우울한지, 동료들 사이에서 자기가 제일 서열이 높다고 혼자 생각하는 사람이 누구인지 알아낼 수도 있다.

기능어는 우리가 세상을 조금 더 잘 알도록 도와줄 수 있다. 범죄자나 역사 속 작가의 정체를 밝히고, 대통령이나 독재자의 생각을 파악하고, 사람들이 앞으로 어떻게 행동할지 예측하는 것 등을 가능케 하는 기능어는 인간의 마음을 알려주는 단서다. 하지만 가장 기대되는 것은, 우리 자신의 기능어를 살펴봄으로써 우리 자신을 더 잘 이해할 수 있다는 사실이다.

부록

단어 포착을 위한
유용한 안내서

다양한 기능어들은 다양한 심리 상태를 알려줄 수 있다. 대명사, 관형사, 조사, 동사, 감정을 나타내는 단어들은 사람들이 어떻게 다른 사람들과 관계를 맺고, 생각하고, 느끼는지에 대한 다양한 정보를 제공한다. 아래에 나오는 단어 안내서는 사람들이 언어를 사용하는 그 어떤 상황에서도 적용할 수 있다.

1. 관심의 초점을 나타내는 단어들: 대명사, 동사의 시제

언어는 우리가 집중하는 것을 따라간다. 우리는 마음속에 있는 사물, 사건, 사람들에 대해 말하고 글을 쓴다. 경험상 다른 사람들에게 관심이 많은 사람들은 인칭 대명사를 높은 비율로 사용한다. 과거에 집착하는 사람들은 과거형 동사를 사용한다. 이것을 거꾸로 생각하면, 우리는 대명사와 동사 시제가 사용된 경우를 세어봄으로써 사람들이 자연스럽게 관심을 쏟는 대상을 추측할 수 있다.

인칭 대명사

아마 우리는 무엇보다도 다른 사람들에 대해 생각하고 말하면서 가장 많은 시간을 보낼 것이다. 다른 사람이 우리를 넘치도록 행복하게 하거나, 미친 듯이 화나게 하거나, 깊은 슬픔에 빠지게 한다면 우리는 그 사람 생각을 떨칠 수가 없다. 이때 우리는 다른 사람들과 대화하면서 그 사람의 이름은 뺀 채 그 사람을 가리키는 다양한 대명사를 넣어 말할 때가 많다. 따라서 말하는 사람이 한 친구에 대해 생각하면서 말하고 있다면 3인칭 단수 대명사를 높은 비율로 사용하리라고 예상할 수 있다. 누군가 공산주의자, 우익 라디오 진행자나 관료에 대해 걱정하고 있다면 〈그들〉과 같은 단어가 평균 수준보다 더 자주 대화에 등장할 것이다.

〈나〉라는 단어도 이와 다르지 않다. 남의 시선을 의식하고 있는 사람들은 그렇지 않은 사람들에 비해 잠깐이지만 자주 주의를 자신에게 쏟는다. 예를 들면 사람들은 거울 앞에서 설문지를 작성할 때 거울이 없을 때보다 〈나〉라는 단어를 더 많이 사용한다. 병이 났거나, 통증을 느끼거나, 심하게 우울해서 주의가 자신에게로 향하는 경우에도 〈나〉라는 단어를 더 많이 사용한다. 이와 반대로 어떤 일에 몰두하고 있는 사람들은 〈나〉라는 단어를 매우 낮은 비율로 사용한다.

동사의 시제

대명사가 주의와 관심의 대상에 대한 정보를 알려주는 데 비해 동사의 시제는 사람들이 시간에 대해서 어떻게 생각하는지 알려준다. 당연한 일이지만 과거에 대해 생각하는 사람은 과거 시제를 사용하고 미래에 대해 생각하는 사람은 미래 시제를 사용한다. 더 재미있는 경우는 여러 시제를 넘나들 때다. 예를 들면 외상후 스트레스 장애PTSD에 시달리는 사람들은 몇 달이나 몇 년 전에 경험한 끔찍했던 사건이 다시 생생하게 떠오르는 경우가 많다. 다음은 한 베트남 전쟁 참전용사가 수십 년 전의 무시무시했던 어느 날 밤을 묘사한 것이다.

우리는 불도저로…… 벙커를…… 만들었어요. 간헐적인 폭격을 피하려고요. 난 그 벙커 안에서 잠을 잘 수가 없었죠. 마치 지하 묘지 같았어요. 그날 밤…… 우리는 박격포 폭격을 받고 있었는데 우리 소대 병장이 정신을 놓더니 벙커 구석으로 가서 몸을 둥글게 말고 발작하듯 울기 시작했어요. 나는 폭격이 끝난 뒤에 둔덕 꼭대기로 나가서 기다렸어요. 젠장. 다시 어두워졌죠. 우리가 전부 거기 앉아 있는 동안 여기저기서 지상포화가 가끔 터졌고 우리는 전부 한바탕씩 총을 쏴갈겼어요……. 한 시간쯤 지났나, 내가 둔덕 꼭대기에서 상황을 살피고 있는데 누가 있는 게 또 느껴져요. 나는 계속 보면서, 움직임을 보려고 애쓰는데, 너무 어두워요. 나는 일어나서 둔덕을 뛰어넘어가요……. 조명탄을 요청하려고요. 나는 다시 꼭대기로 가서 기다리지만 아무도 오지 않아요. 나는 그가 다시 저기에 왔고 혼자가 아니라는 걸 알아요……. 분명 나는 괜찮았어요. 그 다음엔 어떻게 됐는지 그냥 기억이 안 나요.

글쓴이가 과거 시제와 현재 시제를 오간다는 것에 주목하자. 포격, 총격은 전부 과거에 일어났다. "한 시간쯤 지났나, 내가 둔덕 꼭대기에…… 느껴져요." 이 군인은 다시 베트남으로, 그 한가운데로 돌아가 있다. 그가 사용하는 동사는 그의 마음이 움직이고 있고 베트남에서 겪은 일들이 아직도 그의 삶에서 일어나고 있다는 사실을 말해 준다.

2. 사회적 관계를 나타내는 단어들:
   대명사, 관형사, 감정을 나타내는 단어

가장 기본적인 기능으로 보면 언어는 의사소통을 위해 필요한 것이다. 기능어는 다른 사람들을 이해하는 데 필요한 사회적 과정과 관련된 정보를 제공한다. 즉 기능어는 지위가 더 높은 사람이 누구인지, 집단이 서로 협력하면서 잘 굴러가고 있는지, 누군가가 속임수를 쓰고 있는 것인지, 가까운 사람들과의 관계의 질이 어떤지에 대한 단서를 제공한다.

지위와 권력

사실상 모든 영장류 집단에서 가장 먼저 해야 할 일은 지배권과 지위를 확립하는 것이다. 물론 우리 인간은 훨씬 세련된 방식으로 이 과업에 착수한다. 대개 우리는 다른 사람들을 만날 때 위협하지 않는다. 그러는 대신 자세, 어조, 단어를 사용하는 방법을 달리한다. 3장에서 논의했듯 지위는 대명사, 특히 〈나〉, 〈우리〉, 〈너(당신)〉, 〈당신들(여러분)〉과 같은 1인칭 대명사와 2인칭 대명사 사용을 통해 금방 드러난다. 많은 사람들의 생각과 반대로, 지위가 높은 사람들은 지위가 낮은 사람들에 비해 〈우리〉라는 단어를 높은 비율로 사용한다. 그리고 지위가 낮은 사람들은 〈나(혹은 저)〉라는 단어를 과도하게 사용한다.

정직과 거짓

우리는 거짓말할 때와 정직하게 말할 때 기능어를 다르게 사용하기도 한다. 진실을 말할 때 우리는 자신이 그 말을 했음을 〈인정〉하는 경향이 있다. 무슨 말인가 하면, 진실을 말하는 사람들은 〈나는〉, 〈나의〉와 같은 단어를 더 많이 사용한다. 반면 거짓말을 할 때는 자기 자신과 말하는 내용을 멀리 떨어뜨려 놓는다. 〈그 여자와〉 성관계를 하지 않았다는 빌 클린턴 대통령의 주장은 매우 놀라운 예다. 〈그〉 여자라는 말은 확실히 〈내〉 여자라든지 〈모니카〉보다 훨씬 거리감이 느껴진다. 우리는 또한 진실을 말할 때 더 복잡한 방식으로 생각하고 말한다. 4장에서 살펴보았듯, 거짓말은 힘든 일이다. 사실이 아닌 이야기를 지어내야 하는 경우 우리는 접속사, 조사, 부정어를 피하려고 한다.

낯선 사람들과 오랜 친구들

오랫동안 좋은 친구 사이로 지내온 사람들은 낯선 사람들끼리 만났을 때와는 상당히 다른 방식으로 서로에게 언어를 사용한다. 언어 지표 중에는 두 사람의 사이를 명백하게 보여주는 것들이 있다. 즉, 서로 좋아하는 사람들끼리는 1인칭 복수 대명사(우리)를 낯선 사람들끼리 대화할 때보다 더 많이 사용한다. 그리고 이들은 긍정적 및 부정적 감정을 나타내는 단어를 더 많이 사용한다. 경험을 공유하는 사람들은 〈그 의자〉처럼 대상을 구체적으로 지정하는 〈그〉를 사용하는 경우가 더 많은데 함께 그 의자에 대해 이전에도 이야기해 왔기 때문이다. 낯선 사람들은 처음에 그냥 〈의자〉라거나 〈저 의자〉라고 말할 것이다. 특히 만난 지 얼마 안 되었을 때는 더욱 그렇다.

3. 사고방식을 나타내는 단어들:
접속사, 명사, 동사, 인과관계와 관련된 단어

당신은 가장 친한 친구의 배우자가 바람을 피우고 있는 것을 발견한다. 친구에게 말해줘야 할까? 그렇다면 그 이유는 무엇인가?

사람들은 이런 질문을 받으면 쉽게 대답할 수 없는 복잡한 주제에 대해 생각하게 된다. 이런 질문에 답하려면 대개 어느 정도의 논리, 추론, 인과적 사고가 필요하다. 그뿐만 아니라 예상 밖의 복잡한 질문을 받은 사람들은 문제를 헤쳐 나가야 한다. 이들은 어떤 답을 내놓기 시작하다가 자기의 생각이 이치에 맞는지 판단하기 위해 다른 관점을 취해 보기도 한다. 사람들이 복잡한 문제에 대해 글을 쓸 때 사용하는 기능어는 그들의 일반적인 사고방식에 대한 단서를 제공한다.

사고의 유형을 분석하는 방식은 수십 가지가 있지만 언어 분석을 위해서는 세 가지 정도가 특히 적합하다.

복잡한 사고 vs. 단순한 사고

자, 그래서 가장 친한 친구의 배우자가 바람을 피우고 있다. 어떻게 할 것인지 열두 명에게 물어보면 열두 가지 대답이 나올 것이다. 하지만 특히 더 복잡한 사고방식을 드러내 보이는 대답이 있다.

복잡하게 생각하는 사람

우선, 둘이 어쩌다 그런 관계가 되었는가? 그들이 혼외관계에 대해 애초에 합의를 했다면 뭐라 더 말할 필요도 없다. 이 일을 말하거나 비밀에 부칠 경우 내 친구, 그의 배우자, 나에게 어떤 대가가 따르겠는가? 반대로 내 배우자가 바람을 피우고 있다면 나는 그 소식을 친구에게서 듣고 싶을까? 친구 배우자가 일부러 내 친구에게 상처를 주려고 그러는 것이 아니라면 나는 아마 아무 말도 하지 않을 것이다. 하지만 이 질문에 답하려면 정보가 더 필요하다.

단순하게 생각하는 사람

라스베이거스에서 일어난 일은 라스베이거스에서 묻는다. 그게 내 좌우명이다. 내 친구에게 일어날 일이 일어날 것이다. 나는 손 떼고 있을 것이다. 눈에서 멀어지면 마음에서도 멀어진다. 무슨 말인지 알겠는가?

복잡하게 생각하는 사람과 단순하게 생각하는 사람의 결론은 같지만 복잡하게 생각하는 사람은 여러 가지 방안을 비교해 보고 문제를 다양한 각도에서 본다. 게다가 이 사람은 추론, 논리, 감정적인 인식까지 동원한다. 두 사람이 사용하는 언어 역시 다르다는 데 주목하라. 복잡하게 생각하는 사람은 일반적으로 더 어려운 단어, 더 복잡하고 긴 문장을 사용하고, 조사도 많이 사용한다.

무엇보다도 중요한 점을 들자면, 복잡하게 생각하는 사람들은 구분을 한다. "친구의 배우자가 바람을 피웠지만 지금은 끝났다."라는 문장은 그냥 "배우자가 바람을 피웠다."라는 문장보다 복잡하다. 구분을 하려면 말하는 사람은 어떤 것이 범주에 들어가고 어떤 것이 안 들어가는지 말해주어야 한다. "그건 $$지만 @@는 아니야." 무언가를 구분하기 위해서는 배타적 단어라고 하는 한 묶음의 단어를 꺼내보는 것이 도움이 된다. 배타적 단어에는 〈-를 제외하고〉, 〈그러나〉, 〈-없이〉, 〈-하지 않으면〉 등과 더불어 얼마간의 단어가 있다.

논리적 사고의 핵심인 "만약 ······한다면 ······한다."라는 구문도 잊지 말아야 한다. 〈만약〉 어떤 사람이 만약이라는 단어를 〈사용한다면〉, 의미상 구분을 하고 있는 셈이다.

인과적 사고 vs. 비인과적 사고

다리 한쪽이 절단된 상태로 눈을 뜨면 어떤 생각이 들까? 대학생 수백 명에게 이 질문을 해보면 기막힌 답들이 나온다. 어떤 학생들은 너무 충

격적이라서 자살까지 생각할 것 같다고 말하는가 하면, 어깨를 으쓱하고 삶이 그렇게 많이 달라지지는 않을 것이라고 대답하는 학생도 있다. 그런데 어떤 학생들은 왜 자동차 사이를 걸어갔는지, 왜 그 중 한 대가 뒤로 밀렸는지에 초점을 맞춘다.

 모든 인간은 자연스럽게 인과관계를 생각하게 된다. 하지만 유독 인과적 사고를 하는 경향이 강한 사람들이 있다. 예를 들면 왜 나쁜 일이 자신에게 일어났는지 아는 데 집착하는 것이다. 왜 나는 자동차 사이를 걸어갔을까? 왜 나는 다리를 잃어야 했을까? 심리학자 카밀 워트먼과 록샌 실버는 놀라운 일련의 연구를 통해 수천 명에게 근친상간, 아이의 죽음, 배우자의 죽음이라는 인생의 주요 격변에 어떻게 대처했는지 물었다. 일반적으로 끔찍한 사건을 간단한 인과관계로 설명하는 사람은 그 경험을 상당히 잘 극복한다. 굳이 인과관계로 설명하려 하지 않는 집단 역시 잘 극복한다. 충격적인 경험을 극복하기가 가장 힘든 집단은 그 사건이 왜 일어났는지 필사적으로 답을 구하려는 사람들이다. 이들은 수시로 "왜 이런 일이 일어난 거야?", "왜 나야?"라고 묻지만 결코 답을 찾을 수 없다.

 대부분의 환경에서 인과적 사고는 매우 유용할 수 있다. 당신이 어떤 사건에 대해 만족스러운 이유를 찾았다면 앞으로 비슷한 사건이 생겼을 때 더 잘 대처할 수 있다. 하지만 답을 찾지 못한다면 계속 답을 찾으려는 행동은 좌절과 불행을 야기할 것이다.

 언어에 나타나는 인과적 사고를 포착하기는 매우 쉽다. 접속사는 단어나 구를 이어주는 것으로 〈혹은〉, 〈그리고〉, 〈그러나〉 등이 있다. 그 중에는 인과적 사고를 표현하게끔 되어 있는 것들도 있는데 〈왜냐하면〉, 〈따라서〉, 〈그러므로〉 등이 여기에 해당한다. 엄밀히 말하면 기능어는 아니지만 인과관계를 나타내는 명사와 동사도 많이 있다. 이를테면 〈야기하다〉, 〈결과적으로〉, 〈이유〉, 〈근거〉, 〈―하게 하다〉, 〈통제하다〉 등이 여기에 해당한다. 말하거나 글을 쓸 때 이런 단어들을 자연스럽게 많이 쓸수록 사건의 원인에 대해 생각하고 찾아본다는 의미다.

역동적 사고 vs. 범주적 사고

2장에서는 두 여자가 그려진 그림을 보고 그것을 묘사하게 하는 연구를 소개했다. 그 중 두 가지 사례는 다음과 같았다.

1: 상기의 그림에서는 나이 지긋한 한 여성이 짐짓 겸손한 체하며 냉담해 보이는 중년 여성에게 뭔가 말하려는 참이다.
2: 내가 보기에는 한 할머니가 젊고 아름답던 시절의 기분을 떠올리며 자신의 과거를 회상하고 있다.

첫 번째 문장을 쓴 사람은 남성이고 그림 속 여자들을 상당히 직접적이고 구체적인 단어로 묘사하고 있는 데 비해, 두 번째 문장을 쓴 사람은 여성이고 더 역동적으로 그림을 묘사하며 이야기를 엮어내기 시작한다. 더 범주적 사고를 하는 남자는 세상을 사물, 사건, 특정한 사람들로 나누어 보고 있다. 범주적 사고에는 확실하고 구체적인 구상명사의 사용이 뒤따른다.

복잡한 사고와 단순한 사고, 인과적 사고와 비인과적 사고, 역동적 사고와 범주적 사고라는 사고의 유형들을 되돌아보면 다른 방식보다 본질적으로 더 낫거나 생산적인 사고방식이 따로 있지는 않다. 가끔은 인과관계에 따라 복잡하고 역동적으로 생각하는 방식이 하루를 견뎌내는 데 도움이 될 수도 있고 어떤 때는 그런 방식이 문제가 될 수도 있다. 현실에서 우리 모두는 무엇에 대해 생각하느냐에 따라 사고방식을 이리저리 바꾸면서 살아간다.

옮긴이 김아영

연세대학교 심리학과를 졸업하고 글밥 아카데미 수료 후 바른번역 소속으로 기획 및 번역 활동을 하고 있으며 디자인 전문 잡지 지콜론(G:)에 디자인과 심리를 접목한 칼럼을 연재했다. 직접 기획하고 옮긴 책으로는 『문학 속에서 고양이를 만나다』가 있고 옮긴 책으로는 『어떻게 공부할 것인가』, 『그 남자, 좋은 간호사』, 『확신의 힘』, 『제대로 살아야 하는 이유』, 『엄마의 자존감』 등이 있다.

단어의 사생활

1판 1쇄 펴냄 2016년 12월 15일
1판 9쇄 펴냄 2020년 5월 28일
개정판 1쇄 펴냄 2024년 5월 20일

지은이   제임스 W. 페니베이커
옮긴이   김아영
펴낸이   권선희
펴낸곳   사이
출판등록 제313-2004-00205호
주소 03938 서울시 마포구 월드컵로 36길 14 516호
전화 02-3143-3770
팩스 02-3143-3774
email saibook@naver.com

ⓒ 사이, 2016, Printed in Seoul, Korea

ISBN 978-89-93178-50-0 03180

• 잘못된 책은 구입하신 서점에서 교환해 드립니다.